세한도 따라 조선에 온 해객금준제이도 제사

한성대학교 출판부

목 차

제2편 역주 『海客琴尊第二圖 題辭』

제3편 資料編

* 〈을사년[1845] 봄에 장중원이 오관영에게 부탁해서 나를 위해 내 초상화를 그려서 보내라고 했다. 나중에 절구 두 수를 지어서 장중원에게 사례하고 겸하여 자매에게 부친다(乙巳春 張中遠 屬吳冠英 爲我寫照見貽 追題二截 謝中遠 兼寄子梅)〉. 『은송당집』 권9. (1846년 작)
* 〈반옥천 태상이 동인(同人) 오위경 비부와 조간보 급간 · 오청여 중한 · 옹조경 편수 · 주학원 상사 · 왕용주 비부 · 변수석 편수 · 장심향 효렴 · 오관영 상사를 초대하여 송균암에서 잔치를 벌이고 글을 지었는데, 나는 오위경의 운자에 차운하였다(潘玉泉太常 招同吳偉卿比部 曹艮甫給諫 吳淸如中翰 翁祖庚編修 周學源上舍 王蓉洲比部 邊袖石編修 蔣心薌孝廉 吳冠英上舍 讌集松筠庵共賦 次偉卿韻)〉. 『은송당속집』 권1. (1847년 작)
* 〈박 청산이 한재에서 이별할 적에 준 시책에 쓴다(題朴淸珊韓齋贈別詩冊)〉. 『은송당속집』 권7. (1860년 작)
* 〈8월 보름 이틀 후 장중원 관찰사가 지난 겨울 동지달 호북 독량사의 관사에서 보낸 편지를 받았다. 이것은 10여 년 동안 난리가 난 이래로 처음 있는 소식이었다. 기뻐서 시를 지었는데 대개 4수가 되었다. 오른쪽 세 수는 대강 장중원이 군대에서 겪은 일이고 끝 1수는 곧 나의 근황을 서술했다(中秋望後二日 得張仲遠觀察客冬至月 自湖北督糧使署寄書 乃十餘年寇亂以來 初有之信也 喜而有作 率成四律 右三首 略綴仲遠兵間經歷之狀 末一首 卽自述近況爾)〉. 『은송당속집』 권7. (1860년 작)

序

2010년 5월 3일, 중국의 한 경매회사 경매목록에 〈세한도〉가 올라왔다. '북경 건업세기 박매 유한공사(北京 建業世紀 拍賣 有限公社)'가 '춘박(春拍) 373'으로 등록한 물건이다. 추사의 〈세한도〉와 똑같이 생겼다. 추사의 〈세한도〉는 현재 국립중앙박물관에 보관되어 있는 것으로 알고 있는데, 난데없이 북경 경매장에 나오다니. 다시 한 번 들여다보니 또 한 번 놀라운 게 눈에 들어온다. 다름 아닌, 작가의 이름이 '팔대산인(八大山人)'인 것. 팔대산인이라면 명나라 말기 대화가인 주답(朱耷)이다. 그의 그림은 값을 매기기 어려울 정도로 고가에 매매되고 있는데, 또렷하게 '팔대산인(八大山人)'에다가 날짜까지도 '을유 팔월 기망(乙酉 八月 旣望)'으로 기록되어 있다. 그날을 찾아보니 1705년 8월 16일이다. 추사의 〈세한도〉보다 무려 140년이나 앞선다. 그림의 모습은 추사의 그것과 동일하다. 소나무와 잣나무, 그 둘의 배치, 소나무 껍질의 용 비늘 모양, 둥그런 문을 가진 집까지 일치한다. 언뜻 다른 모습을 찾기가 어렵다. 그런데 자세히 살펴보니 팔대산인의 그림은 '세한도'라는 화제와 낙관, 간기가 추사의 그림보다 오른쪽으로 거리를 옮겨 배치되어 있다는 것이다. 그리고 그 화제와 낙관, 간기만큼 종이의 크기가 길었다. 추사의 그림은 가로가 60cm인데 비하여 그것은 80cm이다. 늘어난

20cm만큼 화제와 낙관, 간기가 오른쪽으로 배치되어 있다.

〈그림 1〉 팔대산인의 〈세한도〉(1705년)
'http://www.jianya.com.cn/html/20100503/550.html'에서

〈그림 2〉 추사의 〈세한도〉 (1844년)

두 그림이 140년의 시간을 두고 이렇게 똑같을 수 있을까? 아무리 생각해도 불가능한 일이다. 순수한 창작물이라고 하기에는 누가 누구의 것을 모사하지 않는 한 너무나도 닮았다. 분명 어느 하나는 모사본일 수밖에 없다. 시간을 기준으로 본다면 나중에 나온 그림이 앞 시대의 것을 모방했다고 보는 것이 논리에 맞다. 만약 그것

이 아니라면 누군가가 뒤에 나온 추사의 그림을 모사해서 만든 위작일 것이다. 그런데 팔대산인의 작품집이나 목록을 아무리 찾아봐도 '세한도'를 그렸다는 증거는 보이지 않는다. 그렇다면 위작이란 말인가.

경매회사에서는 그 물건에 '예정가'도 책정하지 않았고, '도록'을 얻을 수 있느냐고 물었지만 안된다고 하였다. 그리고 2011년 가을, 그 그림이 팔렸다는 소식이 들려왔다. 어찌된 일인가? 이 이야기는 잠시 접어두고 본론으로 들어가자.

혹자는 말하기를 〈세한도〉의 가치를 상승시켜 준 것은 그림 뒤에 중국 문인 16인의 제찬이 첨부되었기 때문이라고 한다. 그 점을 분명 간과할 수 없을 것이다. 세한도의 가치를 한껏 올려주었다는 그 16인은 도대체 어떤 사람들일까? 그들은 누구이며 어떤 과정을 거쳐 제찬을, 그것도 친필로 하였을까? 그리고 제찬으로 끝내고, 그 뒤 후속작업은 없었을까? 이것들을 하나하나 밝혀보고 싶었다.

이 책의 본 영역은 이 후속작업에 중점을 두었다. 미리부터 말하자면 후속작업은 분명히 있었다. 그것도 무려 15년이라는 세월 동안 이루어진 대장정이었다. 추사의 〈세한도〉를 관람하는 장면을 그림으로 그리고, 그 그림 뒤에 23인의 감상문이 첨부된 것이다. 그림의 이름은 '해객금준제이도'이고, 감상문은 '제사'라는 이름으로 되어있다. 그리고 그 '제사'는 1861년 12월 조선으로 부쳐졌고, 일본으로 갔다가 다시 한국으로 들어왔다. 이제 그 과정을 구체적으로 밝혀보기로 한다.

본고는 이 '제사'가 만들어지고 나서, 국내에 들어와 그 모습이 밝혀지기까지의 전 과정의 흐름을 다루어 보았다. 사실 필자는 이 '제사'가 발견되기 바로 직전 두편의 논문을 발표한 적이 있다. 곧 '해객금준제이도의 제작과정'과 '해객금준제이도 제사의 제작과정'이 그것이다.

본고는 이 제작과정을 재정리하면서 풀어 쓴 것이다. 그리고 제2편은 새로 발견된 이 '제사'를 번역한 것이다. 제3편은 이 '제사'와 관련된 직접적인 자료를 모았으며 제4편은 '제사'를 영인 첨부함으로써 추후 연구자들에게 자료로 제공하려고 하였다.

이 원고를 작성하면서 취암 조명근을 비롯한 여러 선생님들께 많은 도움을 받았음은 물론이다.

2012년 동짓날에.

제1편 〈歲寒圖〉와 〈海客琴尊第二圖〉의 인연

제1장 고난의 연행길

오랫동안 연행문학에 관심을 기울여 온 필자에게 항상 풀리지 않는 의문이 있었다. 그것은 이상적(1803~1865)이 1847년 겨울에 동지사를 따라가며 지은 〈거중기몽(車中紀夢)〉이라는 절구의 한 구절이었다.

〈거중기몽〉은 아마도 이상적이 북경에 거의 도착할 무렵에 지은 듯한데, 북경에 도착하기도 전에 이미 북경 내 인사들에게 회자되었고, 북경에 도착한 이상적에게 꿈 속의 모습을 그림으로 그려주는 화가도 탄생할 만큼 명작이었다.[1] 시는 다음과 같다.

〈車中紀夢　수레에서 꿈을 기록하다〉

坐擁貂裘小睡溫　담비갓옷 싸고 앉아 잠깐 잠이 들어
依依歸夢訪家園　어렴풋이 꿈결에 집을 찾아 갔는데
雪晴溪館無人掃　눈 개인 시냇가 집엔 눈 쓰는 사람 없고
一樹梅花鶴守門　한 그루 매화나무에 문 지키는 학만 보인다

『은송당집』 권10

이 시의 정수는 마지막 구의 '일수매화학수문(一樹梅花鶴守門)'이라고 한다. 시인이 떠나가고 없는 쓸쓸하고 한적한 집에 대한 그리움을 한 그루 매화나무에서 문을 지키고 있는 학을 통해 잘 시화했기 때문일 것이다. 이상적에게 '학수문선생(鶴守門先生)'이란

별명이 붙은 것도 이 구절에 의한 것이다.

그런데 첫 번째 구절을 들여다 보자니 한 가지 의문이 들었다. 당시 이상적이 따라갔던 동지사의 출발은 10월 26일이었고 북경에 도착하는 것은 12월 21일이었다. 양력으로 계산하면 12월 3일 출발해서 다음해인 1848년 1월 26일까지였다. 그렇다면 사행기간은 1년 중에서도 가장 추운 시기에 해당된다. 따라서 그 추운 겨울에 북경 길을 가면서 '잠이 들었다'는 언급은 의문이 들 수밖에 없다. 물론, 선잠을 매개로 고향에 대한 그리움을 시화한 관용적인 작품이라고도 할 수 있겠지만, 보통 연행길의 힘든 상황과 요동 벌판의 혹독한 추위 등을 고려해 볼 때 '수레에서 잠이 들었다'는 언급은 쉽게 와 닿지 않는, 의문의 것이었다.

위 시의 '잠'에서 촉발된 의문은 보다 현실적인 문제로 꼬리를 물었다. 그 첫 번째 의문은 연행사 일행의 숙박에 관한 것이었다. 겨울에 의주를 건너 800리 북쪽으로 심양을 거쳐 다시 1,100리의 북경으로 들어가는 사행길의 날씨는 보통 추운 것이 아니었을 것이다. 그곳의 겨울 평균 기온은 요양(遼陽) 기준으로 -15℃이다. 그런데 이것은 평균 기온일 뿐, 새벽이나 가장 추울 때는 영하 30℃는 족히 된다고 한다. 그 뿐만이 아니다. 요동 지방은 한겨울 북서풍이 매섭게 부는 것으로도 유명하지 않는가. 북경을 향해 가는 길은 이 바람을 정면으로 맞아가는 방향이다. 이렇게 추운 겨울날 연행사 일행들은 숙박을 어떻게 해결했을까?

두 번째 의문은 연행사 일행의 사행 속도이다. 연행사는 보통 10월 25일 경 출발해서 12월 20일경 북경에 도착한다. 따져보면 총 55일 정도 걸리는 셈이다. 이 중에 며칠은 출발과 도착 인사로 지연되기 십상이고, 날씨 관계로 며칠 동안 발이 묶이는 경우는 허다했을 것이다.[2] 연암 박지원의 〈도강록(渡江錄)〉을 읽어보면 비 때문에 같은 곳에서 며칠을 허비한 경우를 찾아 볼 수 있다.[3] 그렇다면 1년 내내 유사한 상황을 충분히 상정해 볼 수 있는 것이다.

어쨌든 이리저리 빼고 나면 실제 기간은 약 45일 전후가 됨직하다. 이 기간 동안 한양에서 북경까지 약 3,100리 길을 가야만 했다. 계산해 보면 하루에 가야할 길이 평균 70리에 해당된다. 더욱이 동지사의 인원이 500~600명이나 되는 대규모였고, 많은 짐을 가지고 가야하다는 점을 감안해 보면 하루 70리길은 연행사가 북경으로 들어가기엔 버거운 시간이라 할 수 있다. 필자의 경험으로 볼 때, 평소에 운동량이 많은 사람이라도 맨몸으로 45일 간 하루 평균 70리를 간다는 것은 결코 쉬운 일이 아니기 때문이다.

세 번째 의문은 연행길에 지나가는 장소와 북경에 도착해서 본 유적지에 대한 실제 기록에 관한 의문이다. 이제까지 남아있는 연행록은 그 종류가 약 500여 종이 된다.[4] 그 중 일부를 읽어본 바로, 연행 당시의 기록들은 놀라울 만큼 상세하였다. 예컨대, 북경

내 황성의 내외 구조, 건물 장식 등은 그야말로 사진으로 찍어 놓은 듯 묘사되었고, 연행의 노정과 거리, 유적지의 역사, 지명의 유래, 지명에 얽힌 고사 등이 거의 완벽할 정도로 기술되어 있다. 연행기록이 바쁜 연행과정 중에 잠시의 여가를 활용해 기록된다는 점을 고려해 보면, 중요 장소, 중요한 기록만 간략히 적었을 법한데 실제 기록에는 너무나도 자세하고 치밀하였던 것이다. 그렇다면, 연행록을 작성하는데 또 다른 방식이 있지는 않았을까?

위의 세 가지 의문을 풀기 위해 나름대로 방법을 생각해 보았다. 가장 좋은 방법은 선조들이 다녀온 연행길을 과거와 똑같은 방식으로 재현해 보는 것이었다. 그러나 그것은 현실적으로 어려웠다. 지금의 연행길은 과거보다 약 150～200년 이후의 상황에서 진행될 것이며, 500～600의 인원을 대동할 수도 없고, 지형이나 도시의 변화, 또 사행 전후의 여러 가지 사정 등 물리적으로 해결할 수 없는 문제들이 많기 때문이다.

그럼에도 불구하고 실제 경험을 토대로 당시 연행 상황을 재현해 보고 그동안 품었던 의문을 해결해 보고 싶었다. 그래서 지난 수년간 『연행록』의 기록을 바탕으로 여행 일시, 여행경로, 경비, 인원, 길을 안내할 가이드 등 총 45일간의 계획을 세우고 2009년 10월, 1차로 10일간[5), 2013년 1월 12일부터 10일 간에 걸쳐 연행길을 실천하게 되었다.

지금의 길이 그때와 같을 순 없겠지만, 이러한 실질적 경험을 통해 당시 연행의 실체 그리고 기록의 과정·방법 등 다양한 접근이 가능할 것이다.

그 결과 직접 경험한 연행길을 토대로 그동안 품었던 의문들을 기술해 보기로 한다. 비록 일부 구간이기는 하지만 연행길 전체를 요약할 수 있는 계기가 되리라 믿는다.

1. 숙박은? – 들판에서 노숙

먼저, 연행사 일행의 방한과 숙박의 문제이다. 연행사 일행들은 혹독한 추위를 어떻게 견디며 숙박을 했을까. 이에 대한 단서는 요동지역 주민의 집에 설치된 난방시설을 통해 시사 받을 수 있었다.

〈그림 3〉 기가보 489-1번지 양사준(楊士俊)씨 가족과 함께(2009년 10월)

2009년 10월 4일, 통원보(通遠堡)와 연산관(連山關) 사이의 기가보(祁家堡) 마을 489-1번지 양사준(楊士俊)씨 집에서 하룻밤 숙박한 적이 있다. 그 집안 식구들은 한국의 손님을 위해서 온돌방에 불을 넣어 주었는데 불 때는 아궁이를 '캉'이라 불렀다. '캉[炕]'은 우리나라 온돌과 유사한 방식의 난방시설로, 아궁이가 우리나라처럼 구들 부엌 지면보다 낮은 곳에 있는 게 아니라 부엌 지면과 거의 동일한 높이에 만들어져 있었다. 따라서 자연히 온돌의 위치를 높일 수밖에 없었고 그 결과, 평평한 지면에서 온돌만 침대처럼 높이 솟아 있었다. 그 형태는 만리장성 역사관에 전시된 캉과 조금도 다름이 없었다. 캉이 중국 북방 지역 난방의 전형적인 형태라는 증거이다.

〈그림 4〉 양사준씨 집의 캉. 현대식 캉이라고 하는데, 왼쪽 벽 너머에 침상이 높게 설치되어 있다.

〈그림 5〉 만리장성 역사관에 있는 캉의 모형(2010년 5월 촬영)

그렇다면, 당시 추위를 이기며 노숙을 해야 했던 연행사 일행들이 차용한 난방방식은 '캉'일 개연성이 높다. 이는 그 지역이 요동지역이고 그곳 주민들이 사용하던 난방방식이 그 지방의 추위를 극복하는데 가장 적합했기 때문일 것이다.

당시 연행사 일행들의 숙박은 크게 두 가지 방식으로 나눌 수 있다. 하나는 집(관사나 여관)에서 숙박하는 것이고 다른 하나는 노숙의 방식이었다. 그런데 500~600명이나 되는 인원이 집에서 숙박은 한다는 것은 현실적으로 쉬운 일이 아니었을 것이다. 의주를 지나 심양까지 도보로 가본 결과 숙박을 할 수 있는 곳은 봉상, 요녕시 정도였다. 그 외의 지역은 숙박을 할 곳이 없어서 애를 먹었다.

단동에서 8시간을 걸어 해질녘 도착한 곳은 탕산(湯山)이었다. 그곳에도 민가가 많아 잘 곳이 있을 것으로 판단했는데, 의외로 숙박할 곳이 한군데도 없었다. 한 곳이 있었지만 지금은 영업을 하지 않는다고 했다. 할 수 없이 다시 단동으로 돌아와서 숙박을 했다. 150년 전에는 이보다 더 숙박할 만한 민가도 드물었을 것이다. 탕산에서 하룻길을 가야하는 책문의 경우도 마찬가지였다. 단동에서 3일의 거리에 있는 봉성 한 곳만 숙박이 가능했다. 이를 토대로 짐작컨대 대부분의 경우 장막을 치고 노숙의 방식을 취했을 것으로 추정된다. 실제 기록을 살펴보자.

> 바람 추위가 어제보다 더하여 노숙하는 사람들이 모두 얼고 떨려 생기가 없다.[6)]
> (나는) 문(文)씨 성을 가진 사람의 집에서 잤다.[7)]
> 방물이 미처 대오지 못하였으므로 또 구련성에서 노숙하였다.[8)]
> 다시 30리를 가서 총수(葱秀)에서 노숙하였다.[9)]

위의 『연행기사』 작자는 1777년 11월 당시 동지사(冬至使)의 부사(副使)로 다녀온 이압(李押)의 기록이며, 남의 집에서 잤다는 기록은 무수히 나온다. 부사가 남의 집에서 잘 정도라면 나머지는 거의 노숙의 수준이라고 판단해도 좋을 듯하다. 따라서 집에 숙박하는 경우는 제외하고 노숙의 경우에 한정해서 살펴보기로 하겠다. 앞서 언급했듯 요동지역은 해 뜨기 전 가장 추울 때가 -30℃ 이하로 내려간다. 그 추위를 견디려면 나름대로 대책을 강구하지 않으면 안 되었을 것이다. 아무리 천막을 치고 단속을 하고 잔다고 해도 새벽에 -30℃를 육박하는 추위를 쉽게 견딜 수는 없었을 것이다.

요동지역에서 노숙을 할 경우 캉(炕)이라고 하는 야외용 노숙 방식을 활용하였다. '캉'의 방식은 이러하다. 먼저 숙박할 자리에 땅을 몇 자 정도 파서 구덩이를 만들고 그 안에 장작불을 지펴 그 자리는 물론 주위까지 따뜻하게 데운다. 그런 다음 장작이 숯으로 되면 그 위에 널빤지를 덮고, 다시 그 위에 '∧'자 모양의 장막을 치는 것이다. 이렇게 하면 아래에서 훈기가 올라와 따뜻한 기운이 일정 시간 유지된다. 물론, 오랜 시간 지속되지는 않고 빨리 식는다는 문제도 있었지만, 요동 벌판의 혹독한 추위를 견딜 수 있는 유용한 방법이었을 듯하다.[10] 이것은 이상적이 〈세한도〉를 지니고 연경에 갈 적에 서장관의 자제군관으로 함께 갔던 윤정(尹程)의 『서행록(西行錄)』에서도 똑같이 확인할 수 있었다.[11]

2. 교통 수단은? - 노새 이용

다음에는 연행사 일행의 사행 속도가 궁금하였다. 오차는 있겠지만, 연행사 일행은 하루에 대체로 평균 70리 길을 가야 기간 내에 도착할 수 있었다. 그런데 맨 몸도 아니고 많은 인원과 짐을 가지고서 어떻게 가능했을까?

첫 번째, 상식적으로 생각할 수 있는 것은 그 만큼 걷는 시간을 늘렸다는 추측이 가능하다. 즉 잠을 줄이는 것이다. 그런데, 이는 구체적인 연행 일정에 의한 것이겠지만, 연행길의 상황 자체가 그렇게 만든 것으로도 보인다. 50~60세 이상 연령층이라면 알 수 있듯이 1960년대까지만 해도 우리나라 가정에는 대부분 아궁이에 불을 때어 난방을 했는데 새벽만 되면 방바닥이 차가워지는 경험을 해보았을 것이다. 요동 벌판의 노숙은 추위로 인해 이보다 빨리 장작불이 식었을 것이고 새벽추위에 잠을 깬 사람들은 언 몸을 녹이기 위해 일어나는 즉시 몸을 움직여서 추위를 면해야 했을 것이다. 따라서 연행사 일행들은 일찍 출발할 수밖에 없었을 것이다. 아침 새벽에 일어나서 출발했다는 말이다.[12)]

〈그림 6〉 책문 마을 모습(2009년 10월)

다음은 교통 수단이다. 『연행록』을 보면 대개 책문(柵門, 지금은 변문(辺門)이라고 부른다)에서부터는 말을 세 내어 빌려 타고 북경에 다녀온다고 하였다. 그렇다면 많은 짐을 싣고 하루에 70리를 갈 수 있는 말은 어떤 종류의 말일까? 해당 지역에서 운반에 쓰이는 말을 직접 확인해 본 결과, 그것은 농사에 사용되는 말이지, 경마장이나 전쟁 영화에서 볼 수 있는 키가 큰 말이 아니었다. 그 말은 몸집이 그보다 훨씬 작은 노새였다. 지역 주민의 말에 의하면 키 큰 경주마는 힘이 노새만 못하여 짐을 운반하는 데는 사용하지 않는다고 하였다. 즉, 노새는 말보다 작지만 힘은 말보다 세고 끈기가 있어 운반 전용으로 사용되고 있었던 것이다.

〈그림 7〉 두 마리 노새가 끄는 짐 실은 수레. 요동지역 어느 곳에서든 흔히 볼 수 있다.(2009년 10월)

실제로, 그 지방에서는 모든 농산물 운반에 노새가 동원되는 것을 흔히 볼 수 있었다. 노새 한 마리가 적어도 길이 3m, 폭 1.5m, 높이 2m 이상이나 되는 수레에 옥수수를 가득 싣고 가는 모습은 낯선 모습이 아니었다. 또한 2~3마리가 한 조를 이뤄 수레를 끌고 가는 노새도 볼 수 있었는데, 힘들이지 않고 여유롭게 가고 있었다.

현재도 책문 지방에서 짐을 싣는데 사용되는 노새는 사실 여러 『연행록』에서도 언급되고 있었다. 예컨대, '노새 7~8마리가 동시에 수레를 끌고 갔다'는 기록이 있는데, 이 기록은 현재 책문 지방의 2~3마리의 노새가 수레를 끌고 가는 모습과 다름이 아닌 것이다. 따라서 연행사 일행들이 책문에서 빌려 짐을 운반하거나 타고 갔던 말은 노동에 잘 길들어졌던 노새라고 할 수 있을 듯하다.

> 동틀녘에 떠났다. 종인들이 모두 수레를 세 내어 타는데 수레는 태평거(太平車)이다. 수레의 제도는 우리나라 좌거(坐車)와 같은데 두 바퀴 위에 휘장을 쳐 집을 만들었다. 두 필 노새에 매어 말몰잇군이 길다란 채찍을 잡고 앞의 왼쪽 장대 위에 걸터앉아서 채찍을 휘두르면, 채찍 끝에서 벼락 같은 소리가 울린다. 두 마리 노새는 채찍 그림자만 보면 죽어라 달려, 왼쪽으로나 오른쪽으로나 오직 사람이 지휘하는 대로 숨소리를 죽이고 가는데, 감히 제멋대로 가지 못한다.[13)]

이런 모습은 윤정의 『서행록』에서도 확인할 수 있다.

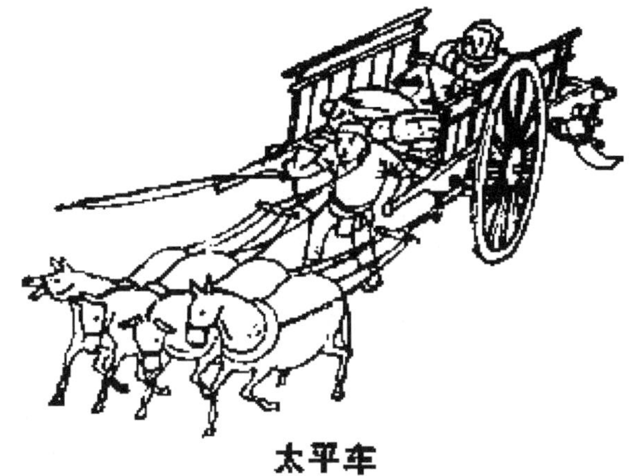

〈그림 8〉 상해 『지청광장』에서

위 그림에서처럼 마부가 수레 앞에 앉아 몰고 가는 것이었다. 그렇다면, 마부가 앞에 앉아 채찍질을 하며 몰고 가는 수레의 속도는 어느 정도였을까. 직접 눈으로 확인한 바 그 속도는 예상 밖으로 빨랐다. 수레를 끄는 세 마리 노새는 걸어가는 게 아니라 철벅철벅 뛰어가는데, 그것은 마치 경보대회에 참가한 선수들이 부지런히 걷는 모습을 연상시켰다. 산더미처럼 많은 짐을 싣고 달리다시피 가는 노새의 속도는 어림잡아 사람이 빠르게 걷는 속도의 2배 이상은 되어 보였다. 따라서, 연행사 일행들이 이 노새를 운반수단으로 이

용했다면 하루에 100리 정도는 충분히 가고도 남음직 하게 보였다.

〈그림 9〉 심양 고궁박물관 전시 태평거

물론 지금은 과거와 달리 포장이 잘된 길에 고무 타이어라는 좋은 조건이 전제되어 있지만, 이런 호조건을 제외하더라도 하루 70리 이상은 어렵지 않게 달릴 수 있었을 것으로 생각된다. 설사, 당시 연행길이 지금과는 달리 평지보다는 고갯길이 많았다손 치더라도 노새의 여유로운 모습으로 보아 문제될 것은 없을 듯하였다.

요컨대, 연행사 일행들이 45일이란 기간에 3,100리나 되는 북경에 도달할 수 있었던 것은 책문 지방의 노새를 짐을 싣는 운반 수단으로 사용했기 때문인 듯하며, 그로 인해 사행 속도는 하루 족히 70리 이상은 되었을 것으로 추정된다.

3. 여행 기록은? - 귀국 후 문헌을 참고해가며

앞서 언급했듯이 연행사의 바쁜 일정 중에 도저히 이해할 수 없을 만큼 연행기록이 상세하다는 것은 참 이상하기도 하다. 이렇게 세밀한 기록을 과연 언제, 어떤 방식으로 작성하였을까? 이와 관련하여 여러 연행록을 검토하던 중 특이한 점을 발견하게 되었다. 그것은 여러 가지 연행록에 기록된 노정상의 지명, 지명의 유래와 지명에 얽힌 역사 등이 거의 비슷하게 서술되어 있다는 점이다. 지명의 명칭은 물론 그 지명을 서술하는 방식 또한 상당히 유사하였다. 예컨대 압록강을 건너자마자 보이는 '구련성(九連城)'에 대한 『연행록』의 기록을 소개하면 다음과 같다.

A : 어두워져서 구련성에 다다랐다. 이곳은 명나라 때의 진강보(鎭江堡)로 유격장군(遊擊將軍)을 두었던 곳이다. 어떤 사람은 말하기를, "아홉개의 성이 연달아 있기 때문에 이 이름이 생겼다." 고 하고, 혹은 애양성(靉陽城)에서 금(金)과 고려(高麗)가 대치하

고 있을 때 금(金)의 장군 알로(斡魯)가 이곳에 성을 쌓았다고도 한다. 압록강에서부터 책문(柵門)까지는 그 사이의 땅을 다 비워 놓고 피아(彼我)의 백성들이 농사와 건축을 못하는 것이 완충지대 같았기 때문에 사신 행차는 반드시 이곳에 오면 노숙(露宿)을 해야한다. 윗 휘장과 장막을 치고 땅을 파서 온돌 모양 같이 만들어 불을 때는데 이런 장막을 치는 곳이 도합 십여 군데나 된다. 그러나 아랫사람들은 몸을 가릴 곳이 없다. 다만 이따금 나무를 태우며 둘러앉아 있는데 연기와 불이 들판을 뒤엎어 도성에 있는 것 같다. 의주 장교들이 창을 가지고 장막을 돌고 밤에는 또 호각을 불며 일제히 함성을 내서 범을 쫓는다.[14)]

B : 구련성(九連城)에서 점심을 먹었다. 성터가 아직 남아 있는데 예전에는 아홉 성(城)이 서로 잇달아 있었기 때문에 이런 이름이 붙었다 한다. 고구려(高句麗) 때도 역시 여기에 도읍(都邑)한 일이 있으니 이른바 국내성(國內城)이며, 또 애양성(靉陽城)이라고도 한다. 금(金)나라 때에 장군 알로(斡魯)가 고려에 항거하여 여기에 성을 쌓았고, 명(明)나라 때에는 진강성 유격장군부(鎭江城 遊擊將軍府)라 하였다. 이제 청나라가 요동(遼東)을 함락해서 그대로 빈 땅이 되어 있은 지가 2백여 년이다. 의주부에서 장막을 치고 일행을 지공(支供)하였다. 밥을 먹은 뒤에 곧 떠나서 온정평(溫井坪)에 이르러 숙박하였다. 삼사(三使)의 거처는 한데에 온돌을 놓고 그 위에 방막(防幕)을 설치하였다. 그 밖의 사람들이 거처하는 데는 구덩이를 파고 숯을 피우고 그 위에 막대기를

걸치고 자리장막을 둘러쳐서 마치 인(人)자 모양으로 하여 겨우 두 사람이 들어가는데 추위를 막을 만하였다. 여러 막사(幕舍)가 잇달았고 사람과 말이 요란한 것이 마치 행군의 숙사와 비슷하였고, 풍각(風角)을 울리는 것은 호랑이를 경계하기 위하였으나 때로는 그치기도 하였다.15)

〈그림 10〉 구련성 가는 길(2009년 10월)

〈그림 11〉 멀리서 본 구련성(2009년 10월)

문장의 흐름은 다른 듯하지만 동일한 내용을 재편집한 정도의 기록물로 보인다. 내용의 차이가 거의 없다는 게 드러난다. 그렇다면 이 유사한 기록들이 의미하는 것은 무엇인가. 사실 하루에 70리 이상을 가면서 지나는 길에 있는 마을과 다리, 개천, 야산의 이름, 역사적 배경 등을 일일이 물어서 기록하는 것은 현실적으로 불가능했을 것이다. 게다가 묻는 사람은 말을 타거나 포장에 가린 수레에 앉아서 갈 것이고, 대답을 하는 사람은 그 지역에 사는 주민 또는 왕래하는 상인들이었을 터인데, 그들이 엘리트층의 조선 관료들이 묻는 요구에 부응하여 모든 내용을 정확히 알려 줄 수 있었을까? 더구나 중국말을 몰랐을 경우 더더욱 어려운 문제였을 것이다. 설사 만족하는 대답을 얻었다 하더라도 그것을 언제 그렇게 자세하게 적을 수 있었을까? 말이나 수레를 타고 가는 도중에 기록한다는 것은 불가능했을 것이다. 더욱이 그것을 기록하기 위해 사행 행차를 멈출 수도 없었을 것이다. 자칫하면 사절단 전체 일정에 차질을 빚을 수 있었기 때문이다. 또한 유적지에 대한 섬세한 묘사는 실제 유적지를 꼼꼼히 둘러보고 난 뒤에나 가능했을 터인데 연행과정 중에 그것이 가능했을까 하는 문제이다.

실제로 기록했다고 가정한다면, 아마도 취침 전에 기록했을 가능성이 높을 듯하다. 그것도 아니라면 박지원의 경우처럼 간략히 메모를 한 후, 그것을 토대로 귀국하여 기록으로 남겼을 것이다. 이 여러 가지 경우 중에 어느 방식을 택하든 기록자의 취향에 달린 것이겠지만, 중요한 것은 어떤 방식으로 기록했든지 절대 시간의 부족과 인간 기억력의 한계라는 측면에서 결코 연행록에 나온 만큼 자세하게 기록할 수 없다는 것이다.

또 하나, 겨울 추위에는 기록 자체가 불가능했을 것이다. 영하의 날씨에 붓과 먹물이 얼었을 것이고, 만약 붓이 녹았다 치더라도 손가락이 얼어서 제대로 쓸 수가 없었을 것이다. 숙소에 머물면서 쓰려고 해도 겨울이라 해가 일찍 지기 때문에 제대로 된 조명이 없을 경우 기록이 어려웠을 것이다. 따라서 여행이 끝난 뒤에나 기록이 가능했을 것이다.

그렇다면 연행록의 기록은 어떻게 이루어진 것일까. 막연한 추측일지 몰라도 필자의 소견으로는 연행 기록은 애초에 어떤 텍스트를 토대로 삼고, 나머지는 기록자의 견문을 가감하여 작성된 것이라 짐작된다. 박지원의 경우, 연행길에 가져간 책 중에 『노정록』이란 것이 있었으니, 아마도 유적지를 보기 전 말을 타고 가면서 수없이 미리 확인하고 유적지를 본 후 『노정록』을 들쳐보며 추가할 부분, 뺄 부분을 수정했을 듯하다. 그러기에 상세해 질 수 있었던 것이다.

이와 아울러 또 한 가지 궁금한 점은 『연행록』에 기록된 노정 중의 모든 유적지를 기록자가 직접 가 보았는가 하는 점이다. 봉황산의 고성을 예로 들어보기로 한다. 봉황산 고성은 모든 연행록에

빠짐없이 등장하는 유적이다. 그리고 대부분의 기록에서 고성과 관련된 역사적 이야기를 서술하고 있고 그 내용도 유사하다. 그런데 필자가 확인한 바로 봉황성 고성은 연행 노정 상에 있는 곳이 아니라 노정에서 한참을 들어간 곳에 있었다. 적어도 봉황성을 가려면 책문에서 말을 타고 간다 해도 왕복 30분 이상 걸리는 먼 거리에 있었다. 뿐만 아니라 감상하는 시간까지 보탠다면 시간은 더 길어질 수밖에 없는 것이다. 따라서 사절단 일행의 대열에서 이탈하여 혼자 유적지를 돌아보겠다고 작정하지 않는 한 직접 답사는 어려울 것으로 여겨진다. 그런데도 모든 연행록에 봉황성을 마치 눈으로 직접 본 듯이 묘사되어 있고 그 내용도 거의 같다는 것이다.[16] 이것은 앞서 언급했듯이, 실제 가 본 사람이면 텍스트를 놓고 자신의 의견을 가감했을 것이며 가보지 못한 사람이라면 노정 중의 있는 유적지를 텍스트에서 뽑아 그대로 삽입시켰을 가능성이 있는 것이다. 이는 연행록을 기록할 때 인용된 문헌 또한 거의 대동소이하다는 점에서 방증된다.

동지사의 연행의 길은 고통의 길이었다. 매섭게 불어대는 요동의 바람을 정면으로 맞으면서 가야했다. 숙박도 대부분은 노숙으로 지새야 했다. 그럴수록 기록을 남긴다는 것은 매우 어려운 일이었을 것이다.

1844년 10월 26일에 이상적은 〈세한도〉를 보따리에 깊이 간직한 채 이 고통의 길을 떠나 북경으로 향했다. 그리고 12월 21일 목적지에 도착했다. 노새가 끄는 수레에 앉아 편하게 간다고 했지만 엄청난 추위에 떨어야 했고, 먹물과 붓이 얼어 제대로 된 글 하나 남기기가 어려웠을 것이다. 오로지 〈세한도〉만을 생각하면서, 그는 고통을 참아야만 했다.

그런데 19인이나 되는 청나라의 문사들이 〈세한도〉를 관람했고 16인이 제찬을 짓고 그 중 대부분이 이상적에게 편지를 보냈음에도 불구하고 유독 〈세한도〉에 관한 내용이 언급된 편지는 한 통도 발견할 수 없다.

이상적이 자신에게 보내온 편지를 정리하여 『해린척소』라는 편지첩을 편찬하는 과정에서 일부러 누락시킨 것인가?

제2장 〈세한도〉를 관람한 청조 19인은 어떤 인물인가

1844년 당시 김정희는 제주도에서 유배생활을 하고 있었다. 그야말로 아무 죄도 없이 잘났다는 그 하나의 이유만[17]으로 절해고도에서 외롭게 세월을 보내고 있었다. 정계에서 힘을 잃어버린 그에게 이상적은 변함없는 정의(情誼)를 갖고 책이며 문방구류를 보내어 외로움을 달래주었다. 그래서인지 김정희는 어느날 편지 형식의 발문과 함께 〈세한도〉를 그려서[18] 한양에 있는 이상적에게 보냈다. 이를 받아본 이상적은 무척이나 감동했다. 사실 그가 감동한 이유를 속까지 알기는 어렵다. 그림이 훌륭해서인지, 아니면 중인(中人)의 신분인 자신을 그토록 인정해주어서인지, 아니면 또 다른 무슨 생각이 있어서인지, 분명 단순치 않다.

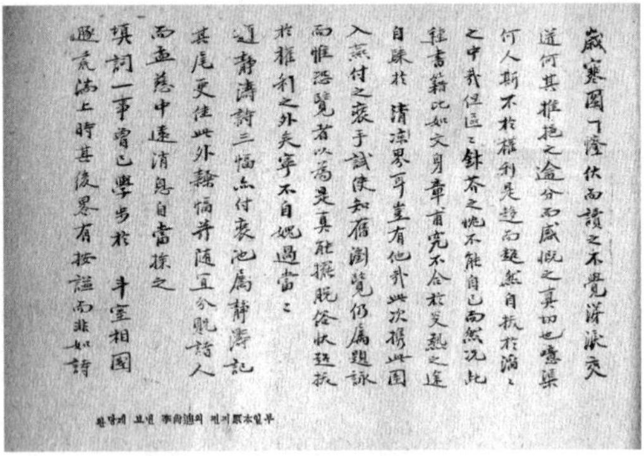
歲寒圖一幅伏而讀之不覺涕淚交
下何其推挹之逾分而感慨之眞切也噫渠
何人斯不於權利是趍而超然自拔於滔滔
之中哉但區區之情不能自已而然況此
等書籍比如文身章甫究不合於炎熱之途
自歸於淸涼界耳豈有他哉此次携此圖
入燕付之裝池試使知舊覽仍屬題詠
而惟恐覽者以爲是眞能擺脫俗狀超拔
於權利之外寧不自媿過當〻
迎靜濤詩三幅亦付裝池屬靜濤記
其尾更佳此外諸幅并隨宜分貺詩人
而畫慈中遠淸息自當探之
塡詞一事當已學步於 斗室相國
歷紀海上時甚後果有按譜而非如詩

완당께 보낸 李尙迪의 편지原本일부

〈그림 12〉 이상적이 추사에게 보낸 답장
(『문학사상』50호, 1976.11.1자)

하여튼 이상적은 이 그림을 받는 즉시 김정희에게 답장의 편지를 썼다. 그 내용은 '이번 연행 길에 이 그림을 갖고 청나라에 가서 그곳 사람들의 제찬(題贊)을 받아오겠다'는 것이었다. 그 이유 역시 매우 궁금하다. 훌륭한 그림을 혼자서 보기에 아까워 널리 보여주겠다는 것인지, 그림에 딸린 '발문(跋文)'의 내용대로 자신을 드러내 자랑하고 싶어서인지, 아니면 그 밖에 무슨 의도가 있었던 것인지 이것도 확신할 수 없다. 더구나 하필이면 국내가 아닌 외국으로 나가서 그곳 사람들에게 보여주고 제찬을 받겠다는 것은 무슨 의도인가.

이러한 궁금증은 차후의 과제로 남겨두고, 여기서는 〈세한도〉를 관람한 19인이 어떤 사람이었는지 찾아보기로 한다. 그 분석에는 19인의 연령 분포, 지식수준, 출신지역을 포함한다.

〈세한도〉를 관람한 청나라 인사(人士)들은 모두 19인이다. 그리고 〈세한도〉에 '제찬'을 지은 사람은 모두 16인이다. 3명은 제찬에서 누락된 셈이다. 그러나 3명 중 1명은 세한도를 관람하는 장면을 그린 화가 오준(畵家 吳儁)이었고, 1명인 진상업(秦緗業)은 무슨 이유에서인지 제찬을 짓기는 했으나[19) 『세한도 권(歲寒圖 卷)』[20)에는 실리지 못했다. 나머지 한 명인 황질림(黃秩林)만이 분명히 제찬을 지었다는 기록이 없을 뿐이다. 그런데 사실상 황질림에 대해서는 거의 알려진 정보가 없으므로 무어라고 단언하기 어렵다.

이들 19인은 여러 차례에 걸쳐 〈세한도〉를 감상했을 것이고, 며칠의 시간 간격을 두고 제찬을 지었던 것으로 생각된다. 사실 제찬(題贊)이란 것이 그림을 한 번 보고 그 자리에서 당장에 짓기는 대단히 어렵기 때문에 아무리 훌륭한 문학적 재능을 가졌다 하더라도 글을 짓는 시간적 여유는 가져야 했을 것이다. 대부분의 작자들은 집에서 일단 초고(草稿)를 작성한 뒤 다시 한 번 관람을 겸하는 자리에서 제찬을 직접 자필로 적어 넣었을 것이다. 그렇지 않고 즉흥적으로 제찬을 지었다면 아마도 『세한도 권』에 지우고 쓴 글자가 수없이 많았을 것인데, 『세한도 권』에는 고쳐 쓴 글자가 단 한 군데[21] 밖에 없다는 사실이 이를 반증한다고 판단된다. 또한 몇 명의 작자들 문집에 실려 있는 제찬과 『세한도 권』에 실려 있는 작품의 내용이 약간씩 수정이 된 상태에서 남아있다는 것을 보면[22] 나중에 다시 수정해서 문집에 실었다는 것도 알 수 있다. 그만큼 문장이란 단번에 완성하기가 어렵다는 말이다. 한번 완성된 원고도 계속해서 수정해 나가는 관습을 볼 수 있다.

우선 〈세한도〉를 관람한 19인의 평면적인 인적사항을 도표로 옮겨보았다.

〈표 1〉 세한도 관람 19인 약력[23)]

번호	성명	당시 연령	출신지	科擧經歷 (入格年度)	師弟 및 親友
1	章岳鎭	??	江蘇省 陽湖	??	張曜孫
2	吳贊	60	江蘇省 常熟	進士(1826)	張曜孫의 妹夫, 呂佺孫, 呂倌孫, 潘曾瑋, 楊淞, 曹楙堅, 吳嘉洤, 翁同書, 周學源, 王憲成, 邊浴禮, 張德馨, 吳儁
3	趙振祚	40	江蘇省 武進	進士(1835)	張曜孫, 吳贊
4	潘遵祁	37	江蘇省 吳縣	進士(1845)	張曜孫, 潘希甫, 吳贊
5	潘曾瑋	27	江蘇省 吳縣	擧人(1843)	張曜孫, 潘曾綬, 程祖慶, 吳儁, 曹楙堅, 王鴻, 潘曾沂, 潘祖蔭, 吳贊, 吳嘉洤, 翁同書, 周學源, 王憲成, 邊浴禮, 張德馨
6	潘希甫	34	江蘇省 吳縣	擧人(1835)	張曜孫, 馮桂芬, 吳贊
7	馮桂芬	36	江蘇省 吳縣	進士(1840)	張曜孫, 吳贊
8	汪藻	31	江蘇省 吳縣	進士(1841)	張曜孫, 吳贊
9	曹楙堅	69	江蘇省 吳縣	進士(1832)	張曜孫, 潘曾瑋, 曹楙堅, 吳贊, 吳嘉洤, 翁同書, 周學源, 王憲成, 邊浴禮, 張德馨, 吳儁
10	陳慶鏞	50	福建省 晋江	進士(1832)	阮元, 黃爵滋, 符兆綸, 汪熹孫, 吳贊
11	姚福增	40	江蘇省 常熟	??	張曜孫의 조카, 吳贊
12	吳淳韶	??	浙江省 歸安	??	??
13	周翼墀	??	江蘇省 無錫	??	??
14	莊受祺	??	江蘇省 常州	進士(1840)	張曜孫, 呂佺孫, 呂倌孫, 吳贊
15	張穆	40	山西省 平定	優貢生(1831)	張曜孫, 魏源, 何紹基, 苗仙露, 柳西
16	張曜孫	37	江蘇省 陽湖	擧人(1843)	吳贊, 吳式芬, 呂佺孫, 呂倌孫, 汪熹孫, 潘曾瑋, 楊淞, 吳廷颺, 王鴻, 莊受祺, 吳儁. 曹楙堅, 潘遵祁
17	吳儁	??	江蘇省 江陰	??	張曜孫, 王鴻, 潘曾瑋, 吳贊, 曹楙堅, 吳嘉洤, 翁同書, 周學源, 王憲成, 邊浴禮, 張德馨, 祁嶲藻, 孔憲彝, 葉名澧
18	秦緗業	32	江蘇省 無錫	副貢生	??
19	黃秩林	31	江西省 宜黃	擧人	??

이제 이 표를 기초 자료로 삼아 몇 가지 분석을 시도해 보자.

1. 연령층은? - 다양한 구성

먼저 위 표에 보이는 19명의 참석자에 대한 연령을 살펴보았다. 참석자 가운데 5명에 대해서는 출생년도를 알 수가 없으므로 이를 제외한 14명을 분석하면 다음과 같다.

60대 : 2명(오찬, 조무견)
50대 : 1명(진경용)
40대 : 3명(조진조, 요복증, 장목)
30대 : 7명(반준기, 반희보, 풍계분, 왕조, 장요손, 진상업, 황질림)
20대 : 1명(반증위)
불명 : 5명
계 : 19명

이처럼 참석자들의 연령층은 매우 다양했다. 가장 연령이 많은 60대부터 어린 20대까지 모든 연령층이 한 자리에 모였음을 보여주고 있다. 연령 차이가 무려 40년이나 되었다. 특히 두드러진 현상은 30대 연령층이 절반을 차지하고 있다는 것이다. 아마도 이 모임은 30대가 중심역할을 했음을 예측할 수 있다.

이렇게 다양한 연령층이 한 자리에 모였다는 것은 이 모임의 성격을 암시해 주는 것이 아닐까? 이제 몇 가지 추론을 해보자.

어떤 모임이든지 주선자는 있게 마련이다. 세한도 모임의 경우 모임의 주인공은 〈세한도〉를 갖고 간 이상적이다. 그리고 이상적이 갖고 간 〈세한도〉를 보고 어느 누군가 한 두 명이 모임의 주선을 해야만 할 것이다. 이 경우에 해당하는 사람은 아무래도 이상적과 가장 밀접한 관계를 유지하고 있던 인물이었을 것이다. 앞의 표에서 19인의 이력과 교유 내용을 참고하면 여기에 해당하는 인물은 오찬과 반증위, 장요손, 오준이 될 가능성이 가장 많다. 이들과의 교유관계가 가장 많기 때문이다.

이제 이를 다시 압축해보자. 모임을 갖기 위해서는 모임 장소가 필요하다. 〈세한도〉를 펼쳐놓고 감상한 장소는 어디일까? 여러 가지 기록을 살펴보면 그곳은 바로 오찬이 살던 집이다.[24] 그런데 오찬을 주선자로 지목하기엔 조금 망설여진다. 왜냐하면 1845년 당시 그의 연령은 이미 60세였고, 이상적은 42세였기 때문이다. 무려 18년이란 연령 차가 있었다. 그렇다면 다시 다른 인물을 찾아보자. 그 장소에 관련된 또 다른 인물은 누구인가? 그는 장요손이다. 장요손은 여러 가지 면에서 지목을 받을 만하다. 그는 오찬과 처남 매부 사이이다. 장요손의 손위 누이인 장첩영(張綪英)이 바로 오찬의 부인이다. 더구나 장요손은 출신지가 강소성이었으므로 북경에 일정한 거처가 없었다. 그래서 장요손은 북경에 머무는 동안에는 항상 오찬의 집에 머물고 있었던 것이다.[25] 그리고 그의 당시 나이는 37세로서 이상적과는 5년 차이였다. 이렇게 연령과 거주지를 놓고 본다면 아무래도 〈세한도〉 관람 모임은 30대인 장요손이 주선하여 마련되었다고 하겠다. 장요손이 이상적에게 보낸 "1월 13일에 일찍 오시기를 기다린다"는 편지에서도 그런 사실이 드러난다.[26] 14명 중 절반인 7명이 주선자와 비슷한 30대 연령층으로 구성되었다는 점도 이를 뒷받침해준다.

그런데 이 모임이 우연한 모임이었을까? 주선자의 우발적인 제안에 의해 이루어진 일시적인 모임이었다면 아무래도 연령 차이가 크지 않은 가까운 사람들 위주로 모였을 것이다. 그런데 이 모임은 다양한 연령층이 한 자리에 모였다. 그것은 우연이 아니란 것을 암시해준다. 오찬의 집에서 모였으므로 60세인 오찬의 연령은 논외로 하더라도 69세인 조무견과 50세인 진경용, 그리고 장요손보다도 10년 이상 아래인 반증위가 한 자리에 모였다는 것은 쉽게 납득이 가지 않는다. 어떤 집단에 속한 회원이 아니라면 이런 모임이 쉽지 않았을 것이다.[27] 이를 보면 이들은 우연한 집단의 모임이 아니라 기존에 잘 짜여진 집단의 구성원이었으리란 추측도 가능한 것이다.

2. 지식 수준은? – 최상의 지식인

〈세한도〉 관람 모임에 참석한 19인의 학문 수준은 어느 정도였을까. 앞의 항목에서 추측한 대로 잘 짜여진 집단이라면 지식의 수준도 상당할 것이란 예측도 가능할 것이다. 19인에 대한 지식의 수준을 위의 도표를 토대로 분석하면 다음과 같이 정리된다.

진사(進士) : 8인(오찬, 조진조, 반준기, 풍계분, 왕조, 조무견, 진경용, 장수기)
거인(擧人) : 4인(반증위, 장요손, 황질림, 반희보)
기타(其他) : 2인(장목, 진상업)
불명(不明) : 5인(장악진, 요복증, 오순소, 주익지, 오준)

중국의 진사(進士)는 조선(朝鮮)의 문과급제자(文科及第者)와 동일하다. 그것이 중국과 우리의 차이이다. 거인(擧人)은 진사시(進士試)를 볼 수 있는 지방(地方) 향시(鄕試) 합격자(合格者)이다. 이들 진사(進士)와 거인(擧人)을 합치면 12명이다. 기타 2인 중 1인인 장목(張穆)은 향시(鄕試)를 치르러 과거장(科擧場)으로 술을 가지고 들어간 것이 발각되어 평생 과거(科擧)를 치를 자격을 박탈당했다. 이런 연유로 그의 과거(科擧) 경력(經歷)만으로 지식의 수준을 단순하게 평가할 수 없는 입장에 있다. 그러므로 불분명한 5인을 제외한 최소한 14인이 상층의 지식인이었다고 말할 수 있다.

그리고 이들의 진사급제(進士及第) 시기(時期)는 대부분이 〈세한도〉 모임이 있기 전에 취득한 지위였다. 반준기는 세한도 모임이 있던 1845년 여름에 진사 급제에 올랐으므로 엄격히 말하면 당시로서는 진사가 아니었다. 그러나 그 해에 진사에 급제했으므로 그도 역시 진사에 준하는 지식인이었다고 하겠다. 또 장요손은 그 당시 거인(擧人)의 자격으로 진사시(進士試)를 치르러 북경에 와 있다가 시험을 치르지 못하고 지방으로 부임하게 되었다. 결과적으로 경력이 밝혀진 14명 중 8명이란 많은 비율이 진사급제자였으며 나머지 반준기나 장요손 같은 몇 명도 그에 준하는 수준이었던 것이다. 따라서 이 모임에는 많은 비율의 진사급제자(進士及第者)가 참석한 단체였음을 보여주고 있다. 이는 무엇을 의미하는 것일까. 당대 최고의 지식인으로 구성된 모임이었다는 것을 증명하는 것이라 하겠다. 실제로 중국의 진사급제자가 당대 어떤 의미였는지, 최고의 지식인이라는 증거는 다음의 몇가지 사항들을 통해 확인할 수 있다. 우선 다음의 예시를 보자.

아래 표는 북경 국자감(國子監) 내에 줄지어 서있는 진사비(進士碑) 옆 입간판에 기록된 과거시험 절차 도표이다. 표에서 보다시피 중국의 과거는 최소한 6-7단계를 거치게 되어있다.

중국의 과거시험 절차도[28)]

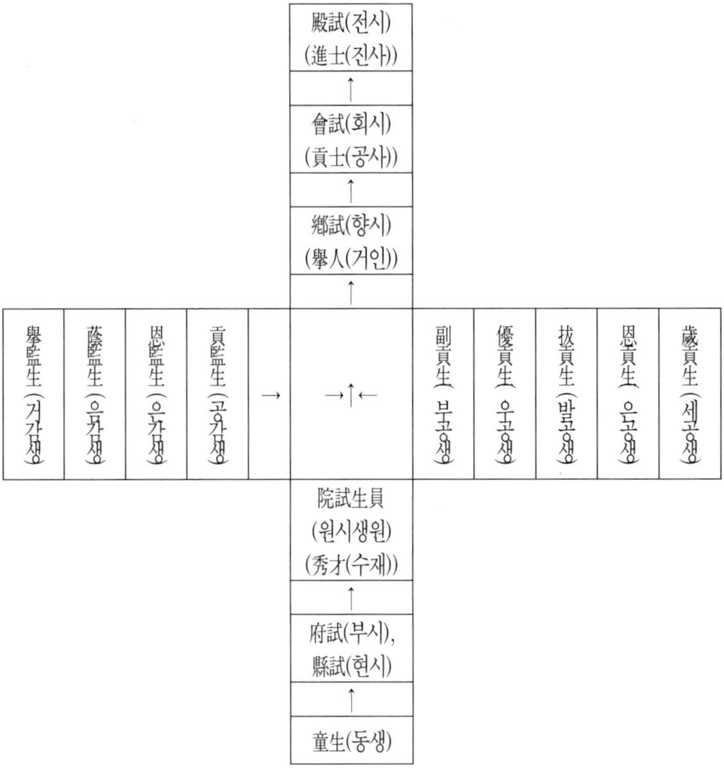

殿試(전시)
(進士(진사))

↑

會試(회시)
(貢士(공사))

↑

鄕試(향시)
(擧人(거인))

↑

擧監生(거감생) | 蔭監生(음감생) | 恩監生(은감생) | 貢監生(공감생) | → | →↑← | 副貢生(부공생) | 優貢生(우공생) | 拔貢生(발공생) | 恩貢生(은공생) | 歲貢生(세공생)

院試生員
(원시생원)
(秀才(수재))

↑

府試(부시),
縣試(현시)

↑

童生(동생)

그리고 중국에서의 급제자 선발은 평균적으로 1년에 약 100명 정도의 합격자를 배출하는 것으로 알려졌고, 조선의 경우는 1년에 40명 정도의 대과급제자를 배출하였다. 당시 인구수를 막연하게 추측한다 하더라도 중국이 우리보다 훨씬 적은 비율의 숫자를 배출하고 있음을 알 수 있다. 중국이 조선보다 급제가 매우 어렵다는 것이다.[29] 거인(擧人)도 향시에 응시한 지원생 중 1%만이 합격이 된다는 입시절차를 참조한다면 그 역시 상당한 지식인이라고 말할 수 있다. 〈세한도〉를 감상한 인사(人士)는 상당한 고급 수준의 지식인이었다.

3. 출신 지역은? – 강소성 소주(江蘇省 蘇州) 출신

19인의 연령에 대해서는 완전하게 밝혀지지 않았으나, 다행스럽게도 19인의 출신 지역은 모두 알아낼 수 있었다.[30] 그리고 이 출신지는 언뜻 보아도 강소성(江蘇省)으로 집중되었음을 알 수 있었다.

강소성(江蘇省) : 15인
복건성(福建省) : 1인
절강성(浙江省) : 1인
산서성(山西省) : 1인
강서성(江西省) : 1인
총 19인

결과적으로 이들 19인 중 무려 15인이 강소성 출신의 한 집단이란 추측이 가능하다.

그러나 강소성도 남북으로 약 600㎞에 이르기 때문에 곳곳마다 지역적 성격을 지닐 수 있다. 이제 위 도표에서 보인 소지명을 찾아 하나의 공통성을 찾을 수 있다면 〈세한도〉 모임의 성격을 보다 분명하게 개념지을 수 있을 것이다.

표에서 보면 강소성 내에서도 7곳의 지역 명칭과 그 숫자가 나타난다.

〈강소성(江蘇省) 내(內) 소지역(小地域) 출신자(出身者)〉

상주부(常州府) : 상주(常州) 1인　양호(陽湖) 2인　무진(武進) 1인
　　　　　　　　무석(無錫) 2인　　강음(江陰) 1인
소주부(蘇州府) : 오현(吳縣) 6인　　상숙(常熟) 2인
　　　　　　　　총 15인

이를 하나하나 좀 더 구체적으로 살펴보면 다음과 같다.

강소성에서 가장 잘 알려진 지명은 상주와 소주(오현(吳縣)), 그리고 그 곁에 있는 태호(太湖)지만 여기서는 위에 예로 든 7곳 가운데서 양호를 기준으로 설명해보겠다. 그 이유는 이 모임의 주선자가 장요손이며 그의 출신지가 바로 이곳 상주부 양호(常州府 陽湖)이기 때문이다.

〈그림 13〉〈1820년 당시 강소성 지역 표시〉[1)]

① 상주(常州) : 양호(陽湖)를 포함하는 부(府).

② 양호(陽湖) : 태호(太湖)의 북단에서 약간 동(東)쪽에 자리 잡았으며, 상주(常州)의 속현(屬縣)이다.

③ 무진(武進) : 상주(常州)의 속현(屬縣)으로 상주 남쪽에 위치한다.

④ 무석(無錫) : 양호(陽湖)의 동남(東南) 쪽에 있으며, 태호(太湖)의 정북(正北)에 있다. 양호(陽湖)에서 50㎞ 지점에 있다.

⑤ 강음(江陰) : 양호(陽湖)에서 동쪽 약간 위로 30㎞ 지점, 양자강(揚子江) 남쪽에 있다.

⑥ 오현(吳縣) : 고소(姑蘇)의 별칭(別稱)이며, 현재의 소주(蘇州)이다. 태호의 중심부에서 동쪽에 있다. 옛날 오(吳)나라의 수도(首都)로서 명성을 지니고 있다. 양호(陽湖)에서 동남방(東南方)으로 약 100㎞지점에 있다.

⑦ 상숙(常熟) : 양호(陽湖)에서 동쪽 약간 아래 방향으로 80㎞지점에 있다.

결론적으로 본다면 7곳의 지명을 모두 양호(陽湖)를 중심으로 약 100㎞ 이내에 위치하고 있음을 알 수 있다. 중국이라는 거대한 지역을 염두에 두고 본다면 거의 이웃 마을이라고 해도 과언이 아닐 것이다. 한 마을 고향 사람들이 그들 나름대로 모임체를 구성한 집단의 성격이 강하다고 하겠다.

여기서 다시 〈세한도〉를 그들에게 보여준 이상적과 청나라 사람들과의 관계를 짚고 넘어가기로 하자. 이상적은 〈세한도〉를 가져가기 전에 이미 6회에 걸쳐 연경에 다녀왔다. 이번이 7회가 되는 것이었다. 그 6회에 걸쳐 이상적이 교유했던 사람들의 지역 분포도는 어떠했을까. 출신지역을 찾아보니 아래와 같았다.

강서성 3, 산동성 2, 광동성 3, 절강성 3, 강소성 9, 광서성 1,

산서성 3, 호북성 2, 직예 2, 복건성 1, 몽고 1, 불분명 9
총 12 지역, 39명.

출신지역을 중심으로 말한다면, 강소성 지역이 상대적으로 많지만 모든 지역에 걸쳐 골고루 교유했다고 할 수 있다. 이상적이 〈세한도〉 관람을 갖기 이전에는 중국 전 지역 출신자들과 두루두루 교유하는 폭넓은 관계였다면, 〈세한도〉 관람 당시에는 강소성 양호를 중심으로 한 지역 출신자들이 대부분을 차지한다는 것이 다르다. 이전의 교유가 자유스런 분위기에서 이루어졌다면 〈세한도〉 관람 당시에는 제한된 구성원의 모임이란 것을 보여주는 셈이다. 준비된 모임이었다고 추측할 수 있다. 이처럼 〈세한도〉 이전 연행에서 교유한 인물들과 〈세한도〉 관람시 연행에서 교유한 인물들은 분명한 차이를 보인다. 이는 이상적의 제한된 또는 계획된, 철저한 준비속에 마련된 모임임을 반증한다고 할 수 있다.

4. 학문의 경향은? – 상주학파(常州學派) 중심

동일 지역 출신들이 모였다면 단순한 모임의 성격일 수도 있다. 그러나 위에서 보다시피 다양한 연령층과 상당한 고급 지식인들의 모임이었다면 그들 나름대로 모임의 성격이 있을 것이다. 여기서는 그 모임의 정체를 확인해보기로 한다. 가장 손쉽게 파악할 수 있는 단서는 그 모임을 주선한 인물이 누구였는가가 관건이 될 듯하다. 주선자의 성향에 따라 모임의 성격이 규정될 가능성이 많기 때문이다.

이 모임은 아무래도 장요손이 주선자(周旋者)인 듯하다. 때문에 장요손이란 인물의 구체적인 활동 상황과 그가 속한 단체가 어떤 성격이었는지를 찾는다면 이 세한도 관람 모임의 성격도 추측이 가능하지 않을까 한다. 나머지 인사들의 활동 경력을 확인하는 것이 중요한 작업이지만 일단 장요손의 경력을 대표로 들어 미루어 짐작하기로 한다. 먼저 장요손이란 인물의 이력을 확인해 보자.[31)]

장요손(張曜孫)(1808.06.09~1863.06) : 강소성(江蘇省) 양호인(陽湖人). 자는 중원(仲遠) · 승보(昇甫), 호는 복생(復生). 가계(家系)는 장금제(張金第) → 장섬빈(張蟾賓) → 장혜언(張惠言) · 장기(張琦) 형제 → (장기(張琦)의 자녀)장각손(張珏孫) · 장요손(張曜孫) · 장첩영(張縚英, 맹제(孟緹) · 담국헌부인(澹鞠軒夫人, 적(適) 오찬(吳贊) · 장책영(張綳英), 위천(緯靑), 적(適) 장정(章政))·장윤영(張綸英, 원순(婉紃), 적(適) 손할(孫劼)) · 장환영(張紈英, 약기(若綺), 적(適) 왕희(王曦)) 형제 → 장진례(張晋禮, 장요손의 자(子)). 부인(夫人)은 포세신(包世臣)의 녀(女). 1836년 입경(入京)하여 자서(姊壻)인 오찬(吳贊)에게 배워, 1843년 향시(鄕試)에 오르고, 1844년 다시 연경(燕京)에 들어갔다. 1845년에 호북(湖北) 무창(武昌) 지현(知縣), 한양(漢陽) 동지(同知), 관찰(觀

察)을 지냈다. 태평천국 난(太平天國 亂) 당시 정부군에 참여하여 (1850~1859) 공로를 인정받고 태수(太守)로 승진했으나 군량(軍糧)을 횡령했다는 모함을 받고 화병(火病)으로 죽었다. 문(文)·서(書)·의술(醫術)에 신통하였으며, 시사(詩詞)와 병문(騈文)에 능했다. 저서로는 『속홍루몽(續紅樓夢)』·『근언신호지거시집(謹言愼好之居詩集)』이 있다.

이제는 이력만이 아니라 그의 학문활동에 대해서 알아보기로 한다. 다행히도 입증할 만한 저서 『동성문파술론(桐城文派述論)』이 번역되어 이를 토대로 정리해 보았다.[32]

특히 장요손의 이력에서 중요한 부분은 그의 백부(伯父)인 장혜언(張惠言)이다.

장혜언은 오랫동안 안휘성(安徽省) 흡현(歙縣)에서 노닐며 금방(金榜)의 집에서 기거하였다. 이 때문에 예제(禮制)를 겸하였다. 다만 『역(易)』의 설은 혜동(惠棟)과 매한가지로 참위설(讖緯說)을 확신하였다. -- 문사(文詞)에도 뛰어났다. 또 종정고문(鐘鼎古文)의 설(說)을 창도하였다. 장수갑(莊綏甲)의 조카인 무진(武進)(양호(陽湖) 서남쪽 상주(常州) 소속; 필자 주)의 유봉록(劉逢祿)이나 장주(長州)의 송상봉(宋翔鳳)이 모두 『공양전』을 연구하여 양한(兩漢) 고문설을 내쳤다. 송상봉은 나중에 장혜언을 따라다니면서 그의 문학을 터득해 금새 상주학파(常州學派)가 형성되었다.

장혜언은 『역(易)』을 연구하면서 맹씨(孟氏) · 우씨(虞氏)를 위주로 하여 『주역우씨의(周易虞氏義)』와 『우씨소식(虞氏消息)』을 지었다. -- 장혜언은 또 상주학파(常州學派)의 개창자(開創者)이다.[33]

장혜언이 상주학파의 창시자란 말이 눈에 들어온다. 상주학파의 중심 지역인 상주는 바로 강소성 남쪽에 있는 지역이다. 또 다른 문장을 하나 더 보자.

장혜언의 아우 장기(張琦), 장기(張琦)의 아들 장요손(張曜孫), 장혜언의 아들 장성손(張成孫), 장혜언의 외조카인 동사석(董士錫), 육계로(陸繼輅)의 조카인 육요(陸耀)와 강승지(江承之) · 주개(周凱) · 오육(吳育) 등은 모두 직접적으로나 간접적으로나 장혜언의 경학 · 문학 · 사장(詞章)을 전수받았으며, 또 운경(惲敬)을 아울러 스승으로 삼았다. 이로써 양호학파(陽湖學派)가 형성되었다.[34]

고 하여, 운경이란 인물이 등장한다. 여기서 잠시 운경(惲敬)에 대해서 살펴보니 그의 이력은 다음과 같다.

운경(1757~1817) : 청(淸). 강소성(江蘇省) 양호인(陽湖人). 자는 자거(子居), 호는 간당(簡堂). 건륭(乾隆) 때인 1784년에 거인

(舉人)으로 강서(江西)·오현(吳縣) 동지(同知)를 지냈다. 장숙조(莊叔祖)·장혜언(張惠言)·진사린(陳士麟)·왕작(王灼)·포세신(包世臣) 등 동성파(桐城派)의 뒤를 이은 양호(陽湖)의 대표적 작가로서 고문(古文) 진흥에 많은 노력을 하였으며, 저서로는 『대운산방문고(大雲山房文稿)』가 있다.

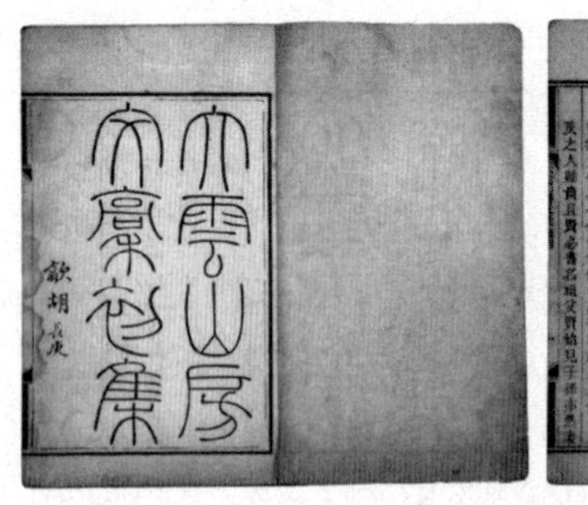
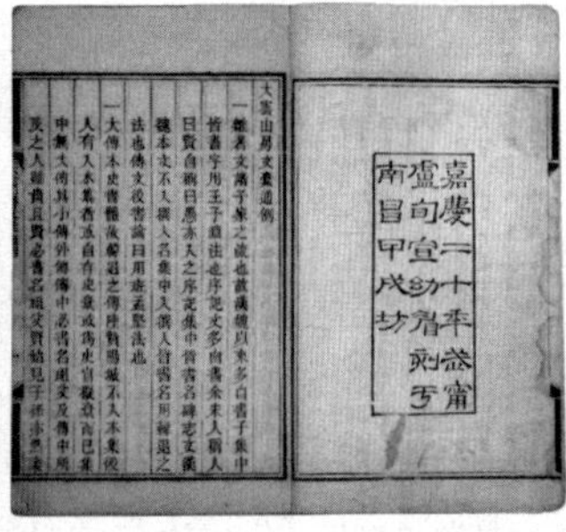

〈그림 14〉 이상적이 정가보에게 1843년 1월 30일 구하여 갖고 와서 추사에게 보내준 운경의 『대운산방문고』

운경은 바로 〈세한도〉와 인연이 깊은 인물이다. 이상적은 운경의 『대운산방문고(大雲山房文稿)』를 김정희에게 전해주었다. 그 때는 김정희가 〈세한도〉를 그리기 1년 전이었다. 1843년 01월 30일 입연(入燕) 중이었던 이상적에게 정가보(丁嘉葆)가 『대운산방문고(大雲山房文稿)』를 보냈고,[35] 이상적은 이 책과 계복(桂馥)의 『만학집(晩學集)』을 가지고 귀국하여 제주도에 유배중인 김정희에게 보냈다.

이렇게 보면 장요손은 그의 백부(伯父) 장혜언을 따라 다니며 상주학파(常州學派) 형성에 한 몫을 하였으며, 그 역시 양호학파(陽湖學派)를 형성시키는 주인공이었던 것이다. 이런 인연으로 본다면 장요손이 주선한 모임의 성격 역시 양호학파의 모임이 아니었을까 하는 추측이 가능해질 것이다.

그런데 이상적이 하필이면 장요손을 만나 그의 주선을 의뢰하게 되었을까. 이 점은 의외로 쉽게 해결이 될 듯하다. 그것은 김정희에게 〈세한도〉를 받아든 순간 답장을 하는 이상적의 편지에 드러나 있다. 그 편지에는 장요손의 소식도 알아보겠다는 내용이 들어있다.[36)]

장요손의 소식에 대해서는 이미 김정희도 궁금했던 모양이었다. 특히 1843년 1월 5일 장요손이 이상적에게 부친 편지에서 "추사공이 갑자기 먼 곳으로 귀양을 가게 되었다 하니 매우 뜻밖에 일입니다. '도가 높을수록 훼방을 당한다'는 것은 참으로 예나 지금이나 마찬가지로 서글픈 일입니다."라고 하면서 만나지 못한 서글픔을 토로하기도 하였다. 이 편지의 내용은 김정희에게도 전해졌을 것으로 짐작된다. 아니면 별도의 편지가 제주도 유배 중인 김정희에게도 전해졌을 것이다. 이상적이 이렇게 대답한 것은 아마도 별도의 편지를 받았는지, 장요손의 소식을 묻는 김정희에게 대답하는 투였다. 이에 이상적은 장요손의 소식을 찾아보겠다고 한 것이다.

장요손과 김정희는 한번도 만난 적은 없었다. 그러나 장요손은 항상 김정희를 만나보기를 원했으며 글씨라도 얻기를 갈구하였다. 그러한 결과 김정희는 장요손 누이의 그림에 시를 지어 보내는 등[37] 간접적인 교유를 진작부터 갖고 있었다.

이상적이 장요손을 처음 만난 것은 1837년이었다. 그러므로 이미 7년이란 긴 세월을 사귀어온 관계였다. 이 때에 장요손을 비롯한 왕홍(王鴻)도 이미 이상적이 연행(燕行)길에 올라 1844년 연말이면 북경에 도착한다는 사실을 알고 있었다.

> 저는 11월 17일에 도성(都城)에 도착하여 중원 장요손(仲遠 張曜孫) 효렴(孝廉)을 만나보고는 선달 12월 그믐에 각하의 사신(使臣) 행차가 경사(京師)에 온다는 것을 알았습니다. 만나서 이별의 회포를 풀 수 있을 것이라고 여겼는데, 세상의 티끌 같은 일에 매이게 될 줄 어찌 뜻하였겠습니까. 또 아버지를 모시고 고향으로 돌아가 장사를 지내는 계획을 세워야 하므로 도성을 나오지 않을 수가 없습니다. 그래서 끝내 한 번 거룩한 얼굴을 만나지도 못하게 된다고 여기니 답답하고 서글픕니다.[38]

왕홍이 보내온 편지를 읽어보면 그들 사이에는 북경에 도착하기 이전부터 모든 행동 거취가 전달되었던 것이다. 이렇게 서로가 자세히 알고 있던 사이에서 북경에 도착한 이상적이 가장 먼저 찾은 인사 중 하나가 장요손이었을 것이며, 그들 사이에 이미 어떤 약속이 진행되지 않았을까 짐작이 된다. 실제로 장요손과 이상적은 북경에 도착한 직후 소식을 주고 받으며 만난 것으로 확인된다.

> 우선 인형 사자(使者) 대인 족하. 삭사(朔使)가 도성에 왔을 때 모두들 족하의 수레가 언제 올 지 물어보고 발돋움하며 바라본 지 이미 오래되었습니다. 연말에 족하의 행차가 왔다는 것을 알고도 마침 감기에 걸려 달려가 맞이하지 못하였습니다. (중략) 며칠 안에 사신으로 오신 업무가 끝난다고 하는데 그렇습니까. 어느 날에 만나서 이야기를 할 수 있겠습니까. 다만 먼저 편지를 보내 만날 날짜를 묻자오니 인편에 분명히 알려 주시기 바랍니다. 예전에 보령국(寶寧局)에서의 한 번 만남은 아직도 생각할 만하니 약소하게 술자리를 마련하고 동인들을 초청하여 해가 지도록 모여 놀려고 하는데 어느 날이나 한가한 시간을 얻을 수 있을지 모르겠습니다. 또한 일찌감치 알려 주시기를 바랍니다. (하략)
> 장요손은 머리 숙입니다. 정월 2일.[39]

연말에 이상적이 북경에 도착했다는 소식을 듣고 정월 2일 편지를 보내 빨리 만나보자는 편지가 있었고, 이 편지를 보낸 뒤 3일 후 그들의 만남은 이루어진 듯하다. 〈나중에 해객금준제이도에 쓴다(追題海客琴尊第二圖)〉 라는 시에 의하면, 그렇게 해서 만난 날짜가 '을사년[1845] 신정 5일'이라고 하였다.

延陵佳邸第　연릉의 아름다운 집
平子舊居停　장평자가 옛날에 살던 곳이었다
(讌集於吳偉卿比部 留客納涼之館 時中遠寓此)
오위경 비부가 유객납량지관에서 모여 잔치를 차렸는데 그 때 장중원이 여기에 붙어 살고 있었다.
凍解千竿竹　얼음은 일천 줄 대나무에 풀리고
春生五葉蓂　봄은 다섯잎 풀에서 생겨난다
(時乙巳新正五日也)
그 때가 을사년 신정 5일이었다.[40]

이런 관계에 있던 이상적이 장요손을 찾은 것은 당연한 일일 것이고, 그 자리에서 〈세한도〉 제찬에 관한 이상적의 제의가 받아들여졌을 것이다. 이 때 장요손은 자신이 소속되어 있는 상주학파 인물들을 초대하여 〈세한도〉 관람을 주선하려고 하였다고 추측할 수 있다.

그런데 여기서 한 번 되짚고 넘어가야할 사항이 있다. 〈세한도〉라는 작품은 아무리 봐도 회화작품이 아닌가. 그런데 필자의 회화적 안목이 부족함을 앞세운다고 하더라도, 청조 지식인들이 〈세한도〉를 관람하고 지은 제찬에서는 회화적인 요소를 발견하기 어렵다. 그림에 대한 품격이라든가, 그림의 수법이라든가, 그림의 전승 과정에 관한 지식 등등의 언급은 찾기 어렵다. 오로지 일관되게 주인공의 절개에 대해서만 집중적으로 그리고 있는 것이다.

그 이유는 무엇일까. 무리하지만 필자의 생각을 정리하면 이렇다. 그것은 조선에서부터 연경까지 〈세한도〉를 가지고 갔던 이상적의 요청에 의한 것이었을 것이다. 그렇지 않다면 16명이나 되는 많은 사람들이 지은 제찬이 한결같을 수가 있었을까. 같은 지역 출신 엇비슷한 지식인, 동일한 학파의 인물이 모인 곳에서 결과물을 산출하였으므로 이상적의 요청에 따라 그 '제찬'의 방향도 쉽게 모아질 수 있었을 것이다.

그런데 이상적은 무슨 이유로 고난의 길인 연경까지 세한도를 가져가 제찬을 받아왔을까. 이 문제는 아직도 명쾌하게 풀리지 않는 궁금증이다. 게다가 〈세한도〉에 관한 기록은 어디서이고 찾아볼 수가 없다. 『완당선생전집』에는 추사의 발문이 편지로 분류되어 실려 있다. 이에 대한 시문을 읊었다는 기록이 없다. 마찬가지로 이상적에게도 그의 『은송당집』 어디에도 〈세한도〉에 관한 기록을 찾을 수 없다. 그림에 대해 수없이 많은 시문을 남겼음에도 불구하고 유독 〈세한도〉만은 기록이 안 보인다. 또한 279통이나 되는 중국인의 편지에도 〈세한도〉를 언급한 내용은 발견할 수 없다. 단지 이상적이 읊은 추사의 추도시에 '나를 알아준 세한송과 난초'라고 하여 은연중에 〈세한도〉에 관한 사연을 암시할 뿐이었다.

그러나 이제까지 살펴본 몇 가지를 근거로 그 이유를 추정해 보기로 한다. 이상적은 청(淸)이라고 하는 외국 학자들의 명성을 빌릴 목적이 있었다. 당대 학문의 중심지인 강소성을 중심으로 한 최고의 지식인들을 통해 김정희의 위상을 높이 평가해야 할 필요성이 있었던 것이다. 이들 외국 지식인들의 높은 평가가 조선의 정치인에게 전달된다면 그 명성으로 인해 김정희가 해배(解配)될 가능성이 있을 것이란 기대에서 출발한 것이 아닌가 한다.

어쨌든 요동의 추위를 무릅쓰고 〈세한도〉에 제찬을 받아오겠다는 이상적은 처음부터 의도된 행동이었다. 이를 계기로 새로운 그림과 그 그림에 곁들인 23인의 제사, 그 경이로운 문화의 탄생이 이루어지는 결과를 낳았다고 하겠다.

제3장 〈해객금준제이도〉는 어떻게 그려졌나

조선 시대에는 모두 673차례의 사행(使行)이 있었으며,[41] 그 중 청나라가 연경(燕京)으로 수도를 옮긴 이후는 612차례가 있었다. 이 때 참여했던 사람 숫자를 대략만 계산해도 1회에 약 500-600명이었으므로, 연 인원을 계산하면 엄청나게 많았다고 추정할 수 있다. 이들 중 나름대로 연행에 대한 기록을 남긴 사람도 적지 않아 임기중이 조사 발굴하여 발간한 연행록에도 모두 500여 종[42]이나 실려 있다.

이 연행에 참여한 사람이 남긴 기록은 여러 가지 형태로 전해지겠지만 가장 쉽게 생각할 수 있는 것이 연행록(燕行錄)이라는 일기(日記) 또는 기행문(紀行文)일 것이다. 또 이 외에도 이와 유사한 연행의 체험을 기록으로 남긴 것도 있다. 바로 그들의 개인 문집이라고 할 수 있다.

연행록과 문집이 동시에 기록으로 남아있다면 그 사람의 연행 행적을 추적하기에 큰 도움이 되겠지만, 경우에 따라서는 이 중 한 가지만 남아있기도 하고 전혀 없기도 하다. 본고에서 다루고 있는 이상적(李尙迪)도 문집만 남아있고 별도의 연행록은 남기지 않았다. 따라서 이상적의 연행 행적과 그 만의 행적에서 찾을 수 있는 연행 특성은 문집을 통해서 확인할 수밖에 없다. 그러나 어느 개인의 행적을 찾는데 반드시 그가 남긴 기록만 활용되는 것은 아니다. 그가 교류했던 상대방이 남긴 기록에서도 그 행적을 찾을 수 있다. 다행스럽게도 이상적의 경우 그에게는 61명이라는 청나라 지인(知人)들이 보낸 편지가 남아 있다. 모두 279통이라는 적지 않은 편지에서 간접적으로 이상적의 행적을 찾을 수 있음은 여간 다행스런 일이 아닐 수 없다.

언뜻 보건대 이상적의 연행 행적은 여타 연행 체험자들과는 차이가 있는 것으로 짐작된다. 여타의 연행인들은 연행 과정에서 보고 들은 청나라의 '볼거리'나 청나라의 '문물', 조선과는 다른 '문화'를 중심으로 기록을 남긴 듯하다. 그 결과 북경을 왕래하면서 본 것들 중 요양의 '백탑', 북경의 '유리창', '황성', '국자감', '천주당' 등 외형 문물이 크게 부각되었다.

그러나 이상적의 경우는 그들의 기록과는 차이가 있다. 이상적의 문집이나 기타 간접 자료에도 위와 같은 외형적인 문물에 대한 기록은 거의 보이지 않는다. 그렇다고 북경을 12차례나 다녀온 그가 '유리창', '황성', '국자감', '천주당'을 방문하지 않았다고 말할 수는 없을 것이다. 그렇다면 이상적이 관심을 갖고 남긴 기록은 어떤 것이었을까?

이상적은 12차례에 걸친 많은 연행 과정에서 청(淸)의 지식인과의 '교유'를 가장 크게 다룬 것으로 보인다. 그의 문집인 『은송당집』 24권을 비롯해, 간접적인 자료인 『해린척소』를 면밀히 검토해도 결론은 유사하다.

〈그림 15〉 전사본 『해린척소』. 원본은 없고 전사본만 15종 이상 전하고 있다. 사진은 최근에 15종을 모아 재정리한 혜민원 편 『해린척소』.

마찬가지로 〈세한도〉를 갖고 찾아간 곳도 유명한 장소가 아니라 진작부터 알고 지내던 사람이 세들어 살고 있는 집이었다. 이 작은 골목 안 셋집에서 〈세한도〉가 그 가치를 발휘하게 된 것이다.

이처럼 이상적은 연행 경험 속에서 여타의 인물들과 다른 사적 경험들을 매우 중시했고 일반적이고 관습적인 기록보다 자신의 실제 경험과 중국인들과의 교유를 담아내려 애썼다. 이는 당시 한

중 문화 교유의 장으로, 이러한 과정 속에서 그들은 학문적 동지로 그 관계를 돈독히 해나갈 수 있었으리라 생각된다.

1. 〈해객금준제이도〉는 무슨 그림인가? – 〈세한도〉 관람 모습

〈세한도〉를 북경으로 가져간 이상적은 어느 날 그곳의 지인(知人)들이 모인 자리에서 〈세한도〉를 펼쳐보였고, 그곳 지인 19명은 〈세한도〉를 감상하게 되었다. 그리고 19명 중 16명이 그림 뒤에 직접 자필로 제찬(題贊)을 써서 〈세한도〉의 가치를 한국의 국보로 올려놓았다. 이 〈세한도〉 관람 자리에서 더욱 흥미있는 인연이 발생하였다. 그것은 다름 아닌 〈해객금준제이도〉라는 또 하나의 그림이 탄생한 것이다. 바로 〈세한도〉를 관람하는 그 장면을 묘사한 그림이 〈해객금준제이도〉인 것이다.

이렇게 보니 〈세한도〉 관람과 〈해객금준제이도〉 제작은 동일한 시간, 동일한 장소, 동일한 사람이 주인공이 된 사연을 지닌 문화 교유의 한 결정체라고 말해도 될 것이다. 여기서 잠깐 〈해객금준제이도〉란 용어에 대해서 설명하고 넘어가기로 한다. '해객금준제이도'란 말에는 '해객금준제일도(海客琴尊第一圖)'라는 말을 전제로 해서 사용했다는 의미가 내포되어 있다. 곧 이미 이전에 '해객금준제일도'라는 그림이 있었음을 암시한다. 그런데 이 '해객금준제일도'를 그릴 당시에는 '해객금준제이도'가 제작되리란 예상을 하고 나서 그린 것이 아니기 때문에 굳이 '제일도'란 말을 사용할 필요가 없었다. 따라서 이에 앞선 그림의 이름은 '제일'이 빠진 '해객금준도'가 될 것이다. 사실 〈해객금준도〉는 1837년 이상적이 연경에 갔을 당시 장요손이 주선한 모임의 자리를 그린 '아회도(雅會圖)'이다. 해객금준제이도는 제일도와 유사한 내력을 지닌 두 번째 그림이란 말이 되겠다.

2. 언제 그렸나? - 1845년 1월 13일

〈해객금준제이도〉는 여러 가지 기록으로 볼 때에 현재 그 존재 유무가 파악되지 않았다.[43] 1932년 중국의 장맹옥(莊孟玉)이 소장하고 있던 것을 보았다는 기록[44]이 있으나 그 후의 종적은 알 수가 없다. 그럼에도 불구하고 그 그림에 대한 고찰을 시도한다는 것은 이 글의 신뢰도에 모험을 두고 진행하는 것이지만, 그만큼 필자에게는 흥미진진한 관심거리이기 때문이다.

〈해객금준제이도〉의 제작 시기, 곧 제작 시일에 대한 본격적인 연구는 없었다. 그러나 기존 연구자들이 〈세한도〉와 관련된 논문을 다루는 과정에서 간접적으로 언급한 경우는 있었다.[45] 그들 모두 〈해객금준제이도〉의 제작 시기를 1845년 1월 13일로 잡았다. 이 의견은 이춘희가 그의 박사논문에서 처음 언급하였으며, 박현규도 이와 같은 의견을 제시하고 이춘희가 제시한 근거를 재활용하면서 보다 구체적으로 고증하였다.

필자는 이들의 의견에 동조하면서 다른 각도와 자료를 통해 보다 구체적으로 접근하였다. 그것은 당시 이상적이 연경에 도착하면서 활동하는 모습을 일자별로 정리하면서 거기에서 〈해객금준제이도〉 제작 시기를 추출한 것이다. 여기에 활용되는 주 자료는 청나라 지인(知人) 61명이 이상적에게 보내온 편지 모음집인 『해린척소』로서 이 자료가 가장 구체적인 모습을 보여주고 있다. 또한 이상적의 문집인 『은송당집』, 그리고 청나라 인사들이 이상적과의 관계를 보여주는 『해린서옥 중주시(海隣書屋 中州詩)』와 『한객시존(韓客詩存)』 등을 활용하였다.

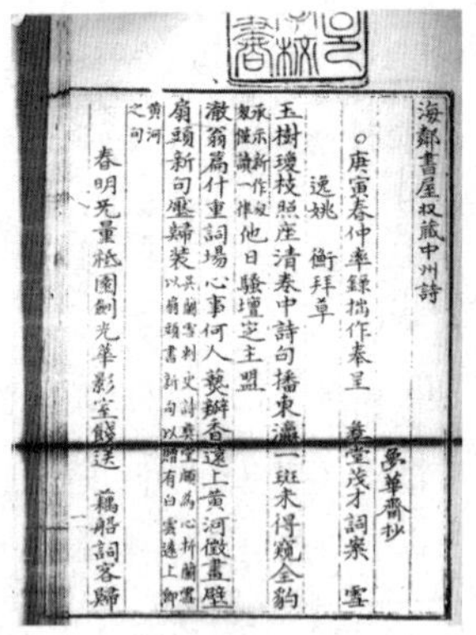
海鄰書屋收藏中州詩
夢華齋抄
○庚寅春仲率錄拙作奉呈 彝堂茂才詞案 雲
逸姚 衡拜草
玉樹瓊枝照座清春中詩句播東瀛一斑未得窺全豹
他日騷壇定主盟
瀫翁爲什重詞場心事何人爇瓣香遠上黃河徵畫壁
扇頭新句壓歸裝
春明先量袛園劍光華影室餞送 藕船詞客歸

〈그림 16〉『해린서옥 중주시(海隣書屋 中州詩)』
(규장각 소장)

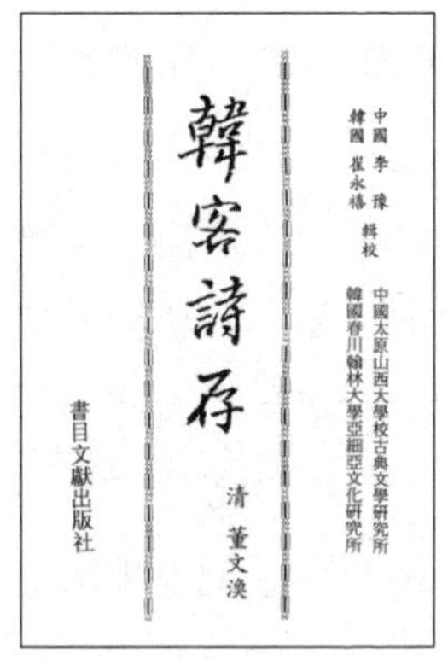
中國 李豫
韓國 崔永禧 輯校
中國太原山西大學校古典文學研究所
韓國春川翰林大學亞細亞文化研究所
韓客詩存
清 董文渙
書目文獻出版社

〈그림 17〉『한객시존(韓客詩存)』

이 작업은 단순히 〈해객금준제이도〉 제작 일자만 확인하는 것이 아니라 〈세한도〉 관람 일자를 확인하는 작업의 하나이기도 하다. 이를 통해 기존의 〈세한도〉 관람 일자를 1월 20일로 잡았던 후지츠카 의견에 대한 논란도 잠식시키는 효과를 가져올 수 있을 것이다.[46)]

먼저 이상적의 당시 행적을 살펴보자. 이상적이 연경에 도착한 것은 1844년 12월 21일이었다. 당시 10월 26일 출발하였으므로 55일이나 걸린 긴 여정이었다. 이 기록은 이상적과 함께 사행의 서장관 윤찬(尹(穳))의 자제군관으로 연경에 다녀온 윤정(尹程)의 『서행록(西行錄)』[47)]에 확실하게 밝혀져 있다. 대체로 사행원들은 이 때부터 청나라 황제를 방문할 때까지 가장 바쁜 일정을 보낸다. 그 일정은 정초 인사를 마치면서 일단 한 숨 돌리게 된다. 곧 정월 첫날과 며칠만 지나면 약간의 한가한 시간을 가질 수 있는 것이었다. 이상적 같은 역관도 그것은 마찬가지였다.

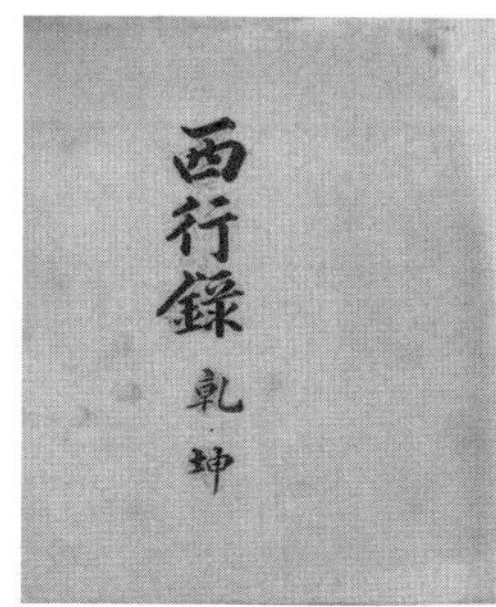

壯者也余亦不知中一人而陰晴之下聯錄聞見散
錄走草間多漏失於行路及彼點檢七存三落乃收
拾餘紙而錄焉
坡山尹程并序
余爲現觀隨書狀官族兄攢氏(上使興完君晸應 副使權大肯)甲
辰十月二十六日京城離發此時覲節雖康旺行將
遠離情私難堪慈教曰余多見燕行日記矣士之遊
觀者不可無記事錄見等文字汝於今行詳記聞見
來俾余一覽焉余承命拜辭發到慕華館家兄送餞
于此知舊親戚面面握別別愁離懷有難禁抑便昏

〈그림 18〉 윤정의 『서행록』. 윤정은 1844년 동지사의 서장관 윤찬의 자제군관으로 이상적과 함께 다녀왔다.

그런데 이들 사행원들의 행적은 그들이 연경에 도착하기 전부터 도성에 소문이 나게 마련이었다. 가장 관심을 기울이고 사행원들의 일거수 일투족에 눈독을 기울인 사람은 그곳 인삼 거래 상인들이었을 것이다. 사행원들이 조선인 숙소인 옥하관에 들어서기도 전에 그 일대는 임시로 인삼 가게가 들어서게 마련이었다. 인삼거래야말로 가장 이익이 확실한 거래였고, 조선의 상인도 마찬가지였기 때문이다.[48] 또한 인삼 상인과 마찬가지로 사행원에 대한 소식에 관심을 기울인 사람도 있었다. 그 전부터 사행원 일행 중 누군가를 알고 지냈던 청나라 지인들이다. 여기에 특히 관심의 대상이 되는 사람은 당연히 역관들이었을 것이다. 왜냐하면 500-600명이나 되는 사행원 중 연경에 여러차례 다니면서 그들과 인맥을 맺을 수 있는 지식인은 역관뿐이었기 때문이다. 이상적의 경우도 예외는 아니었다. 1844년 겨울 연경에 도착한 이상적도 벌써 7번째 연행이었다. 그의 연경 도착 소식을 알고 진작부터 접촉의 연락을 해온 청나라 지인이 있었다. 그는 장요손이었다.

장요손은 이상적이 연경에 왔다는 소식을 듣고, 옥하관에 머물고 있는 이상적에게 편지를 보냈다.[49]

건륭제 팔순 만수도권(乾隆帝八旬萬壽圖卷)』 중의 「성시상무(城市商貿)」. 청 궁정화가, 견본(絹本), 고궁박물원 소장.

〈그림 19〉 당시의 성시상무(城市商貿) 모습(김성남의 『한중문화교류사』에서)

1월 2일 자로 보낸 그의 편지 내용대로 장요손은 이상적과 헤어진 지 7년이나 되었으며, 이미 사행원이 도성에 왔다는 정보를 갖고 있었다. 그리고 그 전에 만났던 장소인 인삼 가게 보령국(寶寧局)의 추억을 떠올리며 빠른 시일 내에 한 번 만나자는 말을 전했다. 물론 그날에는 단 두 사람만이 아닌 여러 동인들을 초청하겠다는 말도 들어있었다. 그런데 이 편지에서는 언제 만나자는 구체적인 날짜를 잡지 못하였다. 그 날짜를 잡는 일은 공무를 끝낸 뒤의 이상적에게 맡길 수밖에 없었을 것이다.

그리고 나서 3일 뒤인 1월 5일 장요손이 머물고 있던 집에서 여러 사람과 함께 만난 듯하다. 확실하게 밝혀진 인물은 장요손, 오찬, 조무견, 이상적이다. 다음 조무견의 시가 이를 증명해 준다.

〈종이 폭이 끝나지 않은 곳에 부록한다. 신정에 시험삼아 짓는다. 10수 중 5수(도광 을사 [1845] 맹춘(1월) 21일 써서 우선 선생에게 올리니 바로잡아 주십시오 오현 조무견 간보. 초탈고(紙幅未竟坿錄 新正試筆 十首之五(道光乙巳孟春廿有一日書奉 藕船先生 雅正 吳縣曹懋堅艮甫 初脫稿)〉

城西爲訪張平子　城 서쪽 장평자를 찾아가
素問靈樞論不窮　素問과 靈樞 토론 끝이 없는데
下馬入門逢海客　바다 건너 말에서 내려 온 친구를 만나보니
琴尊想見畵圖中　〈해객금준도〉 그림 속에서 보던 그 사람이구나

自註：初五日就仲遠診脉邉與藕船相遇 去冬曾爲仲遠題海客琴尊圖(초5일 중원이 진맥(診脈)하는 곳을 찾아가 우선과 만났다. 지난 겨울 중원을 위해 〈해객금준도(海客琴尊圖)〉에 글을 지었다)[50]

위 시의 내용에 있는 성(城) 서쪽에 사는 장평자(張平子)는 바로 장요손을 지칭한다. 당시 장요손은 연경 내성인 전문(前門)의 서쪽 화평문(和平門) 바로 옆에 있는 골목인 병부와가(兵部窪街) 안에 있는 오찬(吳贊)의 집에 임시로 머물고 있었다. 의술에 뛰어난 그는 여기서 의원노릇을 하며 생계를 꾸려갔던 것으로 추측된다. 이 기록에 의하면 1월 5일 조무견은 오찬의 집으로 장요손을 찾아가 이상적을 만난 것이다. 이날의 만남에 대한 기록은 이상적의 문집에도 실려 있고,[51] 그 시의 주석에도 "장요손은 이 집에 임시로 살고 있었다. 그때가 을사년[1845] 신정 5일이었다."고 하였다.

1월 5일의 모임에서 어떤 이야기가 있었는지 구체적으로 밝혀진 내용은 없다. 다만 차후에 장요손이 이상적에게 보낸 편지나 다른 기록상에서 그 사실을 추론할 뿐이다. 이 모임 이후 장요손은 계속해서 이상적에게 편지를 보냈다. 확인 가능한 편지를 보면 1월 7일 2회, 1월 8일 1회 모두 3회에 걸쳐 편지를 보내면서 이상적에게 만나자는 우편을 띄웠다.

〈장요손 (제2신) (1845. 01. 07)〉

심부름꾼이 왔을 적에 손수 쓰신 편지와 진귀한 물품까지 받아보니 융성한 뜻이 마음에 흡족합니다. 추사 김정희 옹께서는 멀리서 저희 누이에게 서액(書額)을 보내주셨는데 훌륭한 필법이 천연적인 기운을 터득하셨으니 품격과 가치가 매우 커서 더욱 기쁘고 좋습니다.

부탁하신 글씨와 전각(篆刻) 건은 며칠 늦어짐을 용납하시면 보내드리겠습니다. 횡액(橫額)은 간신히 3자만 썼는데 역시 계속해서 족하께서 시와 글씨를 지시해 주시기 바랍니다. 13일에는 일찍 오시기만을 오로지 기다립니다. 화가 관영 오준(冠英 吳儁)도 그날 또한 여기에 참여할 것인데 그에게 당신의 모습을 자세히 그리고, 앉아있는 손님들을 두루 그려 〈황도화구도(皇都話舊圖)〉를 만들게 할 것이니 또한 이것은 뒷날의 한 번 멋진 자취가 될 것입니다. (하략).[52)]

〈장요손 (제3신) (1845. 01. 07)〉

어제 제가 써 주십사고 요청한 영첩(楹帖)을 이미 쓰셨다면 보내주시기를 바라며 여기에 초청장을 보내 13일 족하의 행차를 정중하게 초청합니다. 이 편지를 보시고 방문하여 한 번 날이 저물 때까지 이야기를 펼칠 수 있기를 동인(同人)들이 모두 바라고 있습니다. 일찍 왕림해주시면 고맙겠습니다. 이렇게 요청드리며, 크게 편안하십시오. 다 갖추지 못했습니다. 요손은 머리를 숙입니다. 인일(人日, 1월 7일) 우선 인형 대인 족하.[53)]

그 '장요손 2신'에는 만날 날짜를 13일로 잡음은 물론 모임의 성격까지도 구체적으로 제시하고 있다. 곧 그날 모임의 모습을 전문 화가인 오준에게 그리도록 할 것이며, 그 그림의 제목을 '황도화구도(皇都話舊圖)'라고 한다는 것이다. 이미 그날 모여 앉은 손님들을 두루 그린다고 하였으니 모임에 참석할 인원이 많을 것이란 암시도 곁들인 셈이다. 그리고 나서 장요손은 같은 날 또 다시 이상적에게 편지를 보냈다. 이번에는 '초청장'까지 넣어서 보낸 것으로 기록되어 있다. 13일의 모임에 정중하게 초청한다는 내용이다.[54)] 같은 날 두 차례에 걸쳐 편지를 보낸 이유로, 아마 '초청장'을 빼놓고 보낸 것을 보충하려는 의도가 있었다고 할 것이며, 또 편지가 중간에 없어질까봐 염려되어 다시 보냈다고 생각할 수 있다.

그런데 13일 모임의 주목적은 무엇이었을까? 그것은 앞의 조무견의 시에서 확인할 수 있다. 이 시는 당시 1845년 1월 21일에 지은 5수의 작품으로 『중외창수집(中外唱酬集)』에 실려 있다. 그 세 번째 시를 보면[55] '우선이 그의 스승 김추사의 그림을 놓고 글을 지어 달라고 했다'는 기록이다. 이런 내용은 기타 여러 곳에서도 발견할 수 있다. 『세한도 권』에 실린 16인의 〈제찬(題贊)〉은 '글을 지어 달라'는 이상적의 요청에 의해서 탄생된 것이다. 그러므로 첫 번째 목적도 〈세한도〉를 감상하는 일이었다. 그 결과 〈세한도〉 제찬이 탄생한 것이다. 그리고 그 모임의 장면을 그림으로 그려 둔 것이 〈해객금준제이도〉이다. 따라서 〈해객금준제이도〉의 제작은 1845년 1월 13일에 발생한 것이다. 1월 5일은 단순히 만나기만 한 의례적인 모임은 아니었다. 이상적은 1월 5일에 장요손, 오찬, 조무견을 만난 자리에서 〈세한도〉를 보여주고 제찬을 받아가고 싶다는 의견을 제시했을 것이다. 그리고 그 요청을 받은 장요손은 지인들에게 연락하여 모이도록 주선하였을 것이다.

그런데 〈세한도〉 제찬이나 기타 자료에 보면 그 날짜에 대한 의구심이 들도록 제각기 다른 기록을 보여주고 있다. 그 중 가장 확실하게 〈제찬〉을 지은 날짜를 보이고 있는 사람은 조무견이다. 그는 〈세한도〉 제찬에서 친필로 '1845년 1월 22일에 쓴다'고 하였다. 또 이와 비슷하게 오순소(吳淳韶)는 세한도 제찬에서 '정월 하완(下浣)'이라고 하였다. 그렇다면 이들이 제시하는 일자와 1월 13일이

다른 이유는 무엇일까? 결론부터 말하자면 〈세한도〉를 감상하는 모임의 날짜와 〈제찬〉을 쓴 날짜가 다르다는 것이다. 이들이 〈세한도〉를 감상한 날짜는 위에서 밝힌 대로 1월 13일이었지만, 거기에 〈제찬〉을 지어서 『세한도 권』에 친필로 부기(附記)하기까지는 적어도 며칠이라는 시일이 필요했을 것이다. 그렇기 때문에 관람 후 며칠이 지난 1월 22일에야 조무견은 자신이 지은 〈제찬〉을 친필로 기재할 수 있었던 것으로 추측된다.

그런데 이 조무견과 오순소 두 사람의 경우 특이한 점을 찾을 수 있다. 곧 이들은 정월 13일 〈세한도〉 관람 모임에 참석하지 않았다는 사실이다. 이 기록은 당시의 모습을 마치 눈 앞에서 본 듯이 묘사하고 있는 진상업의 언급으로 알 수 있다.[56] 그도 1월 13일의 참석자 명단을 나열하였는데, 그 명단에는 '조무견'과 '오순소'가 빠져있다. 그런데도 불구하고 이들의 〈제찬〉이 『세한도 권』에 실려 있는 것은 무엇 때문일까?

먼저 조무견을 살펴보면, 그는 이미 1월 5일 장요손이 진맥하며 살고 있던 집에서 이상적을 만났었다. 그 때에 〈세한도〉를 관람했을 가능성은 크다.

한양을 출발할 당시 이상적은 추사로부터 〈세한도〉를 받아 들고 중대한 결심을 하였다. 이 〈세한도〉를 연경에 가지고 가서 그곳 인사들에게 〈제찬〉을 받아오겠다는 것이었다. 이 결심은 곧장 제주도에 있는 김정희에게 편지로 보내졌고 연경 가는 도중에 한시라도 잊지 못했을 것이다.

> "세한도 한 폭을 엎드려 읽으매 눈물이 저절로 흘러내리는 것을 깨닫지 못했습니다. 어이 그다지도 분수에 넘치게 추켜올리셨습니까. 진실로 감개가 절실합니다. 아, 제가 어떤 사람이기에 권세와 이익을 좇지 않고 도도한 세상 풍조 속에서 스스로 초연히 벗어났겠습니까. 다만 변변치 못한 작은 정성으로 스스로 그만둘 수 없어서 그랬던 것일 뿐입니다. 더구나 이러한 종류의 책은 바유하자면 문신(文身)을 새긴 야만인이 공자(孔子)의 장보관(章甫冠)을 쓴 것과 같아서 권세와 이익으로 불타는 세속과는 맞지 않는 것이기 때문에 저절로 맑고 시원한 곳으로 돌아간 것일 뿐입니다. 어찌 다른 뜻이 있겠습니까. 이번 사행(使行) 길에 이 그림을 가지고 북경(北京)에 가서 표구하여 한 번 옛 지기(知己)들에게 두루 보이고 제발(題跋)과 시문(詩文)을 청하려고 합니다. 그러나 오직 두려운 것은 그림을 보는 사람들이 제가 진실로 세속을 초월해서 초연히 세상의 권세와 이익 밖으로 벗어났다고 여기지나 않을까 하는 것입니다. 어찌 스스로 부끄럽지 않겠습니까. 참으로 과분한 일입니다. -- 운대(芸臺) 완원(阮元) 상국(相國)의 『중용설(中庸說)』은 일찍이 『연경실집(揅經室集)』에서 본 바이나 올 여름에 역하(歷下)의 시인(詩人) 자매(子梅) 왕홍(王鴻)이 남방으로 돌아갈 때 궐리(闕里)를 지나가다 공자묘(孔子廟)의 벽에 새긴 그 글의 탁본(拓本)을 부쳐왔는데 -- 손수 표구해서 올리는 바이나 풀

이 세고 주름이 져서 보잘것 없어 마치 부처의 머리에 똥칠을 한 것과 다름 없으니 한스럽습니다.[57)]

지기(知己)들에게 제발과 서문을 받아오겠다는 그는 정월 5일 장요손, 오찬, 조무견을 만났을 때 자신의 계획을 상세하게 진술하고 이를 실천할 구체적 계획을 세웠을 것이다. 따라서 먼저 〈세한도〉를 꺼내 놓고 감상을 했을 것이고, 여기서 조무견은 〈세한도〉를 보았기 때문에 정월 13일의 모임에 참석하지는 않았지만, 오준은 동인들의 모임에 참여한 것으로 가정하고 〈해객금준제이도〉에 넣은 것이 아닌가 한다. 그러나 오순소의 경우는 어떤 연유로 〈세한도〉에 제찬을 하게 되었는지 그 근거를 찾을 수 없다. 그러나 그도 역시 언젠가는 〈세한도〉를 보고나서 나중에 〈제찬〉을 지어 기록해 넣었다고 할 수 있다. 이 경우 조무견과 같은 날짜이거나 아니면 조무견보다 늦은 날짜였다. 그것은 〈세한도〉 제찬의 표구 과정을 보면 추론할 수 있는데 같은 두루마리 쪽에서도 조무견 '제찬' 뒤에 오순소의 〈제찬〉이 실려 있기 때문이다. 또한 오순소에 대한 개인적인 정보도 〈제찬〉에 기록된 '귀안인(歸安人)'이란 것 외에 전혀 알 수가 없어 더욱 궁금증을 가중시킨다.

조무견과 오순소의 기록을 잠시 접어두면 〈해객금준제이도〉를 그린 날짜는 장요손의 편지에서 밝힌 대로 을사년[1845] 정월 13

일이라고 할 수 있다.

3. 어디서 그렸나? – 병부와중가 오찬의 유객납량지관

〈세한도〉를 관람한 장소가 곧 〈해객금준제이도〉 제작 장소라는 것은 이미 주지되었다. 그렇다면 그 장소를 구체적으로 알 수 있을까? 이것은 〈세한도〉 관람 장소를 확인하면 그것으로 논증을 대체할 수 있다.

결론부터 말하자면 〈세한도〉를 관람한 장소는 오찬(吳贊)의 집이며 그 기록은 여러 곳에 보인다.

앞에서 인용한 '장요손 2신'과 '장요손 3신'에서 장요손은 모두 정월 13일에 모임을 갖고자 제안하였다. 그러나 그 두 통의 편지에서 장소를 제시하지는 않았다. 그것은 본인의 집이기 때문에 굳이 장소를 지정하지 않았던 것으로 짐작된다. 그 장소는 이미 이상적이 알고있음을 암시할 수도 있다. 그러나 아마도 '장요손 3신'에서 말했듯이 별도의 초청장을 발송하면서 구체적으로 '장소'를 명시했을 것으로 추측된다.

이 기록 외에도 몇 가지 단서가 될 기록이 있다. 인용문이 조금 길지만 장요손의 '세한도 찬'에서 확실하게 찾을 수 있어 다음에 실어본다.[58]

自註：藕船仁兄別八年矣 甲辰冬奉使來都 乙巳春正 邀飮於吳偉卿比部寓園 京師士大夫來會者十七人 話舊譚文 相與樂甚 藕船出示金秋史先生所作歲寒圖屬題 率成二律 兼懷秋史先生翰墨神交 識面未知何日 殊愴然耳 陽湖張曜孫幷記(藕船 仁兄과 이별한 지 8년이 지났다. 갑진년[1844] 겨울에 사신으로 연경(燕京)에 와서 을사년[1845] 봄 정월에 위경 비부 오찬(偉卿 比部 吳贊)의 우원(寓園)에 초대하여 잔치를 벌이니 모인 사람이 17명이다. 옛일을 이야기하고 글을 논하니 서로 매우 즐거웠다. 우선이 추사 김정희 선생이 그린 〈세한도〉를 내 보이고 글을 청하였다. 율시 두 편을 짓고 겸하여 추사 선생과 글로 신교(神交)를 맺게 된 것을 생각하니 직접 뵐 날이 언제인지 매우 섭섭했다. 양호 장요손은 아울러 기록한다).

(하략)

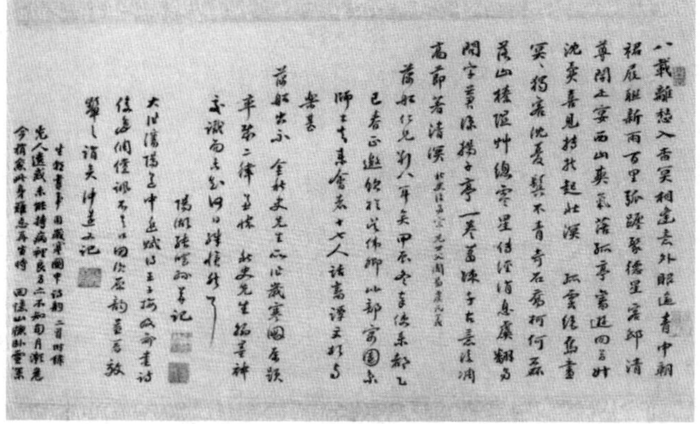

〈그림 21〉 장요손의 세한도 제찬

그리고 1년 뒤인 1846년에 이상적은 〈추제해객금준제이도(追題海客琴尊第二圖)〉(『은송당집』, 권9)에서 '위경 오찬 비부의 유객납량지관에서 모여 잔치를 차렸는데 그 때 중원 장요손이 이 집에 임시로 살고 있었다(讌集於吳偉卿比部 留客納涼之館 時中遠寓此)'고 하였다. 두 군데 기록이 일치함을 보인다. 곧 그 집은 오찬이 세 들어 살고 있는 집이다. 그 집은 어디에 있는지 확인해 보자. 『해린척소』 '장요손 제5신(1845. 01. 02)'에 의하면 '저는 지난 해 2월에 공거(公車)로 여기 병부와중가(兵部窪中街) 오위경(吳偉卿) 형부(刑部)의 집에 와서'59) 머물고 있다고 하였다. 또 '장요손 8신(1845. 10. 22)'에 보면 그가 무창 현령으로 떠나가면서 '이 후의 편지는 오위경(吳偉卿)이 있는 곳인 선무문(宣武門) 밖 병부와중가 형부 섬서 사원외랑(兵部窪中街 刑部 陝西 司員外郎) 집으로 보내시면 괜찮을 것입니다.'60) 라고 한 기록이 있다.

〈그림 22〉 병부와중가(병부호동) 골목 표지(2005년 7월 촬영)

〈그림 23〉 병부시랑이 살았다고 하는 집(2005년 7월 촬영)

이외에도 오찬이 살던 집에 대한 기록은 여러 곳에 나온다. 특히 그 집의 이름을 구체적으로 밝힌 '여전손 여관손의 편지 제2신[61](1845. 01. 27)이나, 『은송당집』 권9[62]의 기록에는 '유객납량지관(留客納凉之館)'이라고 하였다.

필자는 2005년도부터 2007년까지 3차례에 걸쳐 김정희와 이상적이 연경에서 방문했던 곳을 집중적으로 답사한 적이 있다. 그때 병부와가(兵部窪街)를 찾았는데 바로 골목 입구에 병부시랑(兵部侍郞)이 살던 커다란 집이 있었다. 당시 그 집에는 여러 가구가 한 집에 살고 있었는데 모두들 그 집을 '병부시랑 집'이라며 자랑하는 모습이 눈에 선하다. 아마도 오찬이 세 들어 살던 집이 이 골목 어딘

가에 있었을 것이다. 그 곳은 바로 화평문(和平門)에서 전문(前門) 방향으로 큰 길을 따라 300m쯤 가다 보면 왼쪽에 있으며, 그 골목 이름이 병부와가(兵部窪街)이다.

4. 누가 그렸나? - 화가 오준(吳儁)

그림이란 화가가 있게 마련이다. 〈해객금준제이도〉를 누가 그렸을까? 그는 오준(吳儁)[63]이다. 오준은 강소성 강음(江蘇省 江陰) 출신이며, 강음은 강소성 소주 오현(吳縣)에서 동북쪽으로 100km 정도에 있다. 그리고 이 모임을 주선한 장요손 역시 강소성 소주 양호(陽湖) 출신으로 강음과 양호는 직선 거리로 30km정도 거리에 있다. 장요손과 오준은 이렇게 같은 지역 출신으로서 연경에 와서 활동하고 있었다. 당시 오준은 연경에 별도로 마련된 집이 없었던지 선무문 맞은 편 송균암(松筠庵)에 머물고 있었다. 장요손이 머물고 있던 오찬의 셋집과는 걸어서 20분이 안 걸린다.

선무문 남쪽으로 큰 길(옛날에는 해자(垓字)가 있던 곳)을 건너 300m쯤 가면 오른쪽으로 작은 골목이 나온다. 북경 선무문(宣武門) 맞은편 남쪽 주소는 '달지교호동(達之橋胡同) 12호'인데 '북경 문물단위(北京 文物單位)'로 지정되었다. 이 골목 이름이 작자교(炸字橋)로서 골목 안으로 200m쯤 가면 왼쪽으로 있는 작은 암자가 송균암이다. 이 송균암은 당시 유명 시인 묵객들이 단골로 드나들면서 시회(詩會), 음주(飮酒)를 하던 곳이다.

원래 송균암은 명 나라 양계성(楊繼盛(1516~1555))을 모신 사당(祠堂)이다.

양계성은 명 하북성 용성인(河北省 容城人)이다. 자는 중방(仲芳), 호는 초산(椒山), 가경 26년[1547] 진사에 오르고, 이부원외랑(吏部員外郎)을 지냈다. 명나라 남경(南京) 정부의 병부우시랑(兵部右侍郎)으로, 간신 엄숭(嚴嵩) 등의 전횡을 탄핵하다가 오히려 무함을 받고 처형되었다. 죽을 때 '살아서 다 못 갚은 임금의 은혜를 죽어서 충혼(忠魂)으로 갚겠다'고 하였다. 시호는 충민(忠愍)이다.

〈그림 24〉 송균암. 명나라 충신 양계성을 모신 사당. 1845년 오준이 머물고 있었다. (2005년 7월 촬영)

조선 사신들이 이곳에서 모였던 기록이 많다. 송균암 뿐만 아니라 명말 고염무를 모신 자인사(慈仁寺), 송나라 충신 사방득(謝枋得)을 모신 법원사(法源寺)의 사공사(謝公祠)에 가서 그들에게 향을 피우고 예를 올린 일이 많았다. 청에 대한 반발 의식의 행위라고 생각할 수 있는데, 청나라 한족(漢族) 지식인들의 은근한 권유를 따랐던 것으로 짐작된다.[64] 아무튼 이 송균암은 19C 중반에 하소기(何紹基) 같은 지식인들이 황성(皇城)에서 퇴근길에 들러가던 이곳이었다. 당시 하소기가 남겨놓은 일기 『하소기종죽일기(何紹基種竹日記)』(1847.6.1~1848.9.3) 중에서 송균암에 들른 기록을 일자만 몇 곳만 골라보아 확인해보자. 이 일기의 내용으로 보아도 오준은 연경에 오면 이 송균암에 머물렀음을 알 수 있다.

1847년 7월 15일 : 송균암에 가서 교습하였다.[65]
1847년 7월 23일 : 송균암에 가서 오준을 만났다.[66]
1848년 6월 13일 : 송균암에 가서 오준을 만났다.[67]

송균암은 불가(佛家)의 사찰이었으나, 그 옆에는 '간초당(簡草堂)'이라는 집이 있다. 청말(淸末) 사상가(思想家)로 알려진 강유위(康有爲)도 이 간초당에서 황제에게 올리던 상소문을 작성하였다고 한다. 간초당 이외에도 송균암에는 별도의 숙식 공간이 마련되어 있었을 것이다.

〈그림 25〉 송균암 내부 모습. 사면에는 시문을 새긴 석각이 빼곡하다. (2005년 7월 촬영)

장요손과 같은 고향인이며, 가까운 곳에 살고 있는, 화가 오준이 〈해객금준제이도〉를 그리게 된 사연은 어쩌면 당연한 결과일 것이다 •

5. 그림 속 인물은? - 18인

〈해객금준제이도〉의 행방은 알 수 없고 그림의 모습도 볼 수 없지만 간접 자료를 통해 그 면모를 짐작할 수 있다. 그 중 하나가 그림 속에 들어있는 사람의 명단이다.

〈해객금준제이도〉에는 모두 18명의 인물이 그려져 있다. 곧 오찬 · 장요손 · 반준기 · 반희보 · 반증위 · 조진조 · 풍계분 · 장수기 · 요복증 · 왕조 · 장목 · 주익지 · 황질림 · 진경용 · 주무견 · 장악진 · 오준 · 이상적이다.[68]

이는 이상적이 〈나중에 해객금준제이도에 짓다〉라는 시에 기록된 명단이다. 또 섭명례의 글에도 18명이라고 하였다. 그런데 장요손의 기록에 의하면 정월 13일에 참석한 사람은 모두 17인이라고 하여 차이를 보인다. 이 점은 다른 몇군데의 기록에서도 보이고 있다. 먼저 앞에서 본 것처럼 장요손은 〈세한도〉 제찬에서 "을사년[1845] 봄 정월에 위경(偉卿) 비부(比部) 오찬(吳贊)의 우원(寓園)에 초대하여 잔치를 벌이니 모인 사람이 17명이다."[69]고 하였고, 그 날의 모습을 눈으로 보듯이 자세하게 묘사한 진상업의 기록에도 17명으로 되어 있다.[70] 그러나 이는 기록의 문맥으로 파악해야 할 듯하다. 곧 17인이라고 한 것은 그날 참석한 숫자를 말한 것이고, 조무견을 포함한 18인이라고 한 것은 그림에 들어 있는 사람의 숫자라고 하겠다. 섭명례도 그림 속에 들어있는 사람을 18인이라고 하였다.[71] 이점은 앞에서 언급한 바도 있다.

이제까지 설명한 〈해객금준제이도〉의 탄생과정을 요약하면 다음과 같다. 그림을 그리기 시작한 날짜는 1845년 1월 13일이며,

이 날은 〈세한도〉를 펼치고 감상하던 날짜와 같다. 그림에 등장하는 장소는 북경 선무문 근처 병부와중가 골목 안에 있는 오찬의 유객납량지관이다. 그림을 그린 사람은 장요손의 동향인 화가 오준이며 그림 속에는 모두 18인이 들어있다.

제4장 『해객금준제이도 제사(題辭)』는 어떻게 만들어졌나

지금까지 살펴본 바와 같이, 〈해객금준제이도〉는 1845년 1월 13일 이상적이 북경에 가지고 간 〈세한도〉를 그곳 지인 18명과 함께 관람하는 장면을 그린 '아회도(雅會圖)'이다. 이는 세한도를 관람한 인물들과 상황을 그린 그림으로 이들 모두 세한도와 관련이 있다고 할 수 있다. 그런데 이 〈해객금준제이도〉 역시 16인의 '제찬'을 첨부해서 두루마리로 만든 『세한도 권』과 마찬가지로 이 그림에도 여러 명의 〈제사(題辭)〉가 부가되어 『해객금준제이도(海客琴尊第二圖)제사(題辭)』 첩(帖)을 만들고 있음은 매우 흥미있는 일이다.

1. 〈해객금준제이도〉 '제사'가 만들어지기까지 - 매증량부터 장요손까지

이 그림에 붙은 '제사'가 만들어지기까지의 과정을 좀 더 구체적으로 살펴보기로 한다. 〈해객금준제이도〉 제사는 모두 23명의 인물들이 완성하였는데 먼저 이상적과 장요손을 포함한 23명의 명단을 보자.

이상적(李尙迪) · 매증량(梅曾亮) · 진경용(陳慶鏞) · 조무견(曹楙堅) · 반증영(潘曾瑩) · 섭명례(葉名澧) · 반희보(潘希甫) · 하소기(何紹基) · 풍배원(馮培元) · 완복(阮福) · 주석수(朱錫綬) · 이맹군(李孟群) · 왕백심(王柏心) · 이영분(李映棻) · 고문빈(顧文彬) · 담부(譚溥) · 주계인(朱啓仁) · 팽옥린(彭玉麐) · 하원개(何元愷) · 서정화(徐廷華) · 전보청(錢寶靑) · 풍예기(馮譽驥) · 장요손(張曜孫)

이 명단은 후지츠카가 그의 저서 『청조문화 동전의 연구』에서 밝힌 것을 따른 것이었고, 이후 〈해객금준제이도〉 제사가 발견됨으로써 그것이 사실임이 확인되었다.

장요손은 이 그림이 완성된 직후 그림을 남겨 놓고 연경을 떠나 무창(武昌)으로 가면서 지인들에게 '제사'를 한편씩 지어달라고 부탁했다. 그리고 장요손은 태평천국(太平天國)의 난을 진압하는데 참여하며 무창(武昌)과 한양(漢陽) 고을 수령 등을 지내느냐고 연경에 오지 못하고 오랜 기간이 지난 다음에야 지인들의 제사와 함께 〈해객금준제이도〉에 자신의 감회를 기록했던 것이다. 이제부터는 이런 과정을 구체적으로 추적해 보자.

장요손은 그림이 완성된 직후 반증위에게 그림을 남겨두면서 이상적에게 연락해서 〈제사〉를 지어달라고 간접적으로 요청하는[72] 한편 이상적에게 편지를 보내 〈제사〉를 지어달라고 요청하였다.[73]

이 두 편지는 〈해객금준제이도〉가 그려진 직후 보름밖에 지나지 않은 날짜에 보낸 것으로서 장요손은 곧장 '제사'까지 서둘러 제작하려고 하였음이 엿보인다. 또한 정월 13일 〈세한도〉 관람 모임 이후 청나라 지인들은 시일을 다투며 여러 차례 모임을 가졌다. 사행원이 연경에 머물 수 있는 날짜는 40~50일 정도였기 때문이다. 이 모임에서 어떤 일이 있었는지 구체적으로 밝혀지지는 않았으나 적어도 〈세한도〉에 '제찬(題贊)'을 짓거나, 〈해객금준제이도〉에 '제사(題辭)'를 짓는 계획이 동시에 이루어졌을 가능성도 없지는 않다.

이들의 모임 중 특히 드러나는 날짜는 1월 26일과 1월 29일이다. 이날 모이자는 의견은 두 사람의 편지에서 확인할 수 있다. 먼저 1월 26일 모임에 대해 반증위[74]와 장요손[75]이 각각 편지를 보내 안내하였다.

반증위와 장요손이 보낸 편지는 모두 발신 날짜가 정확하지 않지만 그 내용의 공통점은 26일 조무견의 집에서 만나자는 것에 일치한다. 특히 반증위는 "장요손이 〈해객금준제이도〉를 남겨 놓으면서 (이상적에게) 두어 마디 제(題)를 해달라"고 전하였다. 또 장요손도 26일 조무견의 집에서 만나자고 하면서 이상적에게 시문(詩文)을 요구하고, 그것을 〈해객금준도〉에 넣겠다고 하였다. 특히 여기서는 그 시문의 친필 글씨까지 요구하며 종이의 규격을 '세로 1

자 2치 5푼(縱一尺二寸五分)'까지 지정해주는 상세한 신경도 써 주었다.

편지를 검토해보면 1월 26일 최소한 장요손 · 오찬 · 조무견 · 반증위 · 이상적이 자리를 함께 하였음을 알 수 있다.

또 1월 29일의 모임도 있었다. 이 모임에는 다른 지인들도 참여하는 자리가 되었다. 곧 여전손(呂佺孫) · 여관손(呂倌孫) · 양송(楊淞)이 그들이다. 여전손 · 여관손 형제는 1월 27일자로 이상적에게 편지를 보내 1월 29일 오찬의 집에서 만나자는 연락을 했다.[76)]

이보다 하루 전날인 1월 26일쯤 보낸 편지에서는 양송이 도착하지 않은 것으로 되어 있었지만, 1월 27일에 보낸 편지에서는 이미 "양송이 천진(天津)에서부터 이상적을 만나러 연경(燕京)에 와 있었다."고 밝혔다. 또 오찬의 편지에서도 29일 만나자는 내용의 메모가 이상적에게 전달되기도 하였다.[77)] 이렇게 해서 이날 적어도 여전손 · 여관손 · 양송 · 오찬 · 장요손이 함께 모였을 것이다.

그런데 1월 29일 모임에는 이상적이 불참한 것으로 보인다. 그것은 장요손의 편지에 드러나 있다.[78)] 연행(燕行)의 노정을 보면 대개 2월 1일부터 사행단(使行團)의 귀국(歸國)이 시작되는 관계로 1월 말은 송별연이 마련되는 기간이었다. 이렇게 보면 이 29일의 모임은 이상적을 위한 송별연의 자리였다. 그런데 그날 주인공이 불참한 것이다. 주인공의 참석 여부와 관련없이 이 26일과 29일에는 일부이기도 하나 〈해객금준제이도〉에 '제사' 작업의 시도가 있었을 것이다. 앞에 소개한 '반증위 11신'에서 보다시피 그 첫머리에 "장요손이 〈해객금준제이도〉를 남겨 놓으면서 (이상적에게) 두어 마디 제(題)를 해 달라"고 하였고, 이어서 "26일 조무견의 집에서 만나자"고 하였다.

그렇다면 26일 조무견의 집에서도 〈해객금준제이도〉 제사에 대한 이야기가 자연스럽게 나왔을 것이다. 단지 이상적이 그 자리에 참여하지 못하였던 것이다. 그래서 장요손은 계속해서 제사를 요구하게 된 것이다. 역시 위의 편지 뒷부분에 "오준이 그린 그림은 공력이 많이 들기 때문에 당장 완성이 될 수 없고 따라서 지금 당장 그림에 제사를 넣을 수 없으니 조선으로 귀국한 다음에 우편으로 보내달라"는 내용에서 확인할 수 있다.[79)]

어쨌든 이상적 귀국시까지 〈해객금준제이도〉 제사의 구체적인 윤곽이 드러나지 않았던 것으로 추정된다. 그러므로 이상적은 〈해객금준제이도〉 완성 그림을 확인하지 못한 상태였을 것이다. 왜냐하면 그림 속의 장면은 1월 13일의 모습이지만 그림의 완성은 이보다 며칠 혹은 몇 달 늦어질 수 있기 때문이다. 귀국 후 그 해 가을 장요손은 10월 2일자 편지에서 말하기를 "정월에 만났던 모임을 그린 회도기사(繪圖記事)는 이미 표구가 완성되었다"고 하면서 이상적에게 제사를 지어달라고 한 것이다. 또 '여러 벗들이 제영(題詠)

을 짓도록 남겨놓았다'라고 하였다.[80] 곧 장요손이 어디론가 떠나며 그림을 남겨두었다는 말이다.

이런 편지 외에 장목은 그 다음해인 1846년 5월 10일자로 이상적에게 편지를 보냈다.[81] 장목은 이 편지에서 "〈해객금준제이도〉에 들어있는 사람은 거의 20명이며, 이상적의 작품이 맨 앞에 실려야 할 것"이라면서 은근히 '제사'를 요구하였다. 이와 같은 몇 통의 편지를 살펴본 결과 그림이 완성된 즉시, 혹은 1년 뒤에도 계속해서 '제사'를 짓는 일은 끊이지 않고 있음을 볼 수 있다. 이러한 요구에 따라 이듬해인 1846년, 이상적은 조선에 있으면서 〈해객금준제이도〉 '제사'를 지어 보냈고 장요손은 1848년과 1849년 두 차례 걸쳐 화답시를 보내왔다. 조금 길기는 하지만 이상적의 '제사'를 전문 인용해보기로 한다.

〈나중에 〈해객금준제이도〉에 화제를 쓴다. 20운(그림 속에 있는 사람은 비부 오위경 · 명부 장중원 · 중한 반순지 · 반보지와 반옥천 삼형제 · 궁찬 조백후 · 편수 풍경정 · 편수 장위생 · 이부 요상파 · 공부 왕담재 · 명경 장석주 · 효렴 주석산 · 효렴 황자간 · 시어 진송남 · 시어 조간보 · 상사 장중감 · 상사 오관영인데, 관영이 그림을 그렸으며 모두 나와 함께 18명이다(追題海客琴尊第二圖 二十韻(入畫者 比部吳偉卿 明府張仲遠 中翰潘順之 補之 及玉泉三昆仲 宮贊趙伯厚 編修馮景亭 莊衛生 吏部姚湘坡 工部汪鑑

齋 明經張石州 孝廉周席山 黃子幹 侍御陳頌南 曹艮甫 上舍章仲甘吳冠英 冠英畫之 共余爲十八人也)〉.

十載重揩眼　10년 동안 눈 비비며 기다렸는데
西山一桁靑　서산이 말끔하게 개었구나
題襟追漢上　『한상제금집』을 모방해 회포를 읊고
修稧續蘭亭　난정(蘭亭)의 곡수놀이를 계속했던
顔髮俱無恙　그 얼굴 그 모습은 아무 탈 없는지
莊諧輒忘形　장자와 제해처럼 허물 없는 친구들
今來團一席　오늘의 둥그런 한 자리가
昔別隔層溟　옛날 이별할 적엔 층층이 바다에 막혔었지
記否懷人日　기억하는가. 1월 7일 그날

(嘗於癸卯 燕館 人日 得張中遠王子梅書 有詩記其事) : 일찍이 계묘년 (1843)에 연관(燕館)에서 1월 7일날 장중원과 왕자매의 편지를 받았는데 시를 지어 그 일을 기록한 적이 있다.

依然逐使星　여전히 사신을 따라갔을 때
馬諳燕市路　타고 간 말은 연경 거리를 잘 알고
槎泊析津汀　타고 간 뗏목은 석진 물가에 정박했었지
往跡尋泥雪　지난 자취를 진흙과 눈 속에서 찾자
良緣聚水萍　좋은 친구들 물 위 마름풀처럼 모여들었지
延陵佳邸第　오(吳) 나라 연릉의 아름다운 그 집은
平子舊居停　그 옛날 장평자가 살던 곳이었고

(讌集於吳偉卿比部 留客納涼之館 時中遠寓此) : 위경 오찬 비부의 유객납량지관에서 모여 잔치를 차렸는데 그 때 중원 장

요손이 이 집에 임시로 살고 있었다.

凍解千竿竹　대나무 밭에 얼음이 풀리고
春生五葉蓂　봄이 찾아든 정월 초 닷새였다.

(時乙巳新正五日也) : 그 때가 을사년(1845) 신정 5일이었다.

勝流皆國士　명사들은 모두가 나라의 큰 선비
幽趣似山扃　그윽한 흥취는 산골 마을에 사는 듯하다
投轄從君飮　수레 빗장 벗겨 던지고 그대 따라 술 마시며
焦桐與我聽　불타던 오동 거문고 소리를 나와 함께 듣는데
杯深香灩灩　술잔은 깊고 향기는 자욱하며
調古韻泠泠　곡조는 옛스럽고 운치는 맑다
此日傳淸散　오늘까지 맑은 소리가 전해오니
何人賦罄甁　어느 사람이 항아리가 비었다고 읊겠는가
願言鍾子賞　여보시오. 종자기처럼 감상하고
休慕屈原醒　굴원처럼 너무 술 깨는 일일랑 사모하지 마시오
北海存風味　북해의 술 같이 풍미가 남아 있고
西園見典型　서원의 모임같은 모습을 볼 수 있는데
古歡等觀樂　옛사람이 모두들 풍류를 보고
中聖劇談經　술에 취해 경서를 최고로 이야기 했었지
文藻思焚筆　문장을 태워 없애려 생각하는 것은
詞鋒怯發硎　날카로운 글 솜씨가 나타날까 두려워해서다
已知交有道　아아 알았다. 사귐에도 도가 있다는 데
矧感德惟馨　하물며 향기로운 덕에 감동하였으니
海內留圖畫　천하에 이 그림이 남아 있어

天涯託性靈 하늘 멀리 있으면서 내 마음을 의탁한다
百年幾相見 백 년 동안 몇 번이나 서로 만나랴
萬里卽門庭 만리 밖에 떨어져 있어도 바로 우리집 대문과 마당 이란다

앞에서 인용한 여러 통의 편지와 이상적의 '제사' 그리고 장요손의 화답시는 1849년을 끝으로 이후의 소식에 대해서는 전하는 자료가 없다. 그 사이에 구체적으로 누가 언제 어디서 '제사'를 지어 〈해객금준제이도〉에 첨가했는지는 전혀 알 수가 없었다. 다만 결과에 대해서 그 근거를 후지츠카에게서 실마리를 찾을 수 있다.

좌객 중 한 사람이었던 오준(吳儁)은 자(字)가 관영(冠英)이며 회화에 능했다. 장요손은 오준에게 부탁해 회합(會合)의 모습을 그림으로 그리게 해 〈해객금준제이도〉라는 제목을 붙이고 도광 26년부터 함풍 10년에 이르기까지 긴 세월에 걸쳐 우선(藕船)을 비롯한 매증량(梅曾亮)·진경용(陳慶鏞)·조무견(曹楙堅)·반증영(潘曾瑩)·섭명례(葉名澧)·반희보(潘希甫)·하소기(何紹基)·풍배원(馮培元)·완복(阮福)·주석수(朱錫綏)·이맹군(李孟群)·왕백심(王柏心)·이영분(李映棻)·고문빈(顧文彬)·담부(譚溥)·주계인(朱啓仁)·팽옥린(彭玉麐)·하원개(何元愷)·서정화(徐廷華)·전보청(錢寶靑)·풍예기(馮譽驥) 등의 제찬(題贊)을 받았다. 그리고 함풍 11년(1861) 12월 장요손은 스스로 발문을 지어 자신

의 감회를 적었다. 여러 명사들의 문장은 장관을 이루면서 찬란한 빛을 발하고 있으며 내용 역시 흥미진진하지만 여기에서는 생략하기로 한다.[82)]

위의 내용을 보면 그는 분명히 〈해객금준제이도〉의 '제사'를 보았음이 확실하다. 그러나 얼마전까지만 해도 그 실물이 나타나지 않아 확인할 길은 없었고 그의 언급을 그대로 믿을 뿐이었다. 이렇게 보면 〈해객금준제이도〉 제사는 장요손의 주도로 1845년에 시작하여 무려 15년이 지난 1861년에 완성되었음을 알 수 있다. 조선의 역관 이상적을 향한 장요손의 진지한 우정을 확인할 수 있는 좋은 자료이며, 한중 관계의 실상을 파악하기에 커다란 보충 자료가 된다고 하겠다.

이상적은 〈해객금준제이도〉의 완성 그림을 직접 보았을까. 필자의 짐작으로는 아마도 완성본은 못 보았을 것이다. 물론 〈세한도〉 관람 자리에서 오준이 그림을 그리는 모습을 보았을테니 그 초벌 그림이야 보았을 것이다.

장요손이 오준에게 부탁해서 그린 〈해객금준제이도〉는 곧바로 '제사'까지 추가로 제작되는 과정을 거쳤다. 여기에는 모두 23명이 제사를 실었다고 했다. 이제부터는 그 『해객금준제이도 권』[83)]의 행방을 더듬어 보기로 한다.

〈해객금준제이도〉는 1845년 1월 13일에 제작이 시작되었고 곧이어 완성을 하고 나서 제사(題辭)를 받기 시작했다. 1846년에는 이상적의 〈추제해객금준제이도(追題海客琴尊第二圖)〉가 연경(燕京)으로 보내졌고 그것을 보태어 첨부되었을 것이다. 당시 1846년 5월 10일자 장목의 편지 제1신[84]을 보면 〈해객금준제이도〉는 연경의 누군가의 집에서 여러 사람의 '제사'를 기다리고 있었다고 하였다. 이 당시 장요손은 무창 현령으로 가 있었으므로 그림만 남아 있었던 것이다.

한때 1848년까지는 이 그림은 연경에 있었던 것으로 추정된다. 당시 장요손은 무창(武昌) 지방에 가 있었지만, 누군가에 의해 섭명례(葉名澧)에게 전달되었고, 그에게 '제사'를 지어달라고 요구했던 것이다. 그러한 사연이 섭명례의 다음과 같은 제목의 시에 보인다.

〈해객(海客)은 조선 사신 이우선(李藕船)이다. 금준도(琴尊圖)는 장중원 대령 요손을 위해 짓는다. 서문을 아울러.(해객은 조선 사신 이상적(李尙迪) 우선(藕船)이다. 그림은 도광 25년 을사[1845] 정월 20일에 제작되었고, 모인 사람은 모두 18명이었다. 중원은 그 당시 무창으로 관직을 맡으러 가는 길이었으므로 2년이 지나서야 그림을 보내 시를 지으라고 하였다)(海客朝鮮李藕船 琴

尊圖 爲張仲遠大令曜孫題 幷序(海客者 朝鮮使臣李尙迪藕船也 圖作於道光二十五年乙巳正月二十日 會者凡十有八人 仲遠時將之官武昌 閱二年 寄圖索詩)〉

위 시 제목에서 보는 바와 같이 이 그림은, 그려진 1845년에서 2년을 지난 뒤인 1847년에 섭명례에게 보내졌음을 알 수 있다. 그렇다면 장요손이 이미 무창으로 떠난 뒤에 그림 홀로 어느 누군가의 손에 맡겨진 채 '제사' 작업이 이루어졌던 것이다. 그리고 다시 얼마 뒤 이 그림은 원래의 주선자인 장요손에게 보내졌다.

위에서처럼 1848년으로 추정되는 1월 28일자 반증위가 이상적에게 보낸 편지[85]에서 〈해객금준제이도〉의 행방이 분명히 드러났다. 곧 이 그림을 장요손이 호북성(湖北省) 한양(漢陽) 동지(同知)로 있을 때 가지고 있다고 했다. 1845년 호북성으로 내려간 장요손은 태평천국 난 진압에 참여하여 매우 어려운 처지에 있었다. 이후 10여 년 동안 장요손에게서 이상적에게 전혀 연락이 없었다. 그러다가 1859년 11월 17일 자로 보낸 편지에서 그간 자신이 지내온 행적을 세밀하게 적어보냈다. 더 중요한 것은 그 편지 속에서 태평천국의 난리 속에서도 '해객금준제1, 2도'를 분실하지 않고 무사히 보존하고 있다는 소식이었다.[86] 이 두 그림을 얼마나 아껴왔는가를 보여주는 대목이다. 이 10여 년 사이에 끊임없이 풍배원(馮培元)을 비롯한 완복(阮福) · 주석수(朱錫綏) · 이맹군(李孟群) 왕백심(王柏心) · 이영분(李映棻) · 고문빈(顧文彬) · 담부(譚溥) · 주계인(朱啓仁) · 팽옥린(彭玉麐) · 하원개(何元愷) · 서정화(徐廷華)에게 제사(題辭)를 받아 『해객금준제이도 제사』 첩(帖)을 풍부하게 만들었다. 뿐만 아니라 이후에도 전보청(錢寶靑) · 풍예기(馮譽驥)의 제사와 자신의 서문(序文)을 곁들여 모두 22인의 제사(題辭)를 완성한 것이다. 22인이 제사를 받기까지 무려 15년의 세월이 흘렀다. 짧은 기간 내에 16인의 제찬을 받아 완성한 『세한도 제찬』과는 큰 차이가 있다.

이제 『해객금준제이도 제사』 첩에 기록된 22인의 명단과 제사의 기록 일자, 그리고 그 장소를 알아보자.

1) 매증량(梅曾亮) (1846년 1월 16일)
2) 진경용(陳慶鏞) (1846년 정월 하한)
3) 조무견(曹楙堅) (1846년 5월 20일)
4) 반증영(潘曾瑩) (1846년)
5) 섭명례(葉名澧) (1846년 12월)
6) 반희보(潘希甫) (1847년 2월)
7) 하소기(何紹基) (1848년 정월, 경저(京邸)에서)
8) 풍배원(馮培元) ([1851년 윤 8월 25일, 초북(楚北)에서
9) 완복(阮福) (1856년 11월 상한(上澣), 호북(湖北)에서

10) 주석수(朱錫綏) (1856년 11월)

11) 이맹군(李孟群) (1856년 11월)

12) 왕백심(王柏心) (1856년 11월)

13) 이영분(李映棻) (1857년 4월, 촉남(蜀南)에서)

14) 고문빈(顧文彬) (1857년 겨울, 무창(武昌) 관찰사 관사에서)

15) 담부(譚溥) (1858년 2월)

16) 주계인(朱啓仁) (1858년 2월, 운문(雲門)에서)

17) 팽옥린(彭玉麐) (1858년 8월, 악주(鄂州)에 왔을 적에)

18) 하원개(何元愷) (1859년 1월)

19) 서정화(徐廷華) (1859년 여름, 무창에서)

20) 전보청(錢寶靑) (1860년 정월 악주(鄂州) 사관에서)

21) 풍예기(馮譽驥) (1860년 1861년 사이)

22) 장요손(張曜孫) (1861년 신유 12월, 무창에서)

첫 번째 제사는 명청팔대가의 한 사람인 매증량이 지었고 7명까지 연경에서 이루어졌다. 그 이후는 모두 호북성 무창을 중심으로 한 지역에서 제작되었음이 한눈에 보인다. 이것은 장요손이 무창 지역에서 계속 근무했기 때문이다.

이상과 같이 〈해객금준제이도〉의 제사는 매우 오랜시간 동안 여러 중국문인들이 공들여 이루어진 결과물인 것이다.

2. 『해객금준제이도 제사』 첩(帖)의 서지적(書誌的) 모습

— 장요손의 복사본

『해객금준제이도 제사』 첩(帖)은 모두 54면으로 되어있다. 크기는 가로 14㎝, 세로 20㎝이다. 겉은 오동나무 판으로 만들어졌는데 뒷면은 떨어져 나가고 면지만 남아 있다. 그리고 종이 한 장을 가운데로 나뉜 2면으로 만들어 본문을 써 넣은 다음 각 종이의 양쪽 끝 뒷면에 풀칠을 하여 전체를 연결시켰다. 모양은 병풍처럼 보이지만 실제로 각 종이 한 장 끝 부분이 붙어있기 때문에 완전히 펼쳐지지는 않는다.

오동나무 표지 좌측에는 근대 서예가 이한복(李漢福)이 '海客琴尊第二圖 題辭 無號耑'이란 제첨(題籤)을 음양(陰陽) 낙관(落款)과 함께 별지를 붙여 써놓았다. 표지 다음장은 노란색 면지(面紙)가 2면에 걸쳐있는데 좌측에는 오세창(吳世昌)의 '琴尊淸暇 戎馬分陰'이란 전서(篆書)의 찬(贊)과 함께 '辛巳之秋 後學 吳世昌 謹題'가 낙관과 함께 기록되어 있다. 이 찬(贊)은 장요손(張曜孫)이 이상적(李尙迪)에게 편지와 함께 보내온 『분음재고권(分陰齋稿卷)』 첫머리에 실린 도장의 '융마분음(戎馬分陰)'[87]을 그대로 인용한 것이다

다음 면부터 제사(題辭)의 본문(本文)이 시작되는데 각 면은 6행(行)으로 되어 있으며, 행(行)을 나누는 선(線)이 붓으로 그려져 있다. 이 제사를 복사한 사람이 선을 그을 기준점을 송곳으로 찍어

서 표시한 뒤 하나하나 선을 그은 것으로 보인다. 선은 바깥 상하좌우와, 행간 사이에도 모두 그려져 있다. 각 행은 15자(字)를 맞추려고 했으나 일정치는 않고 1~2자(字) 정도의 변화가 있다. 본문의 종이는 상당히 두꺼운 종이인데 옥당지(玉唐紙)보다도 훨씬 좋은 재질을 사용하였다.

본문 첫행은 '해객금준제이도 제사(海客琴尊第二圖 題辭)'란 제목(題目)을 달고 본문이 시작되며 각 제사자(題辭者)의 명단은 각각의 제사 끝에 기록하였다.

글자 크기는 가로 세로 비슷하게 1.2㎝ 정도이며, 정해(精楷)를 기준으로 쓴 것 같으나 가끔 초서(草書)와 반초(半草), 행서(行書)도 곁들였다.

제사(題辭)의 본문은 매증량부터 시작해서 모두 22인의 제사가 실려있다. 여타의 기록에 의하면 23인의 제사가 실려있다고 하였으니 1인의 제사가 누락된 셈이다. 누락된 것은 바로 이상적의 제사이다. 그리고 특이한 것은 장요손의 제사는 2단계로 구성되었다. 앞부분은 〈세한도〉 찬을 그대로 옮겨놓았고, 뒷부분에는 이 〈제사〉를 짓게 된 사연과 22인의 근황에 대해 서술하고 있다.

〈그림 26〉『해객금준제이도 제사』 겉표지

3.『해객금준제이도 제사』 첩의 출현 경위 — 손재형 가에서

이렇게 해서 제작된 '제사' 첩이 어떤 경로를 거쳐 발견되었는가? 장요손이 최후로 '제사'를 지은 것은 1861년 12월이었다. 당시 무창에 있던 그는 이상적에게서 한 통의 편지를 받았다. 필자가 그 편지를 직접 읽어보지는 못했지만 장요손의 답장을 통해서 그 내용을 추측할 수 있다. 편지 가운데에는 〈해객금준제이도〉 '제사'를 보고 싶으니 보내줄 수 없느냐는 간절한 요청이 들어있었다. 이 편지를 받은 장요손은 즉시 답장을 썼다. 그리고 답장과 함께 이 '제사'를 보따리에 넣어 보내왔다.

그런데 이 '제사'는 〈해객금준제이도〉에 첨부된 23인의 친필 '제사' 원본은 아니다. 원본은 그대로 놔두고 장요손이 친필로 '제사'를 복사해서 간략히 장황을 한 것으로 판단된다. 또한 원본과 완전히 일치하지도 않는 듯하다. 왜냐하면 가장 앞에 실려 있어야 할 이상적의 '제사'가 누락되어 있고 마지막 부분에는 장요손 자신이 1845년에 지은 〈세한도〉 '제찬'을 그대로 옮겨 놓았기 때문이다. 이상적에게 보내는 문건이므로 굳이 이상적의 '제사'를 생략한 것은 그냥 받아들일 수 있다. 그러나 〈해객금준제이도〉 '제사'에는 없을 〈세한도〉 제찬을 굳이 다시 한번 옮겨 놓은 것은 그 이유를 알 수가 없다. 그 추정은 일단 보류하기로 한다.

이렇게 해서 장요손은 1861년 12월, 우편함 속에 여러 가지 물품과 함께 이 '제사'를 조선의 이상적에게 보내주었다.

이제 비로소 『세한도 권』과 그 후속작업으로 이루어진 『해객금준제이도 제사』 첩이 완벽한 하나의 세트를 갖추게 되었다. 후지츠카의 저서에 이 두가지가 언급된 내용을 읽어보면 세한도와 함께 그의 수중에 들어간 것은 의심의 여지가 없다. 그리고 이 두 가지는 다시 소전 손재형의 노력에 의해 다시금 한국으로 돌아오게 되었다. 손재형이 〈세한도〉를 갖고 돌아올 때 이 '제사'첩도 함께 가져

왔을 것으로 추정된다. 왜냐하면 후지츠카는 이 '제사'가 『세한도 권』과 하나의 문건을 이룬다는 사실을 분명히 알고 있었기 때문이다.

따라서 『세한도 권』을 넘기면서 이 '제사'도 함께 넘겼을 것이다. 세인들은 『세한도 권』에만 이목을 집중시켰으므로 이 '제사'는 상대적으로 알려지지 않았다. 손재형이 〈세한도〉를 다른 이의 손으로 넘길 때에 이 '제사'는 그대로 남겨 놓았다. 그렇게 세인의 무관심 속에 버려져 있던 '제사'가 2009년 12월 고서점에서 발견된 것이다.

〈세한도〉의 진정한 의미는 김정희와 이상적, 그리고 그들과 함께 한 중국문인들과의 교류와 소통 속에서 탄생하게 된 것이라 할 수 있다. 서로를 진심으로 존경하며 평생의 벗으로 생각했던 그들의 관계는 국경을 뛰어넘는 우정을 간직하게 되었고 이는 『세한도 권』과 『해객금준제이도 제사』 첩을 통해 뚜렷히 드러나고 있는 것이다.

이제 이 모든 과정을 날짜순으로 정리하면서 이 글의 마무리를 대신한다.

일정표

1844. ? ?	추사 － 세한도 → 이상적
1844. ? ?	이상적 － 답장 → 추사(연경에 가서 '제찬'을 받아오겠다 『문학사상 50호』)
1844. 10. 26.	이상적, 한양 출발(尹程의 『西行錄』)
1844. 12. 21.	이상적, 연경 도착(同上)
1845. 1. 2.	장요손 － 편지 → 이상적(장요손 5신, 한번 만나자)
1845. 1. 5.	장요손과 오찬, 조무견을 만남. 〈세한도〉 관람 모임 계획(추정) (조무견, 초탈고, 『중외창수집』 p.53)
1845. 1. 7.	장요손 －편지→ 이상적(장요손 2신, 13일에 만나 그날 〈해객금준제이도〉를 그리도록 하겠다.)
1845. 1. 7.	장요손 －초청장→ 이상적(장요손 3신, 13일 약속)
1845. 1. 8.	장요손 --편지--〉 이상적(장요손 7신, 일상적 안부)
1845. 1. 10.	윤정이 오찬과 장요손을 만남, 〈세한도〉 언급 없음(『서행록』)
1845. 1. 13.	세한도 관람 모임(오찬의 집), 오준이 〈해객금준제이도〉를 그림.

1845. 1. 21. 조무견, 〈세한도 제찬〉(초고 작성)

1845. 1. 22. 조무견, 〈세한도 제찬〉(자필 기록)

1845. 1. 하한 오순소, 〈세한도 제찬〉(자필 기록)

1845. 1. 27. 여전손 · 여관손 －편지→ 이상적(오찬의 집에서 만나자)

1845. 1. 29. 오찬 －편지→ 이상적(오찬 15신, 오늘 모임에 참석바람)

1845. 1. 29. 이상적 모임 불참(여전손 · 여관손 4신 보충)

1845. 1. 30. 장요손 －편지→ 이상적(장요손 20신, 어제 송별 모임에 불참하셔서 섭섭했다.)

1845. 1. 30 장요손 －편지→ 이상적(장요손 20신, '제사' 요청)

1845. ? ? 반증위 －편지→ 이상적(반증위 11신, '제사' 요청)

1845. 5(?) 장요손 무창으로 부임.

1845. 10. 22. 장요손 －편지→ 이상적(장요손 8신, '제사' 부탁.)

1846. 1. 16. -- 1848. 1 매증량부터 7인이 '제사' 지음.(연경에서)

1848. 1. 28. 〈해객금준제이도〉는 호북성 한양에 있는 장요손에게 전해짐

1851. 윤 8. 25. ~ 1861 풍배원부터 장요손까지 15인이 '제사'를 지음.

1861경 이상적 －편지→ 장요손('제사'를 보고 싶다.)

1861. 12. 19. 장요손 －편지, 『해객금준제이도 제사』 첩(복사본)→

	이상적
? ? ?	〈해객금준제이도〉 → 후지츠카 → 손재형 → ?
2009. 12.	인사동 고서점

1) 오준의 편지 (1848.01.18)에, "선생께서 그려달라고 하신『紀夢』小册은 제 그림 솜씨가 시원찮음이 부끄러워서 선생의 고상한 뜻을 감당하지 못하면 어쩌나 걱정입니다만 곧장 힘써 그려서 보내겠습니다. (命作紀夢小册自愧筆墨庸鄙恐無當雅念奈何奈何當卽日勉塗呈　敎也)." 그 사연은『은송당속집』권1 〈왕자매가 서월파노인이 그린 〈동쪽 언덕 초가집 그림〉에 시를 써달라고 부탁했다(王子梅 屬題徐月坡老人 東崦草堂圖)〉 自註에 다음과 같은 기록을 보면 확인된다. "정미년[1847] 겨울에 내가 계주 도중에 〈기몽〉이란 시를 지었는데, '눈 개인 시냇가 집에 눈 쓰는 사람 없고 한 그루 매화나무에 학만 문을 지키고 있구나'라는 구절이 있었다. 그 시에 관영 오준 상사가 나를 위해 그림으로 그려주었다(丁未冬余於薊州途中 紀夢有雪晴溪館無人掃 一樹梅花鶴守門句 吳冠英上舍 爲畫之)."라고 하였다.

2) 예컨대 朴思浩의 燕行(1828.10.25 ~ 1829.4.4) 기록인『心田稿』를 보면, 11월 16일부터 11월 24일까지 운행을 못한 것으로 기록되어 있다.

3) 박지원의 〈渡江錄〉 7월 1일자 기록을 보면, "丁丑. 새벽에 큰 비가 내려 떠나지 못하다."하였고, 7월 2일자 기록에도, "戊寅, 새벽에 큰 비가 내리다. 늦게 개다. 앞 시냇물이 불어서 건널 수 없으므로 떠나지 못하다."고 되어 있다. 이후에도 이런 사례가 많이 보인다.

4) 민족문화추진회,『연행록선집』, 1967.

5) 1차 계획은 15일 간이었으나, 안내자의 발바닥 이상으로 더 이상 보행을 할 수 없게 되어 중도에 멈추었다. 실제로 10일에 그쳤으며, 거리로는 800里 정도였다.

6) 李押,『燕行記事』, 민족문화추진회 간, p.60. 1777년 11월 28일.

7) 李押, 위의 책, p.73. 1777년 11월 29일.

8) 박지원,『열하일기』, 민족문화추진회 간, p.32. 1780년 6월 25일.

9) 박지원, 위의 책, p.32. 1780년 6월 26일.

10) 徐慶淳,『夢經堂日史』, 민족문화추진회 간, p.269, "三使의 거처는, 한데는 온돌을 놓고 그 위에 房幕을 설치하였다. 그 밖의 사람들이 거처하는 데는 구덩이를 파고 숯을 피우고 그 위에 막대기를 걸치고 자리 장막을 둘러쳐서 마치 '人'자 모양으로 하여 겨우 두 사람이 들어가는데 추위를 막을 만하였다."

11) 尹程,『西行錄』, 서울대 규장각, 〈가람 古 327.5-Se 62-V.1-2〉

12) 金景善, 『燕轅直指』, 민족문화추진회 간, p.85. 1832년 11월 25일, "동이 틀 적에 길을 떠나 10리를 가 백안동에 이르렀는데".

p.98. 1832년 11월 27일, "동 틀 적에 출발하였는데 나무에 얼음이 얼어붙은 것을 바라보면 볼수록 은은하여 마치 은 바다의 구슬꽃과도 같아 또 하나의 장관이었다".

13) 徐慶淳, 『몽경당일사』, 민족문화추진회 간, p.277.

14) 저자 미상, 『薊山紀程』, 민족문화추진회 간, p.65. 1803년 11월 25일.

15) 서경순, 『몽경당일사』, 민족문화추진회 간, p.268. 1855년 10. 27일.

16) 박지원의 『열하일기』, 민족문화추진회 간, pp.55-58에 기록된 '봉황성'에 관한 내용을 김경선이 『燕轅直指』(pp.80-83)에서 거의 그대로 인용하였다. 내용이 길어서 인용하지 않는다.

17) 안외순, 「秋史 金正喜家의 家禍와 윤상도 옥사」, 『秋史硏究』 제4호, 2006년 12월. 추사연구회. p.300.

18) 이러한 과정에 대해서는 강관식의 '추사 그림의 법고창신의 묘경'(『추사와 그의 시대』, 2002, pp.209-234, 돌베게)에서 자세히 논증하였다.

19) 『中外唱酬集』에는 다음과 같은 제목으로 진상업의 제찬이 실려있다. 〈正月十三日 偉卿前輩 仲遠明府 招同李藕船 宴集邸齋 爲賦長歌一篇 以記其事 卽送 藕船歸朝鮮 是日 同集者 舍人潘順之 補之 及玉泉三昆仲 贊善趙伯厚 編修馮景亭 莊蕙生 吏部姚湘坡 工部汪鑑齋 明經張石洲 上舍吳冠英 章仲甘 孝廉周席山 黃子幹 後至者 侍御陳頌南也〉

20) 여기서 〈세한도 卷〉이라고 하는 용어는 필자의 논의 진행상 필요에 의해 만들어낸 용어이다. 곧 추사가 그린 소나무 그림과 그 뒤에 붙인 발문이 원래의 세한도라고 하고, 이것에 중국인 16명의 제찬과 근래 한국인 3인의 제찬이 추가로 이어져 하나의 두루마리로 표구된 것을 〈세한도 권〉이라고 부른다는 말이다. 다만 이 논고에서는 근래 한국의 제찬 곧 오세창 이시영 정인보의 글은 제외하고 진행하기 때문에 이 전까지를 논의의 대상으로 삼겠다.

21) 張穆의 詩에서 '謁'자를 '達'로 수정한 곳이 보인다. 그리고 장목의 문집인 『㐆齋詩集, 권 3』에 '達'로 씌어있다.

22) 장목의 경우 23자(『㐆齋詩集』), 장요손의 경우 5자(『中外唱酬集』)의 경우가 이에 해당한다.

23) 이 도표에서 밝힌 내용은 필자가 지금까지 확인한 여러 자료를 토대로 구성한 것이므로 특별히 구체적인 참고문헌을 밝히기가 모호하다. 또한 師弟 및

親友 관계를 구체적으로 구분하여야 마땅하나, 아직까지 이 관계를 확연하게 구분하지 못하고 있는 실정이므로 그 대체적인 관계만을 연결지어 설명하는 한계점을 갖고 있다. 또한 이 도표로 밝힌 내용은 필자가 2008년 3월 30일자 『東洋古典硏究』 제30집(동양고전학회)에 게재한 '李尙迪과 〈歲寒圖〉 관람 淸朝 19인의 교유'에서 19인에 대한 자세한 履歷 사항을 추출하여 재구성한 것이다.

24) 오찬이 살고 있던 집은 宣武門 근처 兵部窪中街 刑部員外郎의 집인 留客納涼之館이다. 『海隣尺素』 장요손(1845.1.2)에 "아우 저는 지난 해 2월에 공적인 일로 여기 兵部窪中街 吳偉卿 刑部의 집에 와 있었는데 지금은 縣令의 직책으로 吏部에 소속되었으므로 3-4월 사이에 곧 이 都城을 떠나야 할 것입니다.(--弟去年二月附 公車來此 仍居兵部窪中街 吳偉卿刑部宅 現以縣令謁選吏部三四間卽須出都--)." 필자의 현지 답사(2005년 1월, 2005년 7월, 2005년 11월, 2007년 2월, 4차에 걸쳐 찾아보았음) 당시 이 장소를 확인하지는 못했지만, 현재 선무문 곁에 '兵部窪街'란 골목이 있는 것으로 보아 이곳이라고 추측한다.

25) 위의 각주 참조.

26) 이 사항은 그가 이상적에게 보낸 편지에 자세하게 실려있다. 『海隣尺素』 장요손 (1845.01.07)에 "13일에는 일찍 오시기만을 오로지 기다립니다. 화가 冠英(吳儁)도 그날 또한 여기에 참여할 것인데 그에게 당신의 모습을 자세히 그리고, 앉아있는 손님들을 두루 그려 『皇都話舊圖를 만들게 할 것이니 또한 이것은 이 다음 어느 날의 한 번 멋진 자취가 될 것입니다(十三日耑候 早臨畵士冠英是日亦與斯會擬令細寫 尊貌遍圖坐客爲 皇都話舊圖亦是他日一番佳迹也)." 여기서 말하는 『海隣尺素』는 淸朝 人士들이 李尙迪에게 보낸 편지를 묶은 자료이다. 이에 대해서는 졸고 '海隣尺素' 轉寫本 고찰'(『동양고전연구』, 20집, 동양고전학회, 2003.12)과 '『海隣尺素』 13種 轉寫本 對照(『동양고전연구』, 20집, 동양고전학회, 2004.6)에서 자세히 밝혔으며, 이 자료를 근거로 언급한 것이다.

27) 이 모임의 날짜와 참석자 등에 대해서는 이춘희의 '藕船 李尙迪과 晩靑 文人의 文學交遊硏究'(2005, 서울대 박사논문)와 박현규의 '청 문사의 金正喜 「歲寒圖」 감상과 眞迹本 밖 題贊詩'(『대동한문학』, 25집, 2006)에 자세히 밝혔다.

28) 북경 國子監 內에 설치된 입간판에 새겨진 도표.

29) 중국의 경우 인터넷자료(baidu)를 검색하여 통계를 잡은 것이다. 이 자료를 필자 나름대로 재구성한 결과는 다음과 같다. 1751년부터 1850년까지 100년 사이의 과거 실시 회수는 모두 48회였으며, 총 9,881명의 진사를 배출하였으

므로 연 평균 100명 정도이다. 조선의 경우 『文科榜目』 자료를 정리한 결과 1751년부터 1850년까지 100년 사이의 과거 실시 회수는 88회였으며, 모두 3,604명의 과거급제자를 배출하였으며 연평균 40명 정도이다.

30) 〈세한도〉에 실린 16인 각각의 제찬 마지막 부분에는 본인을 지칭하는 人名이 기록되었는데, 이름 앞에 出身地를 표기해 놓은 곳이 많았다. 여타의 경우 대략 字나 雅號를 기록하는 경우가 흔한 것에 비하면 매우 특이한 현상이라고 할 것이다.

31) 장요손에 대해서는 이미 후지츠카의 『청조문화 동전의 연구』에 밝혀져 있고, 이를 토대로 졸고 『조선후기 중인문학연구』(깊은샘, 1990)와 이춘희의 박사논문(앞의 책)에서도 소개한 바 있다.

32) 吳孟復 著, 『桐城文派述論』, 沈慶昊 · 金鳳姫 譯, 태학사, 1998. pp.143-154 제5장 「유대괴와 동성파 양호파」 참조. 경우에 따라 약간 字句를 바꾸기도 하였다.

33) 吳孟復, 위의 책, p.88

34) 吳孟復, 위의 책, p.89

35) 이 때 편지와 함께 『大雲山房文稿』 4册 · 色牋 2篋 · 徽纆 4笏 · 普洱茶 2苞를 呂佺孫을 통해 부쳤다(『海隣尺素』 丁嘉葆 1신).

36) 畵題의 靜濤詩 3폭도 또한 표구하고 따로 부탁한 靜濤記는 그 끝이 더욱 좋으며 이 외에 隷書도 적절히 여러 사람에게 나누어 주고 孟慈와 中(원문은 仲의 오류 : 필자 주)遠의 소식도 탐문해 보겠습니다. 이상은 『문학사상』 통권 50호, 1976.11.1자. 김영호의 '秋史의 붓을 따라 千里를'이란 제목의 특집에 실린 글이다. "題靜濤詩三幅亦付裝池屬靜濤記其尾更佳此外隷幅幷隨宜分貺諸人而孟慈中遠消息自當探之."

37) 김정희, 『완당선생전집』 권10, 〈장요손의 넷째 누이의 〈녹괴서옥도〉에 쓴다(題張曜孫四姊綠槐書屋圖)〉

38) 『海隣尺素』 王鴻 제17신 (1845.07.01)에, "鴻於十一月十七日抵都 晤仲遠孝廉知臘杪皇華來京 可以晤叙暢抒離悰 何意塵事率纏 且 先父歸葬 部署不能不出都 預爲竟未克佇候 一接 芝顔 黯然悵然."

39) 『海隣尺素』 張曜孫 제5신 (1845.01.02)에, "藕船仁兄使者大人足下 朔使來都 詢悉文駕 將來翹盼已久 歲杪知 行旌莅止 適抱寒疾 未能趨迎 -- 日來 使事已將畢否 何日可以晤譚 特先以書奉 詢望 明示之以便 往寶寧局一談 尙擬薄具尊酒 邀同人 作竟日聚 未識何日得暇亦望 早爲 示知 -- 愚弟 期張曜孫 頓 正月二日."

40) 『恩誦堂集』 권9. 「追題海客琴尊第二圖 二十韻」.

41) 유승주 · 이철승, 『조선후기 중국과의 무역사』, 경인문화사, 2002. 이 숫자는 병자호란 이듬해인 인조 15년(1637)부터 조선의 개항(1876)까지에 해당한다.
42) 임기중, 『연행록해제』, 한국문학연구소, 2003.
43) 〈해객금준제이도〉를 직접 보았다는 후지츠카의 『청조문화 동전의 연구』에서 처음 언급되었다. 그 이후에는 직접 보았다는 기록이 없다. 아마도 후지츠카가 보관하고 있던 〈해린척소〉와 함께 2차 대전 중 발생한 동경 공습 당시에 다른 자료들과 함께 소실된 듯하다.
44) 汪東, '題海客琴尊第二圖,' 『制言』 62期, 1935.9.
45) 李春姬, '藕船 李尚迪과 晩淸 文人들의 文學交流 研究,'(2005.8. 서울대 박사논문). 박현규, '淸 文士의 金正喜 歲寒圖 鑑賞과 眞迹本 밖 題辭詩'(『대동한문학』 25집, 2006).
46) 세한도 관람 일자에 대한 논란의 씨앗은 후지츠카의 『청조문화 동전의 연구』에서 시작되었다. 그는 섭명례의 기록((해객은 조선 사신 이상적 우선이다. 그림은 도광 25년 을사(1845) 정월 20일로서 모인 사람은 모두 18명이었다. 중원은 그 당시 무창으로 관직을 맡으러 가는 길이었으므로 2년이 지나서야 그림을 보내 시를 지으라고 하였다(海客朝鮮李藕船琴尊圖 爲張仲遠大令曜孫題 幷序, 自註 : 海客者 朝鮮使臣李尙迪藕船也 圖作於道光二十五年乙巳正月二十日 會者凡十有八人 仲遠時將之官武昌 閱二年 寄圖索詩〉(『한객시존』, 1. p.104)을 토대로 그 날짜를 1월 20일이라고 하였다. 그 후 이춘희는 그의 박사논문에서 1월 13일로 간략하게 언급하였고, 이어 박현규는 구체적으로 1월 13일이라고 확정한 바 있다.
47) 尹程, 위의 책.
48) 김성남, '한중문화교류사', 프로젝트409, 2004. pp.71-106.
49) 〈장요손 (1845.01.02)〉 우선 인형 使者 대인 족하. 동지사가 도성에 왔을 때 모두들 족하의 수레가 언제 올 지 물어보고 발돋음하며 바라본 지 이미 오래 되었습니다. 연말에 족하의 행차가 왔다는 것을 알고도 마침 감기에 걸려 달려가 맞이하지 못하였습니다. 또 듣건대 공적인 업무가 끝나지 않았다고 하니 사사로이 볼 수도 없겠군요. 7년이나 오래도록 떨어져 회포가 山처럼 쌓였다가, 거리가 지척인데도 아득하기가 마치 關門과 黃河에 막힌 듯하여 생각하기조차도 매우 어렵습니다. 며칠 안에 사신으로 오신 업무가 끝난다고 하는데 그렇습니까. 어느 날에 만나서 이야기를 할 수 있겠습니까. 다만 먼저 편지를 보내 만날 날짜를 묻자오니 인편에 분명히 알려 주시기 바랍니다. 예전에 寶

寧局에서 한 번 만났던 일은 아직도 기억에 납니다. 약소하게 술자리를 마련하고 동인들을 초청하여 해가 지도록 모여 놀려고 하는데 어느 날이나 한가한 시간을 얻을 수 있는 지 모르겠습니다. 또한 일찌감치 알려 주시기를 바랍니다. (하략)

『해린척소』 장서각본 「난언휘초」 p.5. "藕船仁兄使者大人足下 朔使來都 詢悉文駕將來 翹盼已久 歲抄知 行旌莅止 適抱寒疾 未能趨迴 又聞公事未了 於義不當私見 而七年濶別 積悰如山 相距咫尺 渺若關河 殊難爲懷也 日來 使事已將畢否 何日可以晤譚 特先以書奉詢 望 明示之以便 往寶寧局一談尙擬 薄具尊酒邀同人作竟日聚 未識何日得暇 亦望早爲.--"

50) 규장각 소장, 『中外唱酬集』 p.53.

51) 〈나중에 〈해객금준제이도〉에 화제를 쓴다. 20운. (그림 속에 있는 사람은 비부 오위경 · 명부 장중원 · 중한 반순지 · 반보지와 반옥천 삼형제 · 궁찬 조백후 · 편수 풍경정 · 편수 장위생 · 이부 요상파 · 공부 왕담재 · 명경 장석주 · 효렴 주석산 · 효렴 황자간 · 시어 진송남 · 시어 조간보 · 상사 장중감 · 상사 오관영인데 관영이 그림을 그렸으며 모두 나와 함께 18명이다(追題海客琴尊第二圖 二十韻(入畫者 比部吳偉卿 明府張中遠 中翰潘順之 補之 及玉泉三昆仲 宮贊趙伯厚 編修馮景亭 莊衛生 吏部姚湘坡 工部汪鑑齋 明經張石州 孝廉周席山 黃子幹 侍御陳頌南 曹艮甫 上舍章仲甘吳冠英 冠英畫之 共余爲十八人也)〉

(상략)

延陵佳邸第 吳 나라 연릉의 아름다운 그 집은

平子舊居停 그 옛날 장평자가 살던 곳이었고

(讌集於吳偉卿比部 留客納涼之館 時中遠寓此) : 위경 오찬 비부의 유객납량지관에서 모여 잔치를 차렸는데 그 때 중원 장요손이 이 집에 임시로 살고 있었다.

凍解千竿竹 대나무 밭에 얼음이 풀리고

春生五葉蓂 봄이 찾아든 정월 초 닷새였다.

(時乙巳新正五日也) : 그 때가 을사년(1845) 신정 5일이었다.

(하략)

『恩誦堂集』 권9, 1846년 작.

52) 『해린척소』에, "伻來奉到 手翰 幷 惠珎品 感荷 盛意浹於心曲 秋史翁遠錫書額於家娣 茂漪筆墨 得中郎品題身價益重尤爲欣忭 屬書及篆刻之件 容遲日奉呈 橫額僅書三家抑連詩書之乞 指示十三日 耑候 早臨 畵士冠英 是日亦與斯會 擬令細寫 尊貌

遍圖坐客爲 皇都話舊圖 亦是他日一番佳迹也."

53) 『해린척소』"昨求 書楹帖若已揮就乞 發下玆奉去紅柬 敬邀 大駕於十三日見過一叙作竟日譚讌 諸同人畢集 望 早臨爲幸 此請 大安 不具 曜孫頓 人日 藕船仁兄大人足下."

54) '장요손 2신'과 '장요손 3신'이 따로 분리된 2통의 편지가 아니라 한 통일 수도 있으나 필자의 의견에는 2통으로 분리되었다고 판단된다. 그 이유는 '2신'의 뒷부분에 '人日愚弟曜孫頓' 이라 하고 '再第去各 ~悉履歷耳'를 追記로 삽입하여 끝을 맺었다. 그리고 나서 미진한 점이 있어서 다시 '3신'을 보낸 듯하다. '3신'에도 '大安不具曜孫人日'이란 문구를 보아 맺음의 형식이 분명하기 때문이다.

55) (3)

枯木能通書畵禪 바짝 마른 나무에 書畵의 정신이 통해
分題好共襞銀箋 자른 종이에 글을 짓는다
幾時得見貞蕤集 어느 때나 『貞蕤集』을 볼 것인가
海外猶聞有謫仙 바다 멀리 아직도 귀양살고 있다는데

自註 : 藕船出其師金秋史畵卷 屬題 秋史著有貞蕤集 聞以事竄謫云(우선이 그의 스승 김추사의 그림을 내놓고 글을 지어달라고 했다. 추사에게는 『정유집』이란 저서가 있다. 듣자니 어떤 일로 귀양을 갔다고 한다)

56) 진상업, 『중외창수집』, p.51의 〈정월 13일 偉卿 선배와 仲遠 明府가 우선 이상적을 초대하였을 때 그 집에 잔치하러 모여 長歌 한 편을 지어 그 일을 기록하고, 곧장 조선으로 돌아가는 우선에게 보냈다. 이날 함께 모인 사람은 舍人 潘順之 · 潘補之 · 潘玉泉 삼형제, 贊善 趙伯厚 · 編修 馮景亭 · 莊蕙生 · 吏部 姚湘坡 · 工部 汪鑑齋 · 明經 張石洲 · 上舍 吳冠英 · 章仲甘 · 孝廉 周席山 · 黃子幹이며, 나중에 온 사람은 侍御 陳頌南이다(正月十三日 偉卿前輩 仲遠明府 招同李藕船 宴集邸齋 爲賦長歌一篇 以記其事 即送 藕船歸朝鮮 是日 同集者 舍人潘順之 補之 及玉泉三昆仲 贊善趙伯厚 編修馮景亭 莊蕙生 吏部姚湘坡 工部汪鑑齋 明經張石洲 上舍吳冠英 章仲甘 孝廉周席山 黃子幹 後至者 侍御陳頌南也)〉.

57) 『문학사상』 50호에 실린 문장을 인용한 강관식의 「추사 그림의 법고창신의 묘경」(2002, 『추사와 그의 시대』에서 재인용하였다.

58) 〈장요손의 세한도 제찬〉

(2)

孤雲絶島晝冥冥 외로운 구름 뜬 절해고도는 낮에도 어두워

獨客沈憂鬓不靑　귀양살이 나그네 침울한 근심에 수염이 다 세었다
奇石喬柯何磊落　기이한 돌과 큰 나뭇가지 어이 그리 우뚝한가
山榛隰草總零星　산의 잡목 습지의 풀잎 모두가 시들었구나
傳經消息虞翻易　변화무쌍한 『虞翻易』을 연구했으니
問字蒼凉揚子亭　서늘한 양웅의 정자를 찾아가 글자를 물어야겠지
一卷蕭疎千古意　쓸쓸한 〈세한도〉에 천년토록 변치말자는 뜻이 담겼으니
後凋高節著淸溟　뒤늦게 시드는 높은 절개가 맑은 바다에 드러난다

59) 『해린척소』 p.5에, "제는 지난 해 2월에 과거 시험을 보러로 여기 병부와중가 오위경 형부(刑部(형부))의 집에 살고 있는데(弟去年二月 附公車來此 仍居兵部窪中街 吳偉卿刑部宅".

60) 『해린척소』 p.9에, "이 후의 편지는 오위경이 있는 곳(선무문 밖 兵部窪中街 刑部 陝西 司員外郎의 집)이나 혹은 潘公子 계옥이 있는 곳(米市胡同相府)으로 보내시면 모두 괜찮을 것입니다(後有書 寄吳偉卿處 宣武門外 兵部漥中街 刑部陝西司員外郎 或潘公子季玉處 米市胡同相府 俱可)."

61) '여전손 여관손 제2신 (1845.01.27) "29일 午刻에 留客納凉之館에서 작은 연회를 준비할 것이니, 아침 일찍 오시기 바랍니다(卄九日午刻　在留客納凉之館 小叙務乞早光)."

62) 『은송당집』 권9, 〈해객금준제이도〉

63) 吳儁(?~?. 卒年 83세) : 강소성 江陰人. 자는 子重, 호는 冠英. 宣武門 밖 松筠庵에 기거하며 지냈는데, 戴熙 · 何紹基 · 張穆의 인정을 받았다. 詩書畫 三絶로 篆刻에 뛰어났으며, 肖像畵는 古法을 터득했다. 작품으로는 「海客琴樽圖」 · 「海客琴樽第二圖」 · 「松筠雅集圖」 · 「李尙迪肖像畵」가 있다. 《참고문헌》 『廣印人傳』 · 『墨林今話續編』 · 『虞山畫志續編』.

64) 졸고, '晩淸 人士들이 이상적에게 전해온 無聲의 메시지,' 동양고전연구 46집, 2012.3.30.

65) 何紹基, 『何紹基種竹日記』, p.149에, "十五日晨 靜飯後 寫大字多 午刻到松筠庵 教習庶常 尹崔雪湘蘇帥逸齋 丁飴伯 徐素蘅公請來 因病未到--."

66) 何紹基, 『何紹基種竹日記』, p.149에, "卄三日靜 飯後進城 弔錫子受內艱 賀戚小蓉升西路喜回拜許滇生 出城 至松筠庵 晤心泉上人 吳冠英 從海淀歸."

67) 何紹基, 『何紹基種竹日記』, p.151에, "十三日 至庶常館 回拜 出至松筠庵 與受之 冠英 意廬."

68) 比部 偉卿 吳贊, 明府 仲遠 張曜孫, 中翰 潘遵祁, 順之 潘希甫, 玉泉 潘曾瑋, 宮贊

伯厚 趙振祚, 編修 景亭 馮桂芬, 編修 衛生 莊受祺, 吏部 湘坡 姚福增, 工部 鑑齋 汪藻, 明經 石州 張穆, 孝廉 席山 周翼墀, 孝廉 子幹 黃秩林, 侍御 松南 陳慶鏞, 侍御 艮甫 曹楙堅, 上舍 仲甘 章岳鎭, 畵家 冠英 吳儁, 李尙迪(18인)(『은송당집』 권9). 현재 남아 있는 그림은 없으나 그에 대한 기록이 이상적의 『은송당집』 권9에 실려있으므로 그 기록을 활용한다. 〈(追題海客琴尊第二圖 二十韻 (1846년)(入畵者 比部吳偉卿 明府張中遠 中翰潘順之 補之 及玉泉三昆仲 宮贊趙伯厚 編修馮景亭 莊衛生 吏部姚湘坡 工部汪鑑齋 明經張石州 孝廉周席山 黃子幹侍御 陳頌南曹 艮甫上舍 章仲甘吳冠英 冠英畵之 共余爲十八人也).〉

69) "乙巳春正 邀飮於吳偉卿比部寓園 京師士大夫來會者十七人."

70) 참석자 명단 17인 : 진상업의 〈정월 13일 偉卿 선배와 仲遠 明府가 우선 이상적을 초대하였을 때 그 집에 잔치하러 모여 長歌 한 편을 지어 그 일을 기록하고, 곧장 조선으로 돌아가는 우선에게 보냈다. 이날 함께 모인 사람은 舍人 潘順之·潘補之·潘玉泉 삼형제, 贊善 趙伯厚·編修 馮景亭·莊蕙生·吏部 姚湘坡·工部 汪鑑齋·明經 張石洲·上舍 吳冠英·章仲甘·孝廉 周席山·黃子幹이며, 나중에 온 사람은 侍御 陳頌南이다(正月十三日 偉卿前輩 仲遠明府 招同李藕船 宴集邸齋 爲賦長歌一篇 以記其事 卽送 藕船歸朝鮮 是日 同集者 舍人潘順之 補之 及玉泉三昆仲 贊善趙伯厚 編修馮景亭 莊蕙生 吏部姚湘坡 工部汪鑑齋 明經張石洲 上舍吳冠英 章仲甘 孝廉周席山 黃子幹 後至者 侍御陳頌南也)〉. 『중외창수집』, p.51.

71) 섭명례의 〈해객은 조선 사신 이상적 우선이다. 그림은 도광 25년 을사(1845) 정월 20일로서 모인 사람은 모두 18명이었다. 중원은 그 당시 무창으로 관직을 맡으러 가는 길이었으므로 2년이 지나서야 그림을 보내 시를 지으라고 하였다(海客朝鮮李藕船琴尊圖 爲張仲遠大令曜孫題 幷序(海客者 朝鮮使臣李尙迪藕船也 圖作於道光二十五年乙巳正月二十日 會者凡十有八人 仲遠時將之官武昌 閱二年寄圖索詩)〉. 『한객시존』, 1. p.104

72) 『해린척소』 〈반증위 (1845.?.?)〉
仲遠(張曜孫)이 『海客琴尊第二圖』를 남겨 놓으면서 각하에게 두어 마디 題를 해 달라고 하였습니다. 또 忠愍(楊繼盛의 手蹟 1册에 〈跋〉을 지어주실 수 있다면 더욱 오묘한 일이 될 것입니다. (하략) 『海隣尺素』 藏書閣本 「蘭言彙鈔」, p.238에 "仲遠所留海客琴尊弟二圖乞 題數語又忠愍手蹟一册能 作跋句尤妙."

73) 『해린척소』 〈장요손 (1845.01.30)〉
(상략) 吳冠英(吳儁) 형이 그린 그림은 功力이 많이 든 것으로 수개월 동안에 다 그릴 수 있는 것이 아닙니다. 우리 형께서 동쪽으로 돌아가신 뒤에 詩文

을 지어 보내주시기를 잊지말고 더뎌지게 마십시오. 雨翁(湯貽汾)의 그림에 저도 또한 마땅히 사연을 지어 보낼 것입니다. 또 절합니다. (하략) 『해린척소』에, "冠英兄所作之圖 功力浩繁 非數月不能畢事 吾兄東歸後 乞卽寄題詩文 勿忘勿遲 雨翁圖 弟亦當有寄題之作也 又拜"

74) 『해린척소』〈반증위 (1848.01.?)〉

(상략) 함께 오신 正使 副使 등 三公의 글씨를 얻을 수 있겠습니까? 26일 艮甫(曹楙堅)가 있는 곳에 같이 오시기를 천번 만번 빌고 있겠습니다. 吟安하시기를 송축합니다. 반증위는 머리 조아립니다. 『해린척소』에 "大筆卽書 佳句又屛四張 一求 大筆 望轉懇同來諸公(正副使三公可否) 揮卄六日 帶至艮甫處 千乞千乞 此頌 吟安 瑋頓."

『해린척소』〈반증위 (1845.01.?)〉

仲遠(張曜孫)의 집에서 선생의 모습을 접하고는 매우 속이 시원하였습니다. 先從父의 遺書 墨刻에 端溪硯을 첨부하여 각하의 좌우에 티끌만큼이나마 올려드립니다. 엎드려 바라오니 웃으며 받아주십시오. 26일 艮甫(曹楙堅)가 末坐에 서라도 모시고 각하의 가르침을 들을 수 있기를 부탁합니다. (하략) 『해린척소』에, "仲遠齋中 得接 光儀殊深快幸 先從父遺書墨刻 附以端硯 奉塵 左右 伏冀 哂收 卄六日艮甫屬陪末坐藉可聆 教"

75) 『해린척소』〈장요손 (1845.01.?)〉

(상략) 26(卄六)일에는 艮甫(曹楙堅)의 처소에서 모실 것인데, 偉卿(吳贊)도 또한 그 자리에 있을 것입니다. 이에 藕船 仁兄의 평안을 바랍니다. 요손은 머리 숙입니다.

각하의 大集 가운데 지으신 장요손과 관련이 있는 부분은, 한가하실 때에 손수 橫紙에 써 주시면, 당장에 장식하여 『海客琴尊圖』에 넣겠습니다. 그리하여 이 다음 천년 동안 교제의 아름다운 일을 기억할 수 있게 해주시기를 간절하고 간절하게 바랍니다. 그 횡폭은 縱 1척 2촌 5푼이며, 횡폭은 길고 짧음에 구애되지 않습니다. 『해린척소』에, "卄六日當在艮甫處 奉陪 偉卿亦在坐也 此請藕船仁兄大安 曜孫頓 閣下大集中所作 凡涉及曜孫者 乞於 暇時 手書一橫紙 以便裝入海客琴尊圖 以後志千秋交誼之疋 是所至懇至懇 [其橫幅縱 一尺二寸五分 橫不拘長短也]."

76) 『해린척소』〈여전손 · 여관손 (1845.01.?)〉

蓮卿(楊淞)은 아직도 답장이 없지만, 아마도 각하께서 오셨다는 소식을 들으면 당장 고달픈 먼 길을 꺼려하지 않을 것입니다. 이렇게 올립니다.

우선 인형 각하. 어리석은 아우 여전손·여관손은 두 번 절합니다. 『해린척소』에 "蓮卿尙未有復書聞 閣下至當不嫌跋涉也此上 藕船仁兄閣下 愚弟佺倌孫再拜."

〈여전손·여관손 (1845.01.27)〉

(상략) 蓮卿(楊淞) 형은 이미 도착하였고, 저희들은 각하의 행차를 맞이하려고 합니다. 29일 午刻에 留客納凉之館에서 작은 연회를 준비할 것이니, 아침 일찍 오시기 바랍니다. 朔風이 매우 차니 삼가 체후를 진중이 보존하십시오. 이만 줄입니다. 여전손·여관손은 머리 숙입니다. 27일. (하략) 『해린척소』에, "蓮卿兄已到 僕等奉邀 文駕 卄九日午刻 在留客納凉之館 小叙 務乞早光 朔風凜冽 伏維稱衛不宣 弟呂佺倌孫頓 卄七日."

77) 『해린척소』 〈오찬 (1845.01.29)〉

오늘 堯仙 呂佺孫 형제가 족하를 찾아 뵙는다고 하여 저희집에서 간단하게 음식을 차리려고 합니다. 蓮卿(楊淞)은 벌써 도착하였습니다. 각하께서 왕림해서 이야기를 나누기 바라며 기다리겠습니다. 이만 요청드리면서, 평안하십시오. 아우 오찬은 머리 숙입니다. 29일. 李老爺. 『해린척소』에, "今日呂堯仙昆玉奉詣 足下 在敝寓 便飯楊蓮卿已先到 望卽 枉過 先譚立等立等 此請 早安 弟吳贊頓首 卄九日 李老爺."(全文)

78) 『해린척소』 〈장요손 (1845.01.30.)〉

우선 인형. 도성에 함께 있으면서도 벌써 한 달이 지나도록 겨우 3일 밖에 만나지 못했는데, 나귀가 갈 길을 재촉한다고 하니 세상일에 얽매여 따라갈 수 없는 서글픔을 어찌하겠습니까. 어제 同人들이 송별연 자리를 마련해서 하루 종일 이야기를 하자고 하였다가 말하기를, "주인공이 오지도 않았습니다."고 하여 갈팡질팡하다가 흩어졌으니, 지금까지도 답답하기만 합니다. 엎드려 생각컨대 동쪽으로 돌아갈 행장에 福이 이어지고 각하의 起居에 오랜 吉祥이 합쳐지기를 사사로이 송축드립니다. 『해린척소』에 "藕船仁兄 同處都城 忽忽月餘僅得三日之聚 驪駒促駕 催縶無從 悵如何也 昨者 令人爲祖送之燕思 作竟日談乃曰肝不來 倀倀而散 至今黯然 伏惟東旋行李 延禔 起居曼吉 定符私禱."

79) 『해린척소』 〈장요손 (1845.01.30)〉

吳冠英(吳儁) 형이 그린 그림은 功力이 많이 든 것으로서 수개월 동안에 다 그릴 수 있는 것이 아닙니다. 우리 형께서 동쪽으로 돌아가신 뒤에 詩文을 지어 보내주시기를 잊지 말고 더뎌지게 마십시오. 『해린척소』에, "冠英兄所作之圖 功力浩繁 非數月不能畢事 吾兄東歸後 乞卽寄題詩文 勿忘勿遲."

80) 『해린척소』 〈장요손(1845.10.02)〉
(상략) 정월에 만났던 모임을 그린 繪圖記事는 이미 표구가 완성되어 京師의 여러 벗들이 題詠을 짓도록 남겨 놓았으니 족하께서도 詩 한 首를 읊어주시겠습니까. (하략)
『해린척소』에, "從此距京師 又三千餘里 音問爲難 後會無從預計 俯仰今昔 能不黯然 惟望 各自努力 以踐天涯比隣之疋 正月之會 繪圖紀事 已裝成 留交京師友朋題詠 足下能賦一詩否."

81) 『해린척소』 〈장목 (1846.05.10)〉
(상략) 仲遠(張曜孫)은 무창 현령으로 임명되어 山水의 낙을 즐기고 있는데 간혹 편지에 그곳을 다스리는 상황이 매우 좋다고 합니다. 〈海客琴尊圖〉 그림에 들어 있는 사람은 거의 20명인데 마땅히 각하의 大作이 맨 앞에 실려야 할 것입니다. (하략) 『해린척소』에, "仲遠授武昌令 大有山水之樂 時有書來 治狀甚善也 海客琴尊圖 入畫者 幾二十人 當仍催 大作首倡也."

82) 후지츠카 저, 『청조문화 동전의 연구』; 윤철규 이충구 김규선 역, 『추사 김정희 연구』(과천문화원, 2009), p.870.

83) 『海客琴尊第二圖券』은 〈해객금준제이도〉에 23명의 題辭가 첨부되어 두루마리 형식으로 표구되었을 장정을 말한다.

84) 『해린척소』 〈장목 (1846.05.10)〉
(상략) 仲遠(張曜孫)은 무창 현령으로 임명되어 山水의 낙을 즐기고 있는데 간혹 편지에 그곳을 다스리는 상황이 매우 좋다고 합니다. 〈海客琴尊圖〉 그림에 들어 있는 사람은 거의 20명인데 마땅히 각하의 大作이 맨 앞에 실려야 할 것입니다. (하략) 『해린척소』에, "仲遠授武昌令 大有山水之樂 時有書來 治狀甚善也 海客琴尊圖 入畫者 幾二十人 當仍催 大作首倡也"

85) 『해린척소』 〈반증위 (1848.01.28)〉
(상략) 仲遠(張曜孫)은 漢陽 지방 同知로 승진했는데, 『海客琴樽圖』는 그곳에 있으므로 아마도 그 기록에 넣을 수 있을 것입니다. (하략) 『해린척소』에, "仲遠升漢陽同知 琴尊圖在渠處 容屬其錄寄."

86) 『해린척소』 장요손의 편지(1859.11.17)에, "평생 쌓아둔 書籍·碑版·書畵 및 집안에서 새긴 여러 가지 글씨와 刊板들이 모두 한양에서 불에 타버렸는데 겨우 先人의 저작 手澤만은 집사람이 가지고 나왔으며, 『海客琴樽前後二圖』는 (난리 속에서도)그대로 보존되어 아무 탈이 없습니다(生平所蓄書籍碑版書畵及家刻各書刊板 並燬於漢陽 僅先人箸作手澤 爲家人携出 而海客琴尊前後二圖 居然尙

存 無恙."

87) 李尙迪, 『恩誦堂續集』, 권7, p.316.(1860년 작) 〈(8월 보름 이틀 후 장중원 관찰사가 지난 겨울 동지달 호북 독량사의 관사에서 보낸 편지를 받았다. 이것은 10여 년 동안 난리가 난 이래로 처음 있는 소식이었다. 기뻐서 시를 지었는데 대개 4수가 되었다. 오른쪽 세 수는 대강 장중원이 군대에서 겪은 일이고 끝 1수는 곧 나의 근황을 서술했다(中秋望後二日 得張仲遠觀察 客冬至月 自湖北督糧使署寄書 乃十餘年寇亂以來 初有之信也 喜而有作 率成四律 右三首 略綴仲遠兵間經歷之狀 末一首 卽自述近況爾)〉.

(3)

爲君十載幾沾襟　그대 위해 10년 동안 몇 번이나 눈물이 옷깃을 적셨는가
亂後音書抵萬金　난리 뒤에 소식 편지가 일만 황금 값이다
好在琴尊經百劫　좋게 『해객금준도』만이 백 겁은 지났는데

(君所藏書籍碑版書畫 悉燬於兵燹 惟海客琴尊圖 尙無恙云耳) : 그대가 소장하고 있는 서적 비문 서　판 글씨 그림 등이 모두 병란에 불에 타 없어졌는데 오직 『해객금준도』만이 아직도 아무 탈이 없다고 하였다.

還從戎馬惜分陰　도리어 난리통에 군대를 따라다니는 짧은 시간이 아깝기만 하다

(寄示近作惜分陰齋稿卷 首有印文 日戎馬分陰) : 보여준 근작에 분음재원고라고 했다. 머리에 도장을 새긴 글이 있는데 "융마분음"이라고 하였다.

제2편 역주『海客琴尊第二圖 題辭』

琴尊淸暇戎馬分陰

거문고에 술 한 잔 맑고 한가하지만, 난리통에 시간을 쪼깨어

辛巳之秋 後學 吳世昌 謹製

신사년[1941] 가을 후학 오세창은 삼가 쓴다.

매증량(梅曾亮)

매증량(梅曾亮, 1786~1856) : 강소성(江蘇省) 남경인(南京人). 도광 22년[1842] 진사(進士)에 오르고, 호부시랑(戶部侍郎)을 지냈다. 어려서부터 병문(駢文)을 좋아했으며, 같은 고을 출신 관동(管同)과 가까웠다. 동성파 작가(桐城派作家)이며, 명청팔대가(明淸八大家)의 한 사람이다.
매증량의 이 글은 속사고전서본(續四庫全書本) 『백현산방전집(柏梘山房全集)』 권11에 실려있다.

1. 매증량의 제사

1846년 1월 16일

海客者 朝鮮 使臣 李藕船 名尙迪者也 張子仲遠 先嘗遇於京師 言論相得 後道光二十五年 李君 再以使事 至京師 仲遠亦謁選 復相遇 乃觴之於吳氏之蔣園 及衆客凡十八人 皆會談讌極日而罷 以海國異域之人 離別之久 得聚而以一尊相樂 不可謂非快事矣 而仲遠旋得縣令 赴武昌 於京師之游處 戀戀不能忘也 乃屬善畫者圖之 而曾亮爲之記 夫人世會合之不可測 或萬里而接膝 或朝夕可相守者而去如飄風 固事理之常 無足怪者 雖知其常然而卒然値之 不能無俯仰今昔之嘆 亦人情也 昔蘇文忠 以高麗使臣求書 議不可與授[1] 漢東平王求太史公書 以爲鑑 蓋其近契丹 而懸隔於中國 接之者 不能無戒心禁防深堅 亦其勢然也 我 國家混同華夷 罔有中外[2] 於朝鮮使 雖定其去來之期 而除譏禁便出入 得造請賢士大夫 稽考文獻 辨析道術士大夫 亦奇其地之幽[3]遠 而樂其[4]來者多 賢且材也 皆歡然相接 無

---

1) 이춘희의 「19세기 상주파 후계문인과 조선 문인의 교육」, 제 1회 규장각 한국학 국제 심포지엄 자료집, 서울대 한국학 연구원(2008.10.16-17), pp.173-192에는 '與授'가 '許援'으로 되어있다.

2) 앞의 논문에는 이 '罔有中外'가 누락되어 있다.

3) 앞의 논문에는 이 '理幽'가 '僻'으로 되어있다.

4) 앞의 논문에는 이 '而樂其'가 누락되어 있다.

主客輕重尊卑之疑[5] 疆域爾我之見[6] 故其人 皆榮於[7]來 而悵[8]然於其去 若遠州下邑之[9]士 辭鄉里而樂皇都也 傳曰束修之肉 不行於竟中[10] 騁弓鏃矢 不出竟場 古[11]一時 此一時也 豈可同哉 然則[12]是圖也 非徒誌游處會合之感 亦以見我 國家浩蕩無外之規 獨異於往古者矣[13] 道光二十六年上元 梅曾亮記

해객(海客)은 조선 사신 이(李) 우선(藕船)인데 이름은 상적(尙迪)이다. 장자(張子) 중원(仲遠)이 일찍이 경사(京師)에서 만났을 적에 언론(言論)이 서로 맞았다. 그 뒤 도광(道光) 25년[1845] 이군이 다시 사신으로 경사에 왔을 적에 중원이 또한 알선(謁選)[14] 되어 다시 만나게 되었다. 그리고는 오씨(吳氏, 吳贊)[15]의 장원(蔣園)에

5) 앞의 논문에는 이 '疑'가 '嫌'으로 되어있다.
6) 앞의 논문에는 이 '疆域爾我之見'이 누락되어 있다.
7) 앞의 논문에는 이 '於'가 '于'로 되어있다.
8) 앞의 논문에는 이 '悵'이 '惆'로 되어있다.
9) 앞의 논문에는 이 '邑之'가 누락되어 있다.
10) 앞의 논문에는 이 '束修之肉 不行於竟中'이 누락되어 있다.
11) 앞의 논문에는 이 '場古'가 '竟彼'로 되어있다.
12) 앞의 논문에는 이 '然則'이 누락되어 있다.
13) 앞의 논문에는 이 '非徒 ~ 古者矣'가 '有以見柔遠之規 曠蕩於前古者矣'로 되어있다.
14) 알선(謁選) : 관리(官吏)가 이부(吏部)에 가서 임명을 받는 것.
15) 오찬(吳贊, 1785~1849. 5) : 강소성 상숙인(常熟人). 초명(初名)은 오정진(吳廷鉁). 자는 언회(彦懷)·위경(偉卿), 서실명(書室名)은 탑영루(塔影樓). 북경 선무문(宣武門) 내(內) 병부와중가(兵部洼中街) 형부(刑部) 섬서원외랑(陝西員外郞)의 집인 유객납량지관(留客納涼之館)에 머물고 있었다. 장요손(張曜孫)의 누이 장습영(張緖英)의 부군(夫君)이다. 도광 6년[1826]에 진사에 오르고 형부원외랑(刑部員外郞)을 지냈다. 죽었을 당시 집 한 채도 없이 청렴했다. 저서로

서 여러 사람들과 술을 마셨는데 모두 18인이 모여 이야기하고 잔치하다가 해가 지고서야 끝이 났다. 바다 밖 이역(異域) 사람을 이별한 지 오래 되었다가, 모여서 술통을 놓고 서로 즐기며 지내게 되었으니 상쾌한 일이 아니라고 할 수 없다. 그런데 중원은 현령(縣令) 자리를 얻어서 무창(武昌)으로 떠나게 되었으니 경사(京師)의 놀던 곳이 아련해서 잊을 수 없을 것이다. 그리하여 그림을 잘 그리는 사람에게는 그림을 그리게 하고, 내[曾亮]에게는 기(記)를 지으라 하였다.

인간 세상에 만남이란 예측할 수 없는 것이다. 혹은 만리 밖에 있다가도 무릎을 맞댈 수도 있고, 혹은 아침 저녁으로 서로 따라다니다가 회오리바람처럼 떠날 수 있는 것으로 진실로 항상 있는 이치이니 괴이하게 여길 것이 없다. 비록 그것이 일상적인 일이라지만 갑자기 이별을 당하게 되면, 과거와 현재에 있었던 일을 굽어보고 올려보면서 탄식하지 않을 수 없는 것도 역시 인간의 정(情)이다. 옛날에 문충공(文忠公) 소식(蘇軾)은 고려(高麗) 사신이 책을 구할 적에는 줄 수 없다고 의논하면서, 한(漢) 나라 동평왕(東平王)[16]이 태사공(太史公)의 서(書, 『史記』)를 구해 거울로 삼은 것을

는 『탑영루사(塔影樓詞)』가 있다. 1845년 1월 김정희의 〈세한도〉를 감상할 때 자기 집을 그 장소로 제공해 주었다. 이상적의 『은송당집(恩誦堂集)』(1848년 1월 말 발간)은 오찬이 모든 업무를 주관해서 발간하였다. 《참고문헌》 송직신(宋稷辰)의 『궁치재문초(躬恥齋文鈔) 10』.

근거로 삼았다. 그것은 아마도 거란(契丹)에 가깝고 중국(中國)과는 현격하게 멀어서, 그를 접(接)하는 자가 능히 경계하는 마음이 없을 수 없어, 금지하고 방지하는 것이 깊고 견고하였을 것이니 역시 그 형세가 그러했기 때문이다. 우리 나라는 화(華)와 이(夷)를 하나로 여겨 중국(中國)과 외국(外國)을 나누지 않았다. 조선(朝鮮) 사신이 비록 오고 가는 기일이 정해져 있지만 감찰(監察)하여 금지(禁止)[17] 시키는 법을 제거하고 출입(出入)을 편리하게 하여, 현명한 사대부를 초청하여 문헌(文獻)을 계고(稽考)하고 도술(道術)을 분석하게 하니 사대부(士大夫)들도 또한 그 지역이 먼 것을 기이하게 여기면서 여기 오는 것을 즐겁게 여기는 자가 많았다. 그리하여 어질고 재능이 있는 자들이 모두가 반갑게 서로 맞이하며 주인과 객, 경중(輕重)의 구분, 존비(尊卑)의 거리낌, 너와 나의 강역(疆域)을 따지는 견해가 없다. 그러므로 그 사람이 모두 여기에 오는 것을 영광으로 여기고 떠나는 것을 서글프게 여긴다. 그것은 마치 먼 지역 시골에 사는 사람이 고향을 떠나 황도(皇都)로 오는 것을 즐겁게 여기는 것과 같은 것이다. 전(傳)에 말하기를, "이웃 나라에 예물(禮物)로 가

16) 동평(東平) : 한(漢) 무제(武帝)의 여덟째 아들, 이름은 유창(劉蒼). 동평왕(東平王)으로 봉해졌다.

17) 원문의 '기금(譏禁)' : 감찰(監察)하여 금지(禁止)시킴. 『진서(晉書)』「후주기(後主記)」에, "이적(夷狄)과 우리 백성은 섬기는 분이 하나인데, 어찌 이들만 홀로 감찰하고 금지시켜 저들로 하여금 떠나고 헤어지게 합니까(夷狄吾民 斯事一也 何獨譏禁 使彼離析)."라고 하였다.

져가는 고기[肉]는 경중(竟中)에서 시행하지 않고, 이웃 나라에 예물로 가져가는 빙궁(聘弓)[18]과 후시(鍭矢)[19]는 경장(竟場)을 벗어나지 않는다[20]"고 하였으니 옛날의 한 때와 지금의 한 때가 어찌 동일할 수가 있겠는가. 그렇다면 이 그림은 한갓 돌아다니는 곳에서 회합(會合)하는 감동만을 기록한 것이 아니고, 또한 우리 나라가 호탕(浩蕩)하여 그 규모가 천하를 한 집으로 여겨[21] 유독 옛날과는 다르다는 것을 보여주는 것이다. 도광 26년[1846] 상원[1월 15일] 매증량은 기록한다.

---

18) 빙궁(聘弓) : 고대(古代)에 이웃나라를 방문할 때 가지고 가는 활.

19) 후시(鍭矢) : 화살 이름. 살시(殺矢)를 닮았다. 가까이 있는 짐승을 사냥할 때 사용한다. 『주례(周禮)』「하관(夏官)」〈사궁시(司弓矢)〉에, "살시(殺矢)와 후시(鍭矢)는 가까운데서 사냥할 때에 사용한다(殺矢鍭矢 用諸近射田獵)"고 하였다.

20) 원문의 '빙궁후시불출경장(聘弓鍭矢不出竟場)' : 빙궁과 후시는 경장을 벗어나지 않는다. 『곡량전(穀梁傳), 은공 8년(隱公八年)』에, "예물로 가져가는 활과 화살은 경장을 벗어나지 않는다(聘弓鍭矢不出竟場)."고 하였다. 〈양사훈소(楊士勛疏)〉에, "빙(聘)은 문(問)이다. 옛날에는 활과 화살을 가지고 방문하여 서로의 안부를 물었다(聘問也 古者以弓矢相聘問)."라 하였다.

21) 원문의 '무외(無外)' : 고대(古代) 제왕(帝王)이 "천하(天下)를 한 집[一家]이라"고 여겼다.

진경용(陳慶鏞)

진경용(陳慶鏞, 1795~1858) : 복건성(福建省) 진강인(晋江人). 자는 송남(松南), 호는 생숙(笙叔)·건상(乾翔). 도광 12년[1832] 진사에 오르고, 호부주사(戶部主事), 급간(給諫), 시어(侍御), 감찰어사(監察御使)를 지냈다. 1849년 12월에는 지방의 이의(吏議)를 지냈으며, 1853년에 상소(上疏)를 올리고 낙향(落鄕)하여 단련(團練)을 조직해서 혜안(惠安) 일대의 요부(妖婦) 구씨(邱氏) 일당과 천주(泉州)에서 창궐한 비적 임준(任俊) 무리를 청산하는데 공을 세우고 도원후보(道員候補)로 오르기도 하였다. 완원(阮元)과 가까웠다. 경문(經文)에 능하며, 하소기(何紹基)·장목(張穆) 등과 어울렸다. 저서로는 『유경당류고(籒經堂類稿)』가 있다. 청말(淸末) 대표적인 항영인(抗英人).

2. 진경용의 제사

1846년 정월 하한

歲戊戌 仲遠大令 招余宴於都門城西蔣園 一時彈琴賦詩 足暢所敍 越後契闊多年 乙巳仲遠 復以謁選 寓都再續前歡 而座中新舊知交參半 今仲遠已選武昌縣令出都 余亦將賦歸歟 風萍離合俯仰陳跡 感慨何如 爰誌此以質仲遠 道光二十六年 正月下澣 晉江 陳慶鏞識

무술년[1838]에 중원(仲遠 張曜孫) 대령(大令)이 나를 도성(都城) 성서(城西)쪽에 있는 장원(蔣園)[1]으로 초대하여 잔치를 차렸는데 그 당시 거문고 타고 시를 지으며 족히 마음 속에 있는 정을 펼칠 수가 있었다. 그 뒤 세월이 흘러 오랫동안 이별한 지 몇 년이 지난 을사년[1845]에 중원이 다시 알선(謁選)되어 도성에 임시로 머물면서, 다시 예전에 즐겁게 지내던 일을 이어가게 되었으니 좌중에 새로 사귄 친구와 옛친구가 절반이나 참여하였다. 지금 중원이 이미 무창(武昌) 현령으로 임명되어 도성을 나갔고, 나도 또한 돌아가야하겠으니[2] 바람에 떠도는 부평초처럼 이별했다 합치는 옛날 자

1) 장원(蔣園) : 선무문(宣武門) 밖 병부와중가(兵部窪中街)에 있는 오찬(吳贊)의 집으로, 집 이름은 '유객납량지관(留客納凉之館)'이다.
2) 원문의 '귀여(歸歟)' : 벼슬을 내놓고 고향으로 돌아가겠다는 말. 도잠(陶潛)의 〈귀거래사(歸去來辭)〉에, "돌아가자(歸去來兮)."라고 하였다.

취를 가만히 생각해보면 그 감격이 어떠하겠는가. 이에 이 글을 기록하여 중원에게 바로잡아 달라고 한다. 도광 26년[1846] 정월 하한(下澣) 진강(晉江) 진경용은 기록한다.

조무견(曹楙堅)

조무견(曹楙堅, 1786~1853) : 강소성 오현인(吳縣人). 자는 수번(樹藩), 호는 간보(艮甫). 도광 12년[1832] 진사에 오르고 추부(秋部), 급간(給諫), 염방(廉訪)을 지냈다. 태평란(太平亂) 때 무창(武昌)에서 죽었다. 저서로는 『현운각시집(縣雲閣詩集)』이 있다. 《참고문헌》『청사고(淸史稿), 490』·『청인학술필기제요(淸人學術筆記提要)』.

3. 조무견의 제사[1)]

1846년 5월 20일

乙巳正月 仲遠大令 吳偉卿前輩 宴朝鮮李藕船尙迪 於城西邸齋 爲賦長歌一篇 以紀其事 則送藕船東歸 同集者張石洲明經瀛暹 潘順之太史遵祁 潘補之中翰希甫 潘玉泉上舍曾瑋 趙伯厚贊善振祚 莊衛生編修受祺 馮景亭編修桂芬 姚湘坡吏部福增 汪鑑齋工部藻 黃子幹孝廉秩林 周席山孝廉翼墀 章仲甘上舍岳鎭 寫眞者吳冠英上舍儁 後至者陳頌南侍御慶鏞也

을사년[1845] 정월 중원(仲遠; 張曜孫) 대령(大令)과 오위경(吳偉卿; 吳贊) 선배가 조선(朝鮮) 우선(藕船) 이상적(李尙迪)을 위해 성서(城西)에 있는 집에서 연회를 마련하였는데, 장가(長歌) 1편을 지어 그 일을 기록하여 곧장 동국(東國)으로 돌아가는 우선(藕船)을 송별하였다. 함께 모인 자는 석주(石洲) 명경(明經) 장영섬(張瀛暹)·순지(順之) 태사(太史) 반준기(潘遵祁)·보지(補之) 중한(中翰) 반희보(潘希甫)·옥천(玉泉) 상사(上舍) 반증위(潘曾瑋)·백후(伯厚) 찬선(贊善) 조진조(趙振祚)·위생(衛生) 편수(編修) 장수기(莊受祺)·경정(景亭) 편수(編修) 풍계분(馮桂芬)·상파(湘坡) 이부(吏部) 요복

1) 『중외창수집(中外唱酬集)』에는 이 글이 진상업(秦緗業)의 작품으로 되어 있다.

증(姚福增)·감재(鑑齋) 공부(工部) 왕조(汪藻)·자간(子幹) 효렴(孝廉) 황질림(黃秩林)·석산(席山) 효렴(孝廉) 주익지(周翼墀)·중감(仲甘) 상사(上舍) 장악진(章岳鎭)이다. 그림을 그린 자는 관영(冠英) 상사(上舍) 오준(吳儁)이며 나중에 온 사람은 송남(頌南) 시어(侍御) 진경용(陳慶鏞)이다.[2)]

我題海客琴尊圖　내가 『해객금준도』[3)]에 글 한 편 지었는데
圖中人遠心迴紆　그림 속 사람은 멀어 그리움만 감돌다가
一昨春明喜相見　어제 춘명[4)]에서 반갑게 만났는데
朗若玉山照人面　밝은 모습은 옥산이 얼굴에 비치듯 했네[5)]
坦齋不來藕船來　탄재는 안 오고 우선이 왔는데

自註 : 數年前 貢使爲朴坦齋 卽圖中所繪者(몇 년 전 공사(貢使)로 왔던 탄재 박기수[6)]가 그림 속에 그려져 있다)

---

2) 여기에 기록된 참석자는 이 글의 작자인 조무견(曹楙堅)을 포함해서 모두 18인이다.

3) 『해객금준도(海客琴尊圖)』 : 1837년 이상적이 연경에 가서 장요손을 만났을 때 그 모임의 모습을 그린 그림.

4) 춘명(春明) : 당(唐) 나라 도성(都城)인 장안(長安)에 있는 춘명문(春明門). 이를 인하여 도성(都城)을 춘명이라고 한다.

5) 원문의 '옥산조인면(玉山照人面)' : 옥산(玉山)은 고대 전설상 신선이 사는 산. 준수하고 아름다운 풍채와 얼굴을 비유함. 『진서(晉書)』 「배해전(裴楷傳)」에, "배 숙칙(배해(裴楷)의 자(字))을 보면 마치 가까운 옥산이 사람 얼굴을 비추는 것 같다(見裴叔則 如近玉山映照人也)."라고 하였다.

6) 박기수(朴綺壽, 1774~1845) : 조선인. 본관은 반남(潘南). 자는 미호(眉皓), 호는 탄재(坦齋). 박종신(朴宗臣)의 자(子). 1806년 문과(文科)에 급제(及第)하고, 대사간(大司諫), 이조판서(吏曹判書)를 지냈다. 1816년에는 서장관(書狀官)으로 입연

云已八載離燕臺　벌써 8년 전 연경(燕京)[7]을 떠났지
主人召客具杯斝　주인이 술잔 마련하고 손님을 부르니
車騎雍容劇風雅　수레 타고 오는 모습이 모두 다 훌륭하구나
攬袂傾襟縱筆談　옷깃을 잡고 흉금을 털며 필담을 하고
烏絲闌紙更番寫　까만 줄 친 원고지[8]에 차례차례 써내려갔다네
阮堂海外之所宗　완당은 해외에서도 알아주는 사람인데
近聞遷謫嗟龍鍾　요즈음 귀양 가서 다 늙어간다고 한다[9]
寒林槁木致蕭瑟　차가운 숲의 마른 나뭇가지가 쓸쓸한 기운 불러들이는데
相見孤直人難容　외롭고 올곧은 모습은 남들이 용납하기 어렵다네
本朝詩人邁唐宋　우리 나라 시인은 당송(唐宋)을 따라가는데
新城秀水相伯仲　당시(唐詩)[10]냐 송시(宋詩)[11]냐 우열을

(入燕), 1837년에는 동지 정사(冬至正使)로 김흥근(金興根)과 함께 입연(入燕)하였다. 시호는 문효(文孝). * 1838년 01월 김흥근과 함께 연경에서 장요손(張曜孫)을 만났다(『해린척소』, 장요손 15신).

7) 원문의 '연대(燕臺)' : 수도(首都)를 말함. 연(燕) 나라 소왕(召王)이 하북성(河北省) 국도(國都)에 대(臺)를 쌓고 현자(賢者)를 초빙한 데서 연유하였다. 일명 황금대(黃金臺).

8) 원문의 '오사란(烏絲闌)' : 오사란(烏絲欄)으로도 쓴다. 위 아래 까만 줄로 칸을 그리고 그 사이에 붉고 검은 경계선을 만든 비단. 뒤에는 검은 줄을 친 격자(格子) 모양 전지(箋紙)를 지칭함.

9) 원문의 '용종(龍鍾)' : 신체가 노쇠해서 행동이 자유롭지 못함.

10) 원문의 '신성(新城)' : 당(唐) 나라 수도(首都) 장안성(長安城). 서안성(西安城) 또

다투네
隨園一生弄狡獪　수원[12)]은 일생 동안 교활함[13)]을 희롱했는데
流傳價亦鷄林重　전해진 가치는 계림[14)]에서 중요시 되었다네
兩當傑出眞奇才　양당(兩當)[15)]은 걸출하여 참으로 기이한 인재인데
可惜壯歲埋蒿萊　아깝게도 젊은 나이에 잡초 속에 묻혔다오[16)]

自註 : 與藕船 論及本朝詩人(조무견이) 우선과 더불어 중국 시인(詩人)에 대한 논의를 했다).[17)]

는 부인성(夫人城)이라고도 한다. 당시(唐詩)를 상징함.

11) 원문의 '수수(秀水)' : 송(宋) 나라 수도(首都). 절강성(浙江省) 소재. 송시(宋詩)를 상징함.

12) 수원(隨園) : 청(淸) 시인(詩人) 원매(袁枚, 1716~1797)의 호. 전당인(錢塘人). 자는 자재(子才), 호는 간재(簡齋). 건륭(乾隆) 시대에 진사에 급제하여 여러 벼슬을 거치다가, 부친상(父親喪) 이후로는 귀향하였다. 시는 성령(性靈)을 주장했고, 부녀(婦女) 문학을 인정하였으므로 추종하는 여류(女流)가 많았다. 저서로는 『수원시화(隨園詩話)』·『소창산방집(小倉山房集)』이 있다.

13) 원문의 '교쾌(狡獪)' : 아희(兒戲), 유희(遊戲).

14) 계림(鷄林) : 조선(朝鮮)을 말함.

15) 양당(兩當) : 황경인(黃景仁)의 서실명(書室名).

16) 원문의 '호래(蒿萊)' : 들풀, 잡초. 무덤이란 말.

17) 『해린척소』, 왕희손(汪熹孫) 편지(1837. 01. 14)에, "--- 건륭 이후의 시인(詩人)은 중칙(仲則) 황경인(黃景仁, 兩當)이 최고이고, 동방(東邦)에 그의 문집(文集)이 있다고 들었습니다---(乾隆以後詩人 黃仲則爲之最 東邦聞有其集)."라고 하였다.

酒酣敲折靑珊瑚	술 취해 벼슬길[18])도 마다하고[19])
雕蟲小技愧壯夫	시시한 문장 따위[20])는 대장부가 부끄럽게 여긴다오
胸中鬱鬱有經濟	가슴 속엔 가득 경세제민의 뜻이 있었고
眼底書生不得意	서생 따윈 눈에 차지 않아 제 뜻을 펴지 못했었네

自註 : 謂石洲(석주[21])를 말함).

吳生畵手今虎頭	오준[22])의 그림 솜씨는 고개지[23]) 같은 인물

---

18) 원문의 '산호(珊瑚)' : 큰 벼슬을 지칭함. 청 나라 때 길복(吉服)으로, 관(冠) 머리에 산호로 장식을 했다.

19) 장목(張穆)은 1839년 순천향시(順天鄕試) 때에 술을 가지고 시험장(試驗場)에 들어갔다가 발각되어 다시는 시험을 못보게 되었다.『은송당속집(恩誦堂續集)』, 권9, 〈장석주의『은재집』뒤에 쓴다(題張石洲月齋集後)〉에, "기이한 문자를 물으러 자운(子雲)이 사는 집에 갔더니, 바람과 눈은 거셀 때는 홀로 문을 닫았다. 시험에 쫓겨난 것은 단지 지나치게 술을 좋아한 때문이었고(問奇曾訪子雲居 風雪崢嶸獨閉廬 黜試只緣偏嗜酒(自註 (일찍이 술을 가지고 시험장에 들어가다가 들켜서 쫓겨나게 되어 다시는 시험에 응시하지 않았다(嘗携酒入闈 被搜擯斥 不復應試)."라고 하였다.

20) 원문의 '조충소기(雕蟲小技)' : 지엽적인 작은 재능. 곧 문장이나 시를 짓는 행위를 우습게 본다는 의미.

21) 석주(石洲) : 장목(張穆)의 호.

22) 오생(吳生) : 〈해객금준제이도(海客琴尊第二圖)〉를 그린 오준(吳儁)을 말함.

23) 원문의 '호두(虎頭)' : 진(晉) 나라 화가(畫家) 고개지(顧愷之)를 말함. 자는 장강(長康)·호두(虎頭)이고, 강소성(江蘇省) 무석(無錫)에서 태어났다. 생몰연대는 분명하지 않으나 의희 연간(義熙年間 : 405~418) 초기에 산기상시(散騎常侍)가 된 얼마 후 62세로 죽은 듯하다. 364년 건강(建康 : 지금의 南京)에 있는 와관사(瓦官寺) 벽면에 유마상(維摩像)을 그려 처음으로 화가로서 이름을 나타내었다. 초상화와 옛 인물을 잘 그려 중국회화사상 인물화의 최고봉으로 일컬어진다.

先貌中朝第一流　먼저 중국 제 일류를 그렸다네
方今海宇告淸宴　지금 막 해내[24] 천하가 안정[25]되었다고 하니
如砥河流安竹箭　하수에도 버티고[26] 빠른 물살[27]에도 안전하겠지
春晴嵐翠撲人衣[28]　갠 봄날 아지랑이가 사람의 옷을 자극하고
諸公好作山亭[29]燕　여러분들은 산정의 모임을 좋아했다네
幾度尋思翰墨因　몇 번이나 한묵(翰墨) 인연 생각했던가
東風十丈輭紅塵　동풍에 먼지는 높이 날아 오르네
流[30]連不到花生日　그대로 머무르며 2월 2일[31]이 오지 않았

24) 원문의 '해우(海宇)' : 해내(海內)와 같음. 국경 이내의 지역.
25) 원문의 '청연(淸宴)' : 하청해연(河淸海宴)의 이칭. 곧 하청해안(河淸海晏)과 같다. 황하수는 맑고, 넓은 바다에 파도가 잔잔해짐(黃河水淸 滄海波平). 천하 태평을 상징함.
26) 원문의 '지하류(砥河流)' : 하수 물결을 막고 버팀. 굳세고 강건함을 비유. '중류지주(中流砥柱)'의 고사. 주희(朱熹)의 〈진시랑에게 주는 글(與陳侍郎書)〉에서, "이공(二公)이 조정에 있는데 천하 사람들이 우러러 보았다. 우뚝이 서있는데 하수 물살 가운데 버티고 있는 지주(砥柱)와 같아서 믿는 바가 있어 두려워 하는 것이 없다(二公在朝 天下望之 屹立若中流之底柱 有所恃而不恐)."라고 하였다.
27) 원문의 '죽전(竹箭)' : 대나무로 만든 날카로운 화살. 『신자(愼子)』 〈일문(佚文)〉에, "하수 아래 용문은 그 물살이 화살처럼 빨라서 사마(駟馬)로도 좇아갈 수가 없었다(河之下龍門 其流駛如竹箭 駟馬追弗能及)."고 하였다. 나중에 죽전은 물살이 빠른 것을 비유한다.
28) '衣' : 『중외창수집(中外唱酬集)』에는 '來'로 되어있다.
29) '亭' : 『중외창수집(中外唱酬集)』에는 '園'로 되어있다.
30) '流' : 『중외창수집(中外唱酬集)』에는 '留'로 되어있다.

으면 했는데

楊柳依依又送人　버드나무 흔들거리는 날 또 친구를 전송하네

是集之後 越十三日 余邀藕船 及仲遠 偉卿 順之 補之 玉泉 鑑齋 小飮 夜半風痺疾作危甚 仲遠藥之愈 旣不能歸耕 欲如阮裕之曲躬 二郡勢不可得 南陽婆娑良足嘅已 去冬 仲遠之官武昌 順之 鑑齋先後假歸 今頌南 又解組而去 西飈東浪不知會合何時也 丙午五月二十日艮甫 曹楙堅 識於都門廙齋 卽寄仲遠

이 모임이 있은 뒤 13일이 지난 후[32] 내가 우선(藕船)과 중원(仲遠)·위경(偉卿)·순지(順之)·보지(補之)·옥천(玉泉)·감재(鑑齋)를 초청하여 작은 술자리를 마련했을 때 한 밤에 풍비질(風痹疾)이 발작하여 매우 위태롭게 되었는데, 중원(仲遠)이 약으로 치료해서 나았다. 이미 고향으로 돌아가 농사를 지을 수도 없는 입장이 되어,

31) 원문의 '화생일(花生日)' : 꽃피는 아침. 옛날 풍속에 2월 12일을 온갖 꽃들의 생일이라고 한다. 일설에는 2월 초2일이라고도 한다. 이상적이 귀국하기로 예정된 날짜가 바로 이날 2월 2일이다.

32) 이 날은 곧 1월 26일로서 조무견이 여러 사람을 초청하여 음시(吟詩)하였다. 『해린척소』 장요손, 제6신, (1845. 01. ??)에, "(상략) 26일에는 간보(艮甫 曹楙堅)의 처소에서 모실 것인데, 위경(偉卿; 吳贊)도 또한 그 자리에 있을 것입니다. 우선(藕船) 인형(仁兄)의 평안을 바랍니다. 요손은 머리 숙입니다(卄六日當在艮甫處奉陪偉卿亦在坐也此請藕船仁兄大安　曜孫頓) (하략)."라고 하였다. 그 밖에도 '반증위 11신, 14신에도 이런 모임의 기록이 있다.

완유(阮裕)[33]처럼 몸을 굽히려고 했으나 두 고을의 형세가 어떻게 할 수 없이, 남양(南陽)의 기세가 쇠퇴하게 되었으니 참으로 안타까운 노릇이다. 지난 겨울에 중원이 무창(武昌)으로 벼슬 살러 갔고, 순지와 감재는 앞서거니 뒤서거니 휴가를 얻어 돌아갔고, 지금 송남이 또 벼슬을 내놓고 떠나갔다. 서쪽의 회오리바람과 동쪽의 풍랑이 한꺼번에 일어나니 언제나 만나게 될지 모르겠다. 병오년[1846] 5월 20일 간보(艮甫) 조무견(曹楙堅)은 도문(都門) 우재(寓齋)에서 기록해서 곧장 중원에게 부친다.

---

33) 완유(阮裕) : 진(晉) 진류(陳留) 울지인(尉氐人). 자는 사광(思曠). 방(放)의 아우. 벼슬은 임해(臨海)·동양(東陽) 태수, 금자광록대부(金紫光祿大夫)를 지냈으며, 논변(論辨)이 정밀했다. 왕돈(王敦)의 명으로 주부(主簿)가 되었으나, 왕돈이 반역할 마음이 있음을 알고 율양령(溧陽令)으로 나갔다가 면직되어 왕돈의 난에 화를 면하였다. 《참고문헌》『진서(晉書) 49』

반증영(潘曾瑩)

반증영(潘曾瑩, 1808~1878) : 강소성 오현인(吳縣人). 자는 신보(申甫)·성재(星齋). 반세은(潘世恩)의 차자(次子), 반증기(潘曾沂)의 제(弟), 북경(北京)에서 출생. 도광 21년[1841]에 진사에 오르고, 서길사(庶吉士), 이부좌시랑(吏部左侍郎), 전시열권대신(殿試閱劵大臣)을 지냈다. 역사(歷史)와 화(畫)에 뛰어났으며, 저서로는 『사금당경진문고(賜錦堂經進文藁)』·『제화시(題畵詩)』·『화품(畵品)』·『묵연소록(墨緣小錄)』이 있다. 《 참고문헌》 유월(俞樾)의 『춘재당잡문육편(春在堂雜文六編) 3』.

4. 반증영의 제사

1846년

仲遠不羈才　중원(仲遠)의 얽매이지 않는 재능과
豪氣那可及　호탕한 기개를 어찌 따라가랴
詩名播鷄林　시를 잘 한다는 명성은 계림에 퍼졌고
琳琅富篇什　훌륭한 문장[1]은 십여 편이나 된다네
良會我未逢　내가 그 멋진 모임에 참석 못했으나
西園傳雅集　서원(西園)[2]에 아집도(雅集圖)가 전해와서
指點畫圖中　그림 속을 짚어보니
猶帶海雲濕　아직도 바다에 구름이 축축함을 띠고 있구려

星齋潘曾瑩題　성재(星齋) 반증영(潘曾瑩)은 짓는다.

---

1) 원문의 '임낭(琳琅)' : '琳瑯'으로도 쓴다. 아름다운 사물을 지칭하는 것으로, 아름다운 시문(詩文)을 말한다.
2) 서원(西園) : 시인 묵객들이 모여 즐기던 곳을 지칭. 송(宋) 나라 소식(蘇軾)·황정견(黃庭堅)·진관(秦觀)·조무구(晁无咎) 등이 서원(西園)에 모였는데, 당시 사람들이 서원아집도(西園雅集圖)를 그렸다. 미불(米芾)과 양사기(楊士奇)에게 모두 『서원아집도기(西園雅集圖記)』가 있다.

섭명례(葉名澧)

섭명례(葉名澧, 1811~1859. 08. 01) : 호북성(湖北省) 한양인(漢陽人). 자는 윤신(潤臣), 호는 단사생(端四生)·한원(翰源), 서실명(書室名)은 교서노옥(橋西老屋, 北京 宣武區 虎坊橋에 있다). 섭지선(葉志詵)의 차자(次子). 귀족 가문임에도 불구하고 검소하였다. 절강(浙江)으로 가던 도중 형 섭명침(葉名琛)의 사망 소식을 듣고 슬퍼한 나머지 병으로 사망하였다. 1837년에 거인(擧人) 공헌이(孔憲彝)와 동년(同年)으로, 내각중서시독(內閣 中書 侍讀), 중한(中翰)을 거쳐, 1859년에 외지(外地)로 나갔고, 절강(浙江) 도원(道員)으로 근무하였다. 산양(山陽)의 반덕여(潘德輿)를 스승으로 삼았으며, 『주역(周易)』·『이아(爾雅)』·금석문(金石文)을 좋아하였고, 시(詩)에 뛰어났다. 저서로는 『돈숙호재시초편(敦夙好齋詩初編)』·『귀취도(鬼趣圖)』·『교서잡기(橋西雜記)』·『기무집(沂潕集)』이 있다. 옹방강(翁方綱)의 증손녀(曾孫女)가 몰락하여 초라하게 사는 것을 보고 구해내어 자기 딸로 삼아 명문가(名門家)의 자식에게 시집보냈다. 《 참고문헌》『청인학술필기제요(淸人學術筆記提要)』.

5. 섭명례의 제사

1846년 12월

慶雲無私被[1]　오색 구름은 사사로이 덮어주지 않고
糺縵荒諏同　멀고 먼 벽촌에도 똑같이 둘려 있네
故人海上至　바다 멀리 친구가 찾아와
邂逅欣相從　뜻밖에 반갑게 만나
擧觴復援軫　술잔 들고 수레를 붙잡으니
聊慰飢渴衷　그런대로 보고팠던 마음이 달래진다
日月不恒處　해와 달이 한 곳에 머물 수 없듯이
歡愛難久蹤　반가워하면서도 오래도록 만날 수 없겠지
明晨隔川岳　내일 아침이면 산과 바다 멀리 떨어지리니
岐路多悲風　갈림길에 서글픈 바람만이 거세게 분다네
成言信不渝　약속은 참으로 변하지 않고
令德無異崇　훌륭한 덕은 달리 숭상할 수 없네
楊柳覆賓館　버드나무는 나그네 숙소를 덮었는데
星紀屢[2]云終　올 해[3]도 저물어 간다고 하네
眷言列坐侶　돌아보니 그 자리에 줄지어 앉았던 친구들

---

1) '慶雲無私被'가 『한객시존(韓客詩存)』에는 '卿雲麗曦曜'로 되어 있다.
2) '屢'가 『한객시존』에는 '將'으로 되어 있다.
3) 원문의 '성기(星紀)' : 별 이름. 12차(十二次)의 하나로 십이진(十二辰)의 축(丑)에 상대하는 별로서 28수(二十八宿) 중 두성(斗星)과 우성(牛星)에 속한다. 널리 세월을 지칭한다.

寥廓猶萍蓬　쓸쓸하기는 부평초나 쑥[4]과도 같구려
掩卷憶江漢　책 덮고 가로막힌 강물[5]만 바라보다가
翹首歸飛鴻　머리를 들어보니, 기러기가 되돌아 가네[6]

4) 원문의 '평봉(萍蓬)' : 부평초와 흩날리는 쑥 같이 떠돌아 다님. 발걸음에 정처가 없음을 비유.
5) 원문의 '강한(江漢)' : 강 너머 있는 님과 서로 만날 수 없음을 비유. 『시경』「주남(周南)」〈한광(漢廣)〉에, "남쪽에 큰 나무가 있지만 쉴 수가 없구나, 한수에 헤엄치는 여자가 있지만 꼬일 수가 없구나. 한수는 넓어서 자맥질할 수 없으며, 강수는 길어서 뗏목으로도 건널 수 없구나(南有喬木 不可休息 漢有游女 不可求思 漢之廣矣 不可泳思 江之永矣 不可方思)."라고 하였다.
6) 『한객시존』p.104에는 1847년 12월로 되어 있다.

반희보(潘希甫)

반희보(潘希甫, 1811~1858) : 강소성 오현인(吳縣人). 자는 보생(保生), 호는 보지(補之). 반준기(潘遵祁)의 종제(從弟). 벼슬은 사인(舍人). 〈세한도(歲寒圖)〉에 찬을 지었다. 《참고문헌》 풍계분(馮桂芬)의 『현지당고(縣志堂稿) 7』.

6. 반희보의 제사

1847년 2월

繞屋梅花一夕開	집에 빙 둘려있는 매화가 하루 저녁에 피니
平泉此集記追陪	평천[1]의 이 모임을 따라다니던 일[2] 생각나네
泥鴻留印新圖在	진흙에는 기러기 발자욱[3] 찍힌 새로운 그림에 남아있고
海燕逢春去思催	제비[4]는 봄을 맞아 떠날 생각 재촉한다오
客座如雲憐別易	구름 같은 손님들과 쉽게 헤어지는 게 안타까워
仙查貫月報詩來	사신의 배[5]를 타고 시인이 왔다고 알리네

1) 평천(平泉) : 북경(北京) 직예(直隸) 승덕부(承德府)의 한 주(州) 이름.

2) 반희보가 이 모임에서 〈세한도〉에 찬(贊)을 지은 적이 있다. 그 일을 서술하는 듯하다.

3) 원문의 '니홍(泥鴻)' : 설니홍조(雪泥鴻爪)의 약칭. 눈 덮인 진흙에 기러기 발자취. 곧 눈만 녹으면 기러기 자취는 당장 없어진다는 말. 소식(蘇軾)의 〈화자유민지 회구시(和子由澠池懷舊詩)〉에 "인생 지나가는 곳은 어떻게 되나, 아마도 기러기가 눈 덮인 진흙을 밟는 것 같으리라. 진흙에 우연히 발자국을 남겼다가, 기러기가 날아가면 누가 동(東)인지 서(西)인지 알쏘냐(人生到處知何事 應似飛鴻踏雪泥 雪上偶然留指瓜 鴻飛那復計東西)."

4) 원문의 '해연(海燕)' : 제비의 별칭. 옛사람들은 '제비 새끼가 남방에서 태어났다가 바다를 건너 온다'고 해서 붙여진 이름.

5) 원문의 '선사관월(仙査貫月)' : 선사(仙槎)와 같으며, 사신(使臣)으로 다님을 상징한다. 전진(前秦) 왕가(王嘉)의 『습유기(拾遺記)』 「당요(唐堯)」에, "선사는 항상 떠서 사해(四海)를 도는데 12년에 하늘을 한 번 돈다. 한 바퀴 돌고는 다시 시

武昌賢宰彈琴暇　무창의 어진 원님[6] 거문고 타는 여가에
夢向滄波跨鯉回　꿈 속에나마 바다 물결 헤치고 잉어 타고 돌아오겠지

丁未 仲春 補之 潘希甫 寄題

정미년[1847] 중춘 2월 보지(補之) 반희보는 지은 것을 보낸다.

작하는데 일명 관월사(貫月査)라고 한다(仙査常浮繞四海 十二年一周天 周而復始名貫月査)."라고 하였다. 관월(貫月)은 전설상 빛을 발하는 배[舟]. 요임금 때 서해(西海)에 있었다고 한다.

6) 원문의 '무창현재(武昌賢宰)' : 당시 장요손(張曜孫)이 무창 현령(縣令)으로 있었으므로 그를 지칭한다.

하소기(何紹基)

하소기(何紹基, 1798~1873) : 호남성(湖南省) 도주인(道州人). 자는 자정(子貞), 호는 동주(東洲)·원수(猿叟)·원수(蝯叟). 하능한(何凌漢)의 아들. 도광 16년[1836] 진사에 오르고, 한림원 편수, 사천학정(四川學政)을 지냈다. 장목(張穆)·풍지기(馮志沂)·허신신(許信臣)과 가까웠고, 글씨는 이병수(伊秉綬)와 필적하였다. 왕홍(王鴻) 선모(先母)의 〈묘지명(墓誌銘)〉을 지었다. 『소학(小學)』에 정통하였고, 육경자사(六經子史)를 섭렵하였으며, 금석학(金石學)과 글씨로 유명했다. 저서로는 『하소기종죽일기(何紹基書種竹日記)』·『동주초당금석발(東洲草堂金石跋)』·『동주초당시문초(東洲草堂詩文鈔)』·『석도미재경설(惜道味齋經說)』·『설문단주교정(說文段注校正)』이 있다. 《참고문헌》 하경함(何慶涵)의 『면금각유문(眠琴閣遺文)』.

7. 하소기의 제사

1848년 정월, 경저(京邸)에서

萬樹春煙綠漸鋪 온 숲에 아지랑이 끼고 녹음은 점점 깔리는데

題襟投轄萃閎儒 회포 풀러[1] 수레빗장 던지며[2] 선비들 모였구나

要知中[3]外同文意 중국과 외방의 문자를 같이하는 의의를 살펴보니

看到琴尊第二圖 〈해객금준제이도〉에 보이는구나

海國唫蹤幾鴻雪 바다 밖 나라에서 몇 번이나 시 읊으며 기러기처럼 왔었나

自註: 藕船此後來京(우선(藕船)이 이 뒤에도 북경에 왔다.)

江天別思滿菰蒲 강물 위 하늘 보니 이별 생각이 호수[4]에 가득하다네

---

1) 원문의 '제금(題襟)' : 회포를 기록함. 당(唐) 온정균(溫庭筠)·단성식(段成式)·여지고(余知古)가 수창한 『한상제금집(漢上題襟集)』이 있다.

2) 원문의 '투할(投轄)' : 손님을 반기는 모습. 『한서(漢書)』 「유협전(游俠傳)」 〈진준(陳遵)〉에, "진준(陳遵)이 술을 좋아하여 매양 많이 마시는데 빈객이 집에 가득 있으면 번번히 문을 닫고 손님의 수레에서 빗장을 취하여 우물에 던져, 비록 아무리 급해도 끝내 가지 못하게 하였다(遵耆酒 每大飮 賓客滿堂 輒關門 取客車轄投井中 雖有急 終不得去)."고 하였다.

3) 이춘희의 앞의 논문에는 '中'이 '海'로 되어있다. 《 참고문헌》 『동주초당시초(東洲草堂詩鈔)』

4) 원문의 '고포(菰蒲)' : 호택(湖澤)을 지칭함

無端離合傷懷抱　이유 없는 이별과 만남에 그리움의 마음 아픈데

酒醒空亭月一觚　술 깬 텅 빈 정자에는 달만 외로이 비치네

自註 : 圖中諸君 若陳頌南 姚湘坡 趙伯厚 莊衛生 汪鑑齋 馮景亭 潘順之補之 及仲遠俱不在都 (그림 속에 있는 진송남·요상파·조백후·장위생·왕감재·풍경정·반순지·반보지 그리고 중원 같은 이들은 모두 도성에 있지 않다.)

戊申 初春 道州 何紹基 題於京邸

무신년[1848] 초춘 정월 도주(道州) 하소기는 경저(京邸)에서 짓는다.

풍배원(馮培元)

풍배원(馮培元, 1813～1853) : 절강성(浙江省) 항주인(杭州人, 仁和人). 자는 인백(因伯), 호는 소정(小亭). 도광 24년[1844] 진사(進士)에 오르고, 편수(編修)를 거쳐, 함풍 연간에 시강학사(侍講學士)를 맡았고, 호북(湖北)에 독학(督學)으로 있었다. 홍수전(洪秀全)이 무창(武昌)을 함락했을 때 죽었다. 시호는 문개(文介). 《 참고문헌》 동패(董沛)의 『정의당문집(正誼堂文集) 14』.

8. 풍배원의 제사

1851년 윤 8월 25일 초북(楚北)에서

1)

見說張京兆 듣자니 장경조[1]의
詩名海外知 시명(詩名)이 해외에 널리 알려졌다 하는데
琴尊消永晝 거문고와 술로 기나긴 낮을 보내고
雲樹寄相思 구름 낀 나무[2] 보며 그리움을 부친다
陳迹留鴻爪 묵은 자취는 기러기 발톱처럼 남아 있고
緇塵感鬢絲 세속의 티끌[3]은 귀밑머리 흰 데서 느껴지네
烟波渺無際 안개 낀 강호[4]는 아득해서 끝이 없는데
望遠倒吟巵 멀리 바라보며 시 읊고 술잔 기울이네

---

1) 장경조(張京兆) : 한(漢) 나라 장창(張敞)을 지칭함. 일찍이 경조윤(京兆尹)이 되었을 적에 사람들이 그를 장경조(張京兆)라고 불렀다. 『한서(漢書)』 「장창전(張敞傳)」에, "장창이 경조가 되었을 적에 조정에 매양 중요한 의논이 있을 때마다 고금(古今)을 인용하여 처리가 편리하게 하자 공경(公卿)들이 모두 탄복하고 천자(天子)는 그 의견을 자주 따랐다(敞爲京兆 朝廷每有大議 引古今 處便宜 公卿皆服 天子數從之)."라고 하였다.
2) 원문의 '운수(雲樹)' : 벗을 그리워하는 마음. 두보(杜甫)의 〈봄날 이백을 그리워하며(春日憶李白)〉에, "위수 북쪽 봄날의 나무 한 그루, 장강 동쪽 해질녘 구름이로다(渭北春天樹 江東日暮雲)."라고 하였다.
3) 원문의 '치진(緇塵)' : 세속의 더러운 때.
4) 원문의 '연파(煙波)' : 연기와 안개가 잔뜩 낀 수면(水面). 또는 세상을 피해 은거한 강호(江湖)를 지칭함.

2)

雅集傳圖畫 멋진 모임[5]이 그림[6]으로 전해지는데
開尊屬詠歌 술통 열고 노래가 이어지네
浮名淸興少 헛된 명성엔 맑은 흥취가 적고
宦海舊交多 벼슬하는 현장에는 친구들 많다네
落日燕臺影 연경[7]에는 석양 그림자 지고
西風鄂渚波 악저[8]에는 서풍에 물결이 이는데
昔遊一回首 옛날 놀던 곳을 머리 돌려 보니
幽夢隔烟蘿 그윽한 꿈이 이내와 초목[9]에 막혔구나

---

5) 원문의 '아집(雅集)' : 1845년 1월 13일에 있었던 〈세한도(歲寒圖)〉 관람 모임을 말함.
6) 원문의 '도화(圖畵)' : 〈해객금준제이도(海客琴尊第二圖)〉를 말함.
7) 원문의 '연대(燕臺)' : 연경(燕京)을 말함.
8) 악저(鄂渚) : 호북성(湖北省) 무창(武昌) 황학산(黃鶴山) 부근 장강(長江) 유역에 있었다고 하는 모래섬. 당시 풍배원이 근무하던 곳으로 추측된다.
9) 원문의 '연라(煙蘿)' : 초목이 무성하며, 이내가 끼어 있고 여라가 둘려있음. 또는 은거하거나 수행하는 곳을 말함.

3)

詩價鷄林播 시인 장요손의 명성이 계림에 퍼졌다는 것은
鬚眉想像中 수염과 눈썹만 봐도 상상이 간다네
萍蹤懷舊雨 정처없이 떠돌다 옛친구 생각하며
花縣坐春風 꽃피는 마을[10]에서 봄바람 맞이했네
赤緊催科拙 어쩔 수 없는 세금 독촉 서툴고[11]
紅閨屬句工 규중 아녀자가 지은 글귀 공교롭네
披圖緬陳迹 그림을 펼치고 자취를 생각하니
感慨昔人同 아아! 옛날 그 사람들이구려

咸豊 紀元 閏八月 廿又五日 楚北闈後 行將入都 剪燈作此時譙樓已三鼓矣 小亭 馮培元

함풍 기원[1851] 윤 8월 25일 초북(楚北)에서 향시(鄕試)를 마친 뒤에 장차 도성(都城)으로 들어가려는 즈음 등잔불의 불똥을 제거하며 이 글을 짓는다. 이 때 초루(譙樓)에선 벌써 북이 세 번 울렸다. 소정(小亭) 풍배원.

---

10) 원문의 '화현(花縣)' : 『백공육첩(白孔六帖) 77』에, "진(晋) 나라 반악(潘岳)이 하양령(河陽令)이 되었을 적에 고을 전체에 복숭아를 심자 사람들이 말하기를 하양은 온 고을이 꽃이다(晋潘岳爲河陽令, 滿縣遍種桃花, 人稱 "河陽一縣花)."라고 하였다. 뒤에는 "花縣"이 현(縣)의 미칭(美稱)으로 통용되었다.

11) 원문의 '적긴(赤緊)' : '어쩔 수 없이'라는 의미.

완복(阮福)

완복(阮福, 1802~1875) : 강소성 의징인(儀徵人). 자는 사경(賜卿)·희재(喜齋). 완원(阮元)의 3子(謝氏 出), 부인(夫人)은 허씨(許氏). 1854년 호북성(湖北省) 의창(宜昌) 태수(太守), 1861년 의창(宜昌)에 있었으며, 감숙(甘肅) 평량부(平涼府) 지부(知府)를 지냈다. 저서로는 『효경의소보주(孝經義疏補注)』·『영주필담(瀛洲筆談)』이 있다. 《참고문헌》『청대관원이력당안전편(清代官員履歷檔案全編) 25』.

9. 완복의 제사

1856년 11월 상한(上澣)

張仲遠作海客琴尊圖 余有顧祠春禊圖 近來京師文雅譚燕之盛 見於圖畫 未有能三之者也 圖中諸君子若曹艮甫 陳頌南 趙伯厚 張石洲 潘季玉 莊衛生 馮景亭 皆春禊圖中所有 余曾爲仲遠作詩而 未與琴尊之集 余作春禊圖時 仲遠亦未與 偶不相値 遂成間闊 今日郎官 湖上 一劇吏 一散人 素心 晨夕相視而笑 蕭然物外之契 又豈在畫圖 題詠之末迹乎 因獲重觀漫記數語 咸豊壬子季春望前二日 何紹基 時將東行爲匡廬之游 仲遠牽於官職不得相從也

중원 장요손은 〈해객금준도(海客琴遵圖)〉를 만들었고, 나에게는 〈고사춘계도(顧祠春契圖)〉가 있는데 근래 경사(京師)에서 문사들이 서로 모여 담론하는 융성함이 그림에 보이니 세 번째 그릴 자가 있지 않겠는가. 그림 속 여러 군자 중 조간보·진송남·조백후·장석주·반계옥·장위생·풍경정 같은 이들은 모두 〈고사춘계도〉 속에 있는 분들이다. 내가 일찍이 중원을 위해 시를 지었는데 거문고 타고 술 마시는 모임에는 참여하지 못했다. 내가 〈고사춘계도〉를 만들 당시 중원도 역시 참여하지 못했으니 우연히 서로 만나지 못하였다. 그리하여 결국은 오랜 시간이 흐른 것이다. 지금 낭관(郎官)

으로 호상(湖上)에 나오니 바쁜 사무나 처리하는 관리[1]이며 아무짝에도 쓸모 없는 사람[2]이 되었다. 본래 아침 저녁으로 서로 보고 웃으며 우아하게 물외(物外)를 벗어난 우정을 맺으려 했으니, 또 어찌 그림을 그리고, 제영(題詠)을 하는 말적(末迹)에다 마음을 두었겠는가. 인하여 다시 보고 부질없이 두어 마디 기록한다. 함풍 임자년[1852] 계춘 3월 망전 2일(望前二日) 13일. 하소기(何紹基)는 당시 동쪽으로 광려산(匡廬山)에 놀러가려고 하였으며 중원(仲遠)은 관직에 매달려 만날 수가 없었다.

在昔漢使尋河源	옛날에 한나라 사신 장건[3]이 하수(河水)의 근원을 찾아갈 적에
乘槎直至牛斗垣	뗏목을 타고 곧장 두우궁(斗牛宮)[4]에 이르렀다가

---

1) 원문의 '극리(劇吏)' : 관부(官府) 중 번잡하고 급한 업무를 처리하는 관리.

2) 원문의 '산인(散人)' : 평소에 쓸데 없는 사람. 또는 세상에 쓰이지 않는 사람을 말함.

3) 원문의 '한사(漢使)' : 한(漢) 나라 사신(使臣)인 장건(張騫)을 말함. 『형초세시기(荊楚歲時記)』에, "한 나라 장건이 명을 받아 사신으로 서역(西域) 등 하수(河水)의 근원을 찾아가는데, 뗏목을 타고 몇 달을 가서 한 성시(城市)에 이르렀다. 그곳에 한 여자가 방안에서 베를 짜고 있었으며, 또 한 남자가 소를 끌고 하수(河水) 물 먹이는 것을 보았다. 뒤에 직녀가 준 지기석(支機石)을 가지고 돌아왔다(漢張騫奉命 出使西域等河源乘槎經月 到一城市 見有一女在室內織布 又見一男子牽牛飲河 后帶回織女送給他的支機石)."라고 하였다.

4) 두우궁(斗牛宮) : 남두성궁(南斗星宮)과 견우성궁(牽牛星宮)을 지칭함.

歸來識得支機石	돌아올 때에 지기석(支機石)을 얻었는데
方悟神仙與晤言	바야흐로 신선(神仙)과 만났다는 것을 알았다네
玆有僊客航海至	여기 어느 신선이 바다에서 배를 타고 왔는데
簪纓世處朝鮮地	조선 대대로 고귀한 관리로서
靑蓮後身本詩人	청련(靑蓮)[5]의 후신(後身)이며 본래 시인(詩人)인데
藕大如船取爲字	배[舟]만큼 큰 연꽃잎에서 자(字)를 삼았네[6]
藕船之師金阮堂	우선(藕船)의 스승은 완당 김정희인데
楷庭桃李列門墻	가르치는 뜰에 제자[7]들이 줄지어 섰네
海外自稱爲弟子	해외에서 자칭 제자라는 이들이
一瓣敬祝爇心香	한 마음으로 경축하며 향을 살라 스승으로 받들며[8]

5) 청연(靑蓮) : 당나라 시인 이백(李白)의 자(字). 이상적이 같은 이씨이므로 그의 후신이라고 하는 것이다.

6) 이상적의 호가 우선(藕船)이다.

7) 원문의 '도리(桃李)' : 우수한 인재가 많은 사문(師門). 당 나라 적인걸(狄仁傑)이 길러낸 문제자(門弟子)가 많아 측천무후(則天武后)에게 자주 장군과 정승을 추천하자 어떤 사람이 '천하의 도리(桃李)가 모두 공의 문하에 있다'고 한 데서 유래한다. 『자치통감(資治通鑑)』「당 측천무후 구시 원년(唐則天武后久視元年)」에, "인걸이 또 일찍이 하관시랑(夏官侍郞)을 추천하자 요원숭(姚元崇) 등 수십 명이 모두 명신(名臣)이 되었다. 혹자가 인걸에게 말하기를 '천하의 도리가 모두 공의 문하에 있다'고 하였다(仁傑又嘗薦夏官侍郞 姚元崇 等 數十人 率爲名臣 或謂仁傑日 天下桃李 悉在公門矣)."라고 하였다.

贈以經解千餘卷	『황청경해(皇淸經解)』[9] 천여 권을 보내
欲敷文敎鷄林徧	계림의 문교(文敎)를 두루 넓혀주려고
琅函錦笈什襲藏	보배같은 상자에 열 겹이나 포장하였으니
寶若嫏環書未見	천제(天帝)의 서고(書庫)[10]에서도 볼 수가 없었던 것
昨聞解組海島居	들으니 벼슬을 내놓고 바다 멀리 귀양갔다고 하니
豈爲傳經在艸廬	어떻게 귀양 사는 초가집에 경서(經書)를 전해주었을까
藕船定已承衣鉢	우선(藕船)은 정말로 의발(衣鉢)[11]을 계승하여

---

8) 원문의 '일판(一瓣)' : 일판향(一瓣香)이라고도 한다. 향기의 형태가 과판(瓜瓣)과 같은 것으로서 스승의 도통을 이어받음을 일컫는다. 세속에 숭배자에게 절하는 것을 판향이라고 한다. 또는 일판심향(一瓣心香)이라고도 한다.

9) 원문의 '경해(經解)' : 『황청경해(皇淸經解)』를 말함. 중국 청나라 도광(道光) 9년[1829]에 완원(阮元)이 그의 제자 엄걸(嚴杰) 등과 함께 청나라 여러 유학자의 경서, 고전 따위의 해석을 모아 엮은 책. 청나라 고증학의 정수를 수록하였다. 모두 1,400권. 완복은 1831년 10월 당시 입연(入燕) 중이던 이상적에게 보내 추사 김정희에게 전달해주도록 부탁하였다.

10) 원문의 '낭환(琅環)' : 천제(天帝)의 서고(書庫) 이름.

11) 의발(衣鉢) : 삼의(三衣)와 바리때. 이 두 가지는 승려의 가장 중요한 물건으로, 선가(禪家)에서 제자에게 도(道)를 수여(授與)하는 것을 의발수수(衣鉢授受)라고 한다. 『전등록(傳燈錄)』「칠불천축조사(七佛天竺祖師)」에 "이 때 세존이 이 게(偈)를 설법한 뒤에 다시 가섭에게 말하기를 '내가 장차 금루승가리의(金縷僧伽梨衣)를 너에게 전해주노니 보처(補處)에 전수하여 자씨불(慈氏佛)이 세상에 나올 때까지 훼손시키지 못하게 하라'(爾時世尊 說此偈已 復告迦葉 吾將金縷僧伽梨衣 傳付於汝 轉授補處 至慈氏佛出世 勿令朽壞)."고 하였다.

破浪乘風壯志舒　파도와 바람을 헤치고 장한 의지를 펼쳤지

廻憶辛卯幄手歡　돌아보고, 신묘년[12]에 손잡고 반갑게 맞은 일 회상하니

亦曾詩酒相盤桓　시 짓고 술 마시며 함께 서성거렸었는데

迄今二十有六載　어언 26년이 흘러

停雲落月思漫漫　멈춘 구름[13]과 지는 달빛[14]에 그리움이 끝없구나

張騫博物洵英流　장건[15]처럼 많은 지식은 참으로 광채 나니

寰海知名樂與儔　온 나라에 그 이름을 아는 사람들이 벗으로 인정한다

藕船乙巳復來貢　우선이 을사년[1845]에 다시 사신으로 와서

第二琴樽又唱酬　두 번째로 거문고 타고 술 마시며 시를 지

12) 신묘년(辛卯年) : 1831년. 그 당시 의극중(儀克中)이 무량선실(無量禪室)로 이상적(李尙迪)을 초대했는데 그 자리에 완복을 비롯하여 이원경(李元慶)·수곤(秀琨)·경조(慶照)가 함께 참석하였다. 《참고문헌》『은송당집』2.

13) 원문의 '정운(停雲)' : 사모하는 마음. 도잠(陶潛)의 〈정운시서(停雲詩序)〉에, "머문 구름을 보면 친구가 생각난다(停雲思親友也)."고 하였다.

14) 원문의 '낙월(落月)' : 친구 생각. 두보(杜甫)의 〈이백을 꿈꾸고(夢李白)〉에, "지는 달이 지붕에 가득, 아직도 얼굴을 비추는 듯하다(落月滿屋梁 猶疑照顔 色)."고 하였다.

15) 장건(張騫, ?~기원전 114년)은 자는 자문(子文)이며 지금의 산서성(山西省) 성고현(城固縣) 사람. 기원 전 2세기 중국 한나라 때 여행가이자, 외교관이었으며 탁월한 탐험로 실크로드의 개척에 중대한 공헌을 하였다. 그는 한나라 때 서역으로 가는 남북의 도로를 개척하였으며, 서역의 한혈마, 포도, 석류, 복숭아 등의 물품을 가져오기도 했다.

	어주고 받았네
憾我未與蘭亭會	내가 난정의 모임[16]에는 참여하지 못한 것이 유감이나
披圖細讀如傾盖	그림을 펼치고 자세히 보니 일산을 기울이고[17] 만났던 사람들이네
紫芝眉宇似當年	멋진 눈썹[18]은 당시와 같은데
更羡奇才皆萃薈	기이한 재주들이 다 모인 게 부럽기도 하네
名作林立鸞鳳停	명작들은 빽빽하게 난새와 봉새[19]가 머문 듯
誦之三日口留馨	3일을 읊노라니 입에 향기가 맴도네
曩時殷勤多舊雨	지난 번엔 은근히 친구[20]가 많더니만
今日寥落若晨星	오늘날은 새벽별처럼 사라져가는구나
我今幸識韓荊州	내가 지금 다행히 훌륭한 형주자사[21]를 알

16) 원문의 '난정(蘭亭)' : 절강성(浙江省) 소흥(紹興) 서남(西南) 난저산상(蘭渚山上)에서 동진(東晉) 영화(永和) 9년[352] 왕희지(王羲之)·사안(謝安) 등이 모여서 연회를 한 장소. 여기서는 〈세한도〉 관람 모임을 말함.

17) 원문의 '경개(傾盖)' : 길에서 처음 만나거나 우의(友誼)를 맺음. 수레에서 만나 서로 일산을 기울이고 인사하는 데서 나옴.

18) 원문의 '자지미우(紫芝眉宇)' : 남의 잘생긴 눈썹을 말함. 『당서(唐書)』「원덕수전(元德秀傳)」에 "원덕수의 자(字)는 자지(紫芝)이다 … 방관(房琯)이 덕수를 볼 때마다 감탄하기를 '자지의 눈썹을 보면 사람으로 하여금 명리(名利)의 마음을 모두 잊어버리게 한다.'(元德秀字紫芝 … 房琯每見德秀 歎息曰 見紫芝眉宇 使人名利之心都盡)."고 하였다.

19) 원문의 '난봉(鸞鳳)' : 난새와 봉황. 매우 어진 사람을 칭송하는 말.

20) 원문의 '구우(舊雨)' : 친구를 말함. 옛날 비 올 때에는 친구가 오더니 요즘은 비가 오니 찾아오지 않는구나(舊友來 今雨不來)"에서 나온 말.

21) 한형주(韓荊州) : 당(唐) 나라 한조종(韓朝宗)이 일찍이 형주장사(荊州長史)를

게 되었으니

公與荊州共楚舟　그대는 형주자사와 함께 초나라 배를 타고

爲屛爲翰爲保障　병풍도 되고 기둥도 되며 보장(保障)까지 되어

定見麟閣圖勳猷　정말로 기린각(麒麟閣)에 공적(功績)이 그려짐을 보겠네[22]

藕船知人能取友　우선(藕船)이 사람을 알아보고 벗으로 취하여

飮醇誼洽聯巵酒　너그러운 대우에 의기가 투합하여 술을 마셨네

萬里靑雲名益彰　만리 밖 청운의 이름이 더욱 드러나

海內斯圖垂不朽　해내(海內)에 이 그림은 영원히 썩지 않고 전해지리

丙辰 仲冬 上澣 儀徵 阮福 賜卿 題

병진년[1856] 중동(仲冬) 11월 상한(上澣)에 의징(儀徵) 완복(阮福) 사경(賜卿)은 짓는다.

지냈는데, 당시 사람들이 그를 높여 한형주(韓荊州)라고 불렀다. 뒤에는 자기가 존중하는 사람을 한형주라고 일컫게 되었다. 《참고문헌》 이백(李白)의 〈여한형주서(與韓荊州書)〉

22) 원문의 '인각(麟閣)' : 한대(漢代) 미앙궁(未央宮) 안에 있던 기린각(麒麟閣)을 말함. 한(漢) 선제(宣帝) 당시 곽광(霍光) 등 11 공신(功臣)의 초상화를 기린각에 새겨 그들의 공적을 표창했다. 당시 사람들은 최고의 영예로 여겼다.

주석수(朱錫綏)

주석수(朱錫綏, 1819~?) : 강소성 진양인(鎭洋人). 자는 소운(小雲)·소균(嘯筠), 호는 보죽(寶竹)으로 명경(明經)을 지냈다. 저서로는 『소난관재속집(疏蘭館再續集)』이 있다.

10. 주석수의 제사

1856년 11월

1)

海上萍蓬一昔緣	바다 멀리서 온 나그네[1]와 예전에 인연을 맺었었는데
當時愧未列尊前	당시 술자리 앞에 나열하지 못한 게 부끄럽네
草堂郤憶披圖日	초당에서 잠간 그림을 펼쳐본 날 생각하니
風雨天涯又十年	비바람 부는 가운데 또 10년이 지났구나

自註：道光丁未 主榮陽於京師 玉泠生養閒草堂中 曾見是圖 今十稔矣(도광 정미년[1847]에 형양(滎陽)[2]을 주관하였는데, 경사(京師)의 옥천생(玉淦生 : 潘曾瑋)[3]의 양한초당(養閒草堂)에서 이 그림을 본 지 지금 10년이 되었다.)

---

1) 원문의 '평봉(萍蓬)' : 부평초(浮萍草)와 쑥대. 떠돌이를 상징.

2) 형양(滎陽) : 하남성(河南省) 형양현(滎陽縣).

3) 반증위(潘曾瑋, 1818~1886). 강소성(江蘇省) 오현인(吳縣人). 자는 보신(寶臣)·계옥(季玉), 호는 옥천(玉淦)·옥천(玉泉). 반세은(潘世恩)의 넷째 아들. 반증수(潘曾綬)의 아우. 반증영(潘曾瑩)의 포제(胞弟). 선무문(宣武門) 남(南) 미시호동(米市胡同) 상부(相附)에 살았다. 1843년 향시에 입격한 뒤 과거를 포기하고 경세지학(經世之學)에 마음을 두었다. 저서로는 『접연도(蝶緣圖)』·『옥천사(玉泉詞)』·『자경재문초(自鏡齋文鈔)』·『영화사(咏花詞)』·『횡당범월도기(横塘泛月圖記)』·『양한연보(敉閑年譜)』·『동해기(東海記)』(撰)가 있다.

2)

蘭亭觴詠重開日　난정(蘭亭)의 멋진 모임이 다시 열리던 날
品石評茶興不孤　석병차(石餠茶)를 품평하는 흥취는 외롭지 않았다

自註 : 癸丑春 藕船來京 數與文燕 藕船以古石餠茶 相餉(계축년[1853] 봄 우선이 경사에 와서[4] 여러 차례 문연(文燕)에 참여했는데 우선(藕船)에게 옛 석병차(石餠茶)를 대접했다.)

□有華山詞客在　화산(華山)[5]에 사객(詞客)[6]이 남아 있는데도
不堪重補第三圖　제3의 해객도(海客圖)를 보충하지 못했구려

自註 : 是歲 惟玉洤 爲藕船 舊雨圖中人 星散且盡 程稚蘅擬繪第三圖未果(이 해 옥천(玉洤) 반증위(潘曾瑋)만이 우선(藕船)의 구우(舊雨)가 되었고, 그림[7] 속의 사람들은 별처럼 흩어지고, 또 다 죽었다. 치형(稚蘅) 정조경[8]이 제3도를 그릴

---

4) 당시 이상적은 1853.3.20~9.19까지 제9차 연행이었다.

5) 화산(華山) : 강소성(江蘇省) 오현(吳縣) 양산(陽山) 서쪽에 있는데 일명 천지산(天池山)이라고 한다. 정조경(程祖慶)의 출신지인 상해(上海)와 가까운 곳. 이곳이 여기서 말하는 화산일 것이다.

6) 화산사객(華山詞客) : 정조경(程祖慶)이 화산 출신이므로 그를 말하는 듯하다.

7) 구우도(舊雨圖) : 〈해객금준제이도(海客琴樽第二圖)〉를 말함.

8) 정조경(程祖慶, 1785~1855) : 강소성(江蘇省) 가정인(嘉定人, 상해(上海)). 자는 흔유(忻有), 호는 무애(无礙)·치형(穉衡)·치형(稚蘅)·무애거사(無礙居士), 서실명(書室名)은 견고각(見古閣), 성현명인화상처(聖賢名人畵像處). 정정로(程庭鷺)의 아들. 염관(鹽官) 차윤(鹾尹)을 지냈으며, 산수화(山水畫)·예서(隸書)·전각(篆刻)에 뛰어나고 서화(書畵) 수집가(蒐集家)이다. 저서로는 『연천명인화상(練川名人畫象)』(撰). ·『오중금석기(吳中金石記)』(撰)이 있다.

계획을 했으나 완성하지 못했다.)

3)

年年袍笏拜生辰 "해마다 도포에 홀 집고 생신날 절을 하는데"
는 시 구절

自註 : 觀察自刻象於硏陰 以贈藕船 藕船題詩 有此句[9](관찰사 중원(仲遠)이 직접 벼루 뒤에 초상을 새겨서 우선(藕船)에게 주자, 우선이 시를 지었는데 이 구절이 있다).

石壽千齡海嶠春 돌은 천세토록 장수하고 바닷가 산마루엔 봄이 왔구려

四萬里中須問遍 4만리 먼 길을 두루 물으니

鑄金厚誼更何人 쇠를 불리듯한 두터운 정의를 지닌 그는 누구인가

9) 『은송당집』 문편 권1, 〈장중원 화상연에 명을 쓴다(張仲遠畫象硯銘)〉.

4)

滄桑酒海幾經秋 변화하는 세월 속에 많은 술로 몇 해를 지났던가

自註 : 藕船見贈楹帖云 詩城無畛域酒海有滄桑(우선이 보내준 영첩(楹帖)에 이르기를 "시 짓는 성(城)[10]에는 경계가 없고 술 마시는 가운데 세상은 많이 변했다"고 하였다).

薄官浮沈悔壯遊 시원찮은 벼슬로 어렵게 살면서 멀리 다닌 걸 후회한다

別有酸辛知己淚 특별히 괴롭고 슬픈 친구의 눈물 있으니

秪應灑向畫中收 응당 그림 속을 향해 뿌리던 눈물 거두리라

丙辰冬仲 題兼懷藕船 季玉 弇山 朱錫綬

병진년[1856] 겨울 11월에 우선(藕船)과 계옥(季玉;潘曾瑋)을 그리워하며. 엄산(弇山) 주석수가 겸해서 쓴다.

---

10) 원문의 '시성(詩城)' : 시집(詩集)이 있는 곳.

이맹군(李孟群)

이맹군(李孟群, 1830~1859) : 하남성(河南省) 고시인(固始人). 자는 학인(鶴人). 도광 27년[1847] 진사에 오르고, 광서(廣西)·영천(靈川) 지현(知縣)을 지냈다. 안휘성(安徽省) 순무(巡撫)를 지냈고, 태평천국 난 때 증국번(曾國藩)을 따라 전쟁에 참여하여 진옥성(陳玉成)과 싸우다가 잡히자 목매어 죽었다. 시호는 무민(武愍).

11. 이맹군의 제사

1856년 11월 한양(漢陽)

星槎兩度駐平津	뗏목 타고 두 번이나 평진[1]에 머물때
日下名流意氣傾	연경(燕京)[2]의 명사들 의기(意氣)를 기울여 모였네
中外一家括王會	중외(中外)의 한 사람을 위해 왕회도(王會圖)[3]가 그려지니
江山如此幾詩人	강산에 이와 같은 시인이 몇이나 되나
新編自長鷄林價	새로운 시문(詩文)은 저절로 계림(鷄林)의 시 값이 올라가니
舊雨同懷鳳闕春	봄날 도성[4]의 옛친구 생각 난다네
我亦交南結吟侶	나 또한 남쪽 지방[5]에서 시(詩) 친구를 사귀었는데

---

1) '평진(平津)' : 북평(北平) 또는 천진(天津)의 옛이름. 지금의 북경.
2) 원문의 '일하(日下)' : 경사(京師)를 말함. 일(日)은 천자(天子)를 상징하므로 천자가 있는 곳은 곧 연경(燕京)을 말함.
3) 왕회(王會) : 왕회도(王會圖)를 말함. 당대(唐代) 화가(畵家) 염입본(閻立本)이 그린 사이조회도(四夷朝會圖). 여기서는 〈해객금준제이도〉를 말하는 듯하다.
4) 원문의 '봉궐(鳳闕)' : 한 대(漢代) 궁궐(宮闕) 이름. 황궁(皇宮) 또는 조정(朝廷)을 말함.
5) 원문의 '교남(交南)' : 남교(南交)와 같음. 지명. 『서(書)』「요전(堯典)」에, "다시 희백과 희숙에게 명하여 남교에 가서 살게 했다(申命羲叔宅南交)."고 하였다. 또 『한서(漢書)』「지리지(地理志)」에, "남교는 교지군(交趾郡)."이라 하였다. 광동(廣東) 및 광서(廣西) 안남(安南) 지방.

覩君圖畫悵音塵　그대의 그림 보자니 소식[6]이 원망스럽네

自註 : 余於癸巳 守潯陽 與安南使臣 倡和詩甚夥(내가 계사년 [1833]에 심양(潯陽)[7]에 벼슬 살러 나갔을 적에 안 남(安南) 사신과 화답한 시가 많다).

古蓼鏡漁 李孟群題

고료[8] 경어 이맹군은 짓는다.

---

6) 원문의 '음진(音塵)' : 소식(消息)을 말함.

7) 심양(潯陽) : 강서성(江西省) 구강(九江)에 있는 지명.

8) 고료(古蓼) : 하남성(河南省) 고시현(固始縣) 동북(東北)에 있는 료성(蓼城).

왕백심(王柏心)

왕백심(王柏心, 1799~1873) : 호북성(湖北省) 염리인(鹽利人). 자는 자수(子壽)·나주(螺州), 호는 균정(筠亭), 서실명(書室名)은 백주당(百柱堂)·유경당(留耕堂). 도광 24년[1844] 진사에 오르고, 비부(比部), 형부주사(刑部主事)를 지냈다. 일찍이 경세지략(經世之略)의 뜻을 품고 증국번(曾國藩)·좌종당(左宗棠)과 병사(兵事)를 논하였다. 시문(詩文)과 도덕(道德)에 뛰어났으며, 저서로는 『칠실음(漆室吟)』·『추언(樞言)』·『도강삼의(導江三議)』가 있다. 《 참고문헌》 곽숭도(郭嵩燾)의 『양지서옥문집(養知書屋文集) 21』.

12. 왕백심의 제사

1856년 11월

1)

殊方舊雨隔重溟　먼 나라 친구가 바다[1]에 막혔다가
重向都門倒玉瓶　다시 도문(都門)[2]을 향해 옥술병을 기울였다네
槎客相逢還欲笑　뗏목 타고온 사신[3]과 만나 웃으려고 하는데
兩回天上舊識張星　다시 하늘을 돌아보니 장건[4]의 별이로구나

1) 원문의 '중명(重溟)' : 바다[海]를 말함.
2) 도문(都門) : 도성(都城).
3) 원문의 '사객(槎客)' : 사신(使臣)을 말함.
4) 장건(張騫) : 사신(使臣) 여기서는 장건과 성(姓)이 같은 장요손을 지칭함.

2)

仙鳧飛下楚雲端　신선이 오리 타고[5] 초나라[6] 구름 끝에 내렸는데
平壤歸帆路渺漫　평양으로 돌아가는 뱃길이 아득하구나
各憶題襟舊遊地　각각 회포를 털어놓으며 옛날 놀던 땅을 생각하다가
回頭紅日近長安　머리를 돌리니 붉은 해가 장안[7]에 가깝구나

5) 원문의 '선부(仙鳧)' : 신선이 오리를 타고 다님. 『후한서(後漢書)』 「방술열전(方術列傳)」에 "왕교는 하동 사람이다. 현종 때에 섭 땅의 군수가 되었다. 귀신 같은 재주가 있어서 매월 초하루와 15일이면 그 현에서 조정에 와 황제께 알현하곤 했다. 황제는, 그가 자주 오기는 하는데 수레와 말이 보이지 않는 게 이상하여 태사에게 지켜보게 했다. 태사는 말하기를 '그가 올 때면 갑자기 두 마리의 오리가 동남쪽에서 날아옵니다'라고 했다. 그리하여 오리가 올 때쯤 되어 그물을 쳐 놓았더니 다만 한 짝의 신발만이 걸렸는데 … 그것은 곧 현종 4년에 상서(尙書)에서 나누어주었던 것이었다(王喬者河東人也 顯宗時 爲葉令喬 有神術 每月朔望 常自縣 詣臺朝 帝怪其來數 而不見車騎 密令太史 伺望之 言其臨至 輒有雙鳧 從東南飛來 於是 候鳧至 擧羅張之 但得一隻舃 … 則四年中所賜尙書官屬所賜履也)."고 하였다.

6) 초(楚) : 초나라 지방 호북성(湖北省)을 지칭한다. 왕백심이 호북성 출신이고, 앞의 왕교(王喬)가 호북성 초(楚) 지방에 현령(縣令)으로 갔었으므로 여기서 신선은 왕백심을 지칭한다고 하겠다.

7) 장안(長安) : 당나라 수도. 여기서는 청나라 수도인 연경(燕京)을 지칭함.

3)

圖中座客多吾友 그림 속 앉은 손님 내 친구들 많아
落月梁間若可招 지는 달을 기둥 사이로 불러 볼 듯 하네
存沒杳然如夢裏 죽고 사는 일이 꿈 속 같이 아득한데
離懷何但海天遙 이별의 회포가 어찌 바다 끝에만 있으랴

丙辰冬仲 鹽利 王柏心 子壽題
병진년[1856] 중동 11월 염리(鹽利) 왕백심 자수는 짓는다.

이영분(李映棻)

이영분(李映棻, 1809~1863) : 사천성(四川省) 의빈인(宜賓人). 자는 향설(香雪). 도광 24년[1844] 진사에 오르고 안양(安襄) 형원도(荊鄖道), 호북(湖北) 후보지부(候补知府)를 지냈다. 저서로는 『석금시초(石琴詩鈔)』가 있다.

13. 이영분의 제사

1857년 4월, 촉남(蜀南)

輭紅十丈塵難浣	연붉은 티끌[1] 열 길이나 쌓여 씻기도 어려운 도회지에
長安才人冠盖滿	장안의 명사[2]들 가득 모였구나
海內知交算幾人[3]	해내(海內)에 지기(知己)가 몇 명이나 되던가
又從海外論肝膽	또 해외에서까지 간담(肝膽)을 논하는구나
海客蟠根仙李枝	바다 건너서 온 신선(神仙) 이(李)씨는[4]
當年京兆曾識之	그 당시 연경(燕京)에서 알았던 분으로
鯨窟論翻坡老志	고래 소굴에서 동파(東坡)의 의지(意志)를 논변으로 뒤집을 만하고
鷄林名播白家詩	계림(鷄林)에는 백거이(白居易)[5] 시(詩)라

---

1) 원문의 '연홍(輭紅)' : 날리는 티끌. 번화하고 시끄러운 도회지.

2) 원문의 '관개(冠蓋)' : 관원(官員)의 관복(冠服)과 수레. 곧 벼슬아치나 명사들을 말함.

3) 이춘희의 앞의 논문에는 '人'이 '何'로 되어있다.

4) 원문의 '선리반근(仙李蟠根)' : 오얏 이씨(李氏)를 지칭함. 『태평광기(太平廣記) 권1』에서 진(晉) 갈홍(葛洪)의 『신선전노자(神仙傳·老子)』를 인용하여 말하기를, "노자의 어머니가 오얏나무 아래에 이르러 노자를 낳았다. 태어나자마자 말을 할 줄 알았는데 오얏나무를 가르키며 말하기를, 이것으로 나의 성을 삼겠다(老子之母 至李樹下而生老子 生而能言 指李樹曰 以此爲我姓)."고 하였다. 당나라 통치자들이 스스로 자신을 노자의 후손이라고 한다. 후에 이씨 성을 가진 종족들이 창성하게 된 것을 '오얏나무에 얽혔다(仙李蟠根)'고 한다.

	는 소문이 났다네
八年華島分襟久	8년 전 화도(華島)[6]에서 헤어졌는데
第一圖開時在手	〈해객금준제일도〉가 당시 손에 있었지
榑桑花指高句驪	부상(扶桑)을 고구려라 지칭하고
添得懷人詩數首	게다가 회인시(懷人詩) 몇 수를 보태게 되었구나
使星航海忽重來	사신(使臣)이 바다 건너 다시 와
賓館相逢笑口開	빈관(賓館)에서 만나 웃으며 이야기 하니
春明門外平津邸	춘명(春明)[7] 문 밖 평진저(平津邸)[8]에
一時名士爭追陪	당시 명사들이 다투어 찾았는데
舊雨今雨無次序	옛 친구나 지금 친구 할 것 없고
域中域外何同異	지역 안이나 지역 밖이나 차이가 없이
洗盞眞成文字交	술잔을 씻어가며[9] 문자(文字)로 사귀는데
揮絃都帶滄洲氣	거문고 퉁기는 곳에 고상한 창주(滄洲)[10]의 기운이 담겼구나

5) 원문의 '백가(白家)' : 백거이(白居易)를 말함.

6) 화도(華島) : 경화도(瓊華島)를 말하는 듯하다. 북경 북해공원 안에 있는 연경(燕京) 팔경의 하나. 경도춘운(瓊島春雲)이라고 한다.

7) 춘명(春明) : 원래 장안성 춘명문. 북경성(北京城) 중문(中門), 곧 연경(燕京)을 지칭함.

8) 평진저(平津邸) : 평진관(平津館)이나 평진각(平津閣)과 같다. 한(漢) 공손홍(公孫弘)이 승상(丞相)이 되어 평진후(平津侯)에 봉해졌는데 객관(客館)을 짓고 동각(東閣)을 개방하여 사인(士人)들을 초청하였다. 뒤에 이를 평진관(平津館)이라 하며, 고급 관료를 맞아들이는 장소로 칭하였다.

9) 원문의 '세잔(洗盞)' : 적벽부(赤壁賦)를 인용한 문장. 잔을 씻어가며 술을 마심.

10) 창주(滄洲) : 물가의 지방. 옛날에는 항상 은사(隱士)의 거처를 지칭하였다.

琴歌酒賦[11]各有神 노래 소리 술 한 잔에 각각 정신이 담겨 있고
拈毫[12]有客重寫眞 붓을 쥔 사람은 다시 그림을 그리네
敦盤日下聯新會 연경(燕京)[13]의 술자리에 새로운 모임 맺자
袍笏天邊認故人 먼 지방의 관복[14] 입은 이들이 친구로 인정하는구나
風萍聚散嗟誰主 부평초같이 흩어졌다 모였다하니 주인은 누구더냐
海客還鄉公入楚 이상적은 고향으로, 장요손은 초(楚) 지방으로 가니
戎馬奔馳年復年 전쟁터의 말은 달리기를 해마다 거듭하지만
獨流此卷傳千古 이 그림만 이리저리 천고(千古)토록 전해질텐데
此卷憑公愛護加 이 그림은 공(公)의 힘을 빌어 더 소중하게 되어
舊游回首憶京華 옛날 놀던 곳을 돌아보며 화려했던 연경(燕京)을 생각하겠지

---

11) 이춘희의 앞의 논문에는 '琴歌酒賦'가 '酒賦琴歌'로 되어있다.
12) 이춘희의 앞의 논문에는 '毫'가 '豪'로 되어있다.
13) 원문의 '일하(日下)' : 도성을 말함.
14) 원문의 '포홀(袍笏)' : 관복을 지칭함. 천자(天子)로부터 대부(大夫) 사인(士人)에 이르기까지 조회 때에 모두 조복(朝服)과 홀(笏)을 잡는다. 후세에는 관복을 지칭하며, 혹은 품계가 있는 문관(文官)을 이르기도 한다.

郤從漢上題襟館 이따금 한상(漢上)에서 글 짓던 집[15] 찾아 보며
同話滄桑奉使槎 동해(東海)에서 사신으로 왔던 사람과 함께 얘기 하겠지
恨我平生交不廣 나는 평생 교제가 넓지 못한 게 한스럽지만
殊方何處非吾黨 어느 지방 어느 곳인들 나의 친구가 없겠는가
讀書公琴尊第二圖 공(公)의 『금준제이도』를 보노라니
海天風雨夢來往 바다 멀리 비바람이 꿈 속에 오락가락한다오

丁巳首夏蜀南 李映棻 香雪題

정사년[1857] 4월 수하(首夏) 촉남(蜀南)에서 이영분 향설(香雪)은 짓는다.

---

15) 원문의 '한상제금(漢上題襟)' : 글을 지어 회포를 서술함. 당(唐)의 온정균(溫庭筠)·단성식(段成式)·여지고(余知古)가 항상 글을 지어 화답하곤 하여『한상제금집(漢上題襟集)』10권을 남겼다. 뒤에 제금(題襟)은 시문(詩文)을 지어 회포를 서술하는 것을 말한다.

고문빈(顧文彬)

고문빈(顧文彬, 1811～1889) : 강소성 원화인(元和人). 자는 자산(子山)·울여(蔚如), 호는 장암(長庵). 도광 21년[1841] 진사에 오르고, 영소대도(寧詔台道)를 지냈다. 글씨에 능했으며, 저서로는 『미록루사(眉淥樓詞)』·『과운루서화기(過雲樓書畫記)』가 있다. 《참고문헌》 왕송울(王頌蔚)의 『사예경문집(寫禮廎文集)』.

14. 고문빈의 제사

1857년 겨울, 무창(武昌)에서

草色天涯　하늘은 풀빛이고[1]
鶯聲門徑　오솔길에는 꾀꼬리 소리[2]
匆匆便倒離尊　바쁘게 와서 이별의 술잔을 들고[3]
剪燈留語　등잔의 불똥을 잘라내며 이야기 하는 중에[4]
細雨濕黃昏　이슬비는 황혼을 적셔주네[5]
謾客請傳芳　시원찮은 나그네에게 향기로운 시 지어 주기를 청하는데
卷聯題在　이어진 두루마리에 제사(題辭)가 쓰여 있네[6]
劍水星紋　검강에는 별무늬 비치는데[7]

---

1) 원문의 '초색천애(草色天涯)' : 『몽창고(夢窗稿) 을고(乙稿)』 권2, 〈옥루지(玉漏遲)〉에서 집구(集句)하였음.
2) 원문의 '앵성문경(鶯聲門徑)' : 작은 길. 오솔길. 『몽창고 병고(丙稿)』 권3, 〈단봉음(丹鳳吟)〉에서 집구(集句).
3) 원문의 '총총편도이존(匆匆便倒離尊)' : 『몽창고 을고』 권2, 〈석추화(惜秋華)〉에서 집구.
4) 원문의 '전등유어(剪燈留語)' : 전등(剪燈)은 등잔의 불똥을 잘라냄. 전등유어는 『몽창고 을고(乙稿)』 권2, 〈옥루지(玉漏遲)〉에서 집구.
5) 원문의 '세우습황혼(細雨濕黃昏)' : 『몽창고 사율(詞律)』 권15, 〈진주렴(珍珠簾)〉에서 집구.
6) 원문의 '만객청전방 권련제재(謾客請傳芳 卷聯題在)' : 『몽창고 을고』 권2, 〈영우락(永遇樂)〉에서 집구.
7) 원문의 '검수성문(劍水星紋)' : 성문(星紋)은 칼 끝에 새긴 무늬로서 검(劍)을 말함. 『몽창고 을고』 권2, 〈목란화만(木蘭花慢)〉에서 집구.

歡盟誤　우호를 다지는 맹약이 잘못되었을까[8)]
影留人去　그림자만 머물고 사람은 떠났는데[9)]
一鏡香塵　거울에는 온통 향기로운 먼지이니[10)]
行藏都是客　가고 머무는 모두가 나그네구나
畫圖重展　그림을 거듭 펼쳐보니[11)]
宮粉凋痕　궁분으로 꾸민 흔적이네[12)]
認燕泥舊迹　진흙을 물어다 집 지은 제비의 옛자취를 알겠으나[13)]
搖落秋魂　가을 혼에 흔들려 떨어지네[14)]
淸夢重遊天上　맑은 꿈은 거듭 하늘에서 놀다가[15)]
從間阻夢斷游輪　이따금 막히는 꿈 따라[16)] 유람하는 수레도 끊기네[17)]
悵遇合蘭情稀會　서로 투합하여 난초와 같은 정 만나기 드

---

8) 원문의 '환맹오(歡盟誤)' : 『몽창고 갑고』 권1, 〈서자장만(西子妝慢)〉에서 집구.
9) 원문의 '영류인거(影留人去)' : 『몽창고 정고』 권4, 〈미범(尾犯)〉에서 집구.
10) 원문의 '일경향진(一鏡香塵)' : 『몽창고 병고』 권3, 〈유초청(柳梢靑)〉에서 집구.
11) 원문의 '화도중전(畫圖重展)' : 『몽창고 갑고』 권1, 〈몽부용(夢芙蓉)〉에서 집구.
12) 원문의 '궁분조흔(宮粉凋痕)' : 궁분은 화장용 분(粉). 『몽창고 병고』 권3, 〈고양대(高陽臺)〉에서 집구.
13) 원문의 '인연니구적(認燕泥舊迹)' : 『몽창고 을고』 권2, 〈신안과장루(新鴈過粧樓)〉에서 집구.
14) 원문의 '요락추혼(搖落秋魂)' : 『몽창고 갑고』 권1, 〈몽부용(夢芙蓉)〉의 요탕추혼(I搖蕩秋魂)에서 집구.
15) 원문의 '청몽중유천상(淸夢重遊天上)' : 『몽창고 병고』 권3, 〈 서강월(西江月)〉에서 집구.
16) 원문의 '종간조몽(從間阻夢)' : 『몽창고 을고』 권2, 〈옥루지(玉漏遲)〉에서 집구.
17) 원문의 '몽단유륜(夢斷遊輪)' : 『몽창고 병고』 권3, 〈유초청(柳梢靑)〉에서 집구.

물게 슬픈데

琴冷石床雲　거문고 소리 멎은 돌 평상에 구름이 감도네[18]

自註 : 右調 江南 好集吳夢窗句(오른쪽 곡조는 강남(江南)에서 오몽창(吳夢窓)[19]의 시구(詩句) 모으기를 좋아하였음).

丁巳冬日 仲遠仁兄屬題 距是圖之作 十三年矣 圖中諸君子 多半舊識雲消 蘋聚風異烟殊爲之惘然 小山顧文彬 識於武昌觀察使署

정사년[1857] 겨울 중원(仲遠) 인형(仁兄)의 부탁으로 짓는데, 이 그림을 그린 지 13년이 된다. 그림 속 여러 군자들의 절반은 옛날에 알던 사람으로 구름처럼 사라지거나 마름처럼 흩어지고 바람처럼 연기처럼 달라졌으니 서글픈 노릇이다. 소산(小山) 고문빈은 무창(武昌) 관찰사 관사에서 기록한다.

---

18) 원문의 '금냉석상운(琴冷石床雲)' : 『몽창고 정고』 권4, 〈호사근(好事近)〉에서 집구.

19) 몽창(夢窗) : 몽창은 남송(南宋) 때의 시인(詩人)이며 사(詞)의 대가(大家)인 오문영(吳文英)의 호(號). 경원인(慶元人)으로 자(字)는 군특(君特)이며, 다른 호(號)는 각옹(覺翁). 저서로는 『몽창갑을병정고(夢窗甲乙丙丁稿)』가 있다.

담부(譚溥)

담부(譚溥, ?~?) : 호남성(湖南省) 상남인(湘南人). 자는 예선(蕊仙). 제생(諸生) 출신. 그림에 능했다. 《 참고문헌》『상남현지(湘南縣志)』.

15. 담부의 제사

1858년 2월

天風琅琅照南海	바람은 살랑살랑 남해(南海)[1]에 비추고
萬里秋濤逼人在	만리 밖 가을 파도는 사람 가까이 밀려오네
燕臺棖觸盍簪時	연경에서 친구[2]들과 어울려 놀던[3]
風雨興懷十三載	비바람 불던 세월 속 13년 전 생각이 나네
人生會合良由天	인생의 만남과 헤어짐은 하늘에 달려 있어
畫裏琴聲掃昔緣	그림 속 거문고 소리에 옛 인연이 스쳐가네
曹吳那堪成死別	조무견과 오찬은 어찌 그리 죽었는가
十八人中聲影絶	18인 중 소리와 그림자가 끊어졌구나
勝集年來何處招	멋진 모임은 요즘 어디서 부르려나
天涯有客無詩豪	하늘 멀리서 온 나그네는 있어도 훌륭한 시인[4]이 없구나
鄂州文讌復無地	악주(鄂州)[5]의 문연(文讌)이 이 땅에 다시 없고

1) 남해(南海) : 상남(湘南)을 달리 표현한 듯하다. 상남은 담부(譚溥)의 출신지.
2) 원문의 '합잠(盍簪)' : 붕우(朋友)를 말함.
3) 원문의 '정촉(棖觸)' : 사물에 접하여 느낌.
4) 원문의 '시호(詩豪)' : 훌륭한 시인(詩人).
5) 악주(鄂州) : 호북성(湖北省) 무창(武昌) 소재. 황학루(黃鶴樓)가 있으며, 장요손이 근무하던 곳. 곧 모임을 주선하던 장요손이 없다는 말.

鶴去樓傾塵土焦　학(鶴)도 떠나고 누각[6] 기울자 티끌만 남았구나
披圖應亦生遐慨　그림 펼치면 응당 먼 옛 생각 날 것이니
中原地荒足妖怪　중원은 땅이 넓어 정말로 괴이한 곳이네
憂世心孤老宿存　세상 근심에 마음이 외로워도 노숙(老宿)한 이는 남고
歡場酒冷諸僚退　떠들썩한 자리에 술이 식자 동료들 물러가네[7]
紫蘂黃篙何限情　붉은 꽃[8]과 시든 쑥[9]이 어찌 감정을 막으리
蔣園今日空吟聲　오늘 장원(蔣園)[10]에 부질없이 시 읊는 소

6) 본문의 '학거루경(鶴去樓傾)' : 황학루(黃鶴樓) 고사를 말함. 황학루는 호북성 무창에 있다. 최호(崔顥)의 〈황학루(黃鶴樓)〉에 "옛 사람이 이미 황학을 타고 떠나가니 이곳엔 황학루만 공연히 남았구나. 황학은 한번 간 후 다시 돌아오지 않고 흰구름만 천 년을 부질없이 떠 있도다. 맑은 내에 또렷한 한양의 나무요 방초만이 우거진 앵무주 물가로다. 해 저무는데 고향은 어디메인가 강가의 희미한 풍경은 사람을 시름겹게 하는구나(昔人已乘黃鶴去 此地空余黃鶴樓 黃鶴一去不復返 白雲千載空悠悠 晴川歷歷漢陽樹 芳草萋萋鸚鵡洲 日暮鄕關何處是 煙波江上使人愁)."라고 하였다.

7) 원문의 '주냉(酒冷)' : 술이 식음. 동료들이 물러감을 지칭함. 조당(曹唐)의 〈소유선시(小遊仙詩)〉에, "향기는 시들어지고 술이 식자 옥비는 졸고, 칠진(七眞)이 바다로 돌아간 줄도 모르는구나(香殘酒冷玉妃睡 不覺七眞歸海中)."라고 하였다.

8) 원문의 '자예(紫蘂)' : 붉은 색 꽃술. 이익(李益)의 〈목단시(牧丹詩)〉에, "붉은 꽃술 활짝 피어 집에 돌아가지 못하니 나그네에게 번화한 꽃 감상하게 하는구나(紫蘂叢開未到家 却敎遊客賞繁華)."라고 하였다.

9) 원문의 '황호(黃蒿)' : 말라 시든 쑥. 시드는 모습.

10) 장원(蔣園) : 오찬(吳贊)의 집. 선무문(宣武門) 밖에 있음. 여기서 〈세한도〉를 관람하였다.

리만 들리겠지

海客難銷夢魂影　바다 밖 손님[11]은 꿈 속 혼령과 그림자를
녹이기 어려워

夜來飛墮楓林靑　밤 되자 푸른 단풍숲에 날아와 떨어지네

戊午 春二月 湘南 譚溥 荔仙題

무오년[1858] 봄 2월 상남(湘南)[12] 담부(譚溥) 예선(蕊仙)은 짓는다.

---

11) 원문의 '해객(海客)' : 이상적을 말함.

12) 상남(湘南) : 호북성 상담시(湘潭市) 남서쪽에 있는 지명.

주계인(朱啓仁)

주계인(朱啓仁, ?~?) : 출신은 불분명. 광동(廣東) 안찰사(按察使)를 지냈고, 장사(長沙) 지부(知府), 태평군 진압시 수령(首領)을 지냈다.

16. 주계인의 제사

1858년 2월, 운문(雲門)에서

鷄林詩價南金重	남금(南金)[1]보다 훌륭한 계림(鷄林) 시인(詩人)이
萬里烟波續淸夢	만리 밖 파도를 타고 아름다운 꿈을 이으려
琴尊重結翰墨緣	거문고 뜯고 술 마시며 한묵(翰墨) 인연을 거듭 맺는데
玉煖崑山集鸞鳳	옥처럼 따스한 곤산(崑山)[2]에 뛰어난 인재[3]들 모였네
曲江風度文章家	〈곡강(曲江)〉[4]의 두보(杜甫) 풍도(風度)를 지닌 문장가
詞臣再泛銀河槎	그 시인이 다시 은하수 건너는 뗏목 타고 왔구려
春明鴻雪繼良會	춘명(春明)[5]에 기러기 발자욱 남기며 좋은 모임 이어가니
名園水木眞淸華	잘 가꾼 동산의 경치는 참으로 맑고도 화

---

1) 남금(南金) : 남방에서 출토되는 구리로서, 귀중한 물건을 지칭함. 뒤에는 남방의 우수한 인재를 비유함.
2) 곤산(崑山) : 강소성(江蘇省) 송강현(松江縣) 서북(西北)에 있는 산 이름.
3) 원문의 '난봉(鸞鳳)' : 난새와 봉황, 곧 인재(人才)를 상징함.
4) 곡강(曲江) : 〈곡강(曲江)〉을 지은 두보(杜甫)를 지칭하는 듯함.
5) 춘명(春明) : 북경성(北京城) 중문(中門), 곧 도성(都城)을 지칭함.

려하네[6)]

畫圖鄭重開生面	그림 속에 정중히 얼굴을 드러내는데
十八登瀛同此選	18명이 영주(瀛州)에 오르는[7)] 영광에 선택되었네
蘭亭桃李感古今	난정(蘭亭)[8)]과 도리(桃李)[9)]는 고금을 감상하게 하고
萬柳堂深倡懽讌	만류당(萬柳堂)[10)] 깊은 집에서 즐거운 연회 앞장 섰지
皇圖文軫薄海同	천하[11)]가 하나로 통일되니[12)] 해외까지 똑같고
光芒萬丈精神通	뛰어난 문장[13)]은 정신이 통한다
絲桐再鼓悵歸翼	거문고[14)] 소리 다시 울리자 돌아가는

6) 원문의 '청화(淸華)' : 문장 등이 깨끗하고 아름다움, 그런 사람을 지칭함.
7) 원문의 '등영(登瀛)' : 영화로운 지위에 오름. 당 태종이 문학관(文學館)을 짓고 방현령(房玄齡)) 두여회(杜如晦) 등 18인을 학사(學士)로 삼아 어진이로 예우(禮遇)하자 사람들이 이를 등영(登瀛)이라고 하였다. 여기서는 〈해객금준제이도(海客琴尊第二圖)〉에 들어있는 18인과 동일시하여 말한 것이다.
8) 난정(蘭亭) : 왕희지의 〈난정서(蘭亭序)〉를 지칭함.
9) 도리(桃李) : 이백의 〈춘야연도리원서(春夜宴桃李園序)〉를 지칭함.
10) 만류당(萬柳堂) : 북경 광거문(廣渠門) 안에 있는 피서지로 유명한 집.
11) 황도(皇圖) : 하도(河圖) 또는 영토(領土). 천하를 지칭함.
12) '문진(文軫)' : 문자와 수레바퀴 사이의 간격. 예전에는 문자와 수레바퀴 간격을 통일시키는 것을 천하통일의 의미로 삼았다.
13) 원문의 '광망만장(光芒萬丈)' : 광염만장(光焰萬丈). 시와 문장 솜씨가 뛰어남.
14) 원문의 '사동(絲桐)' : 거문고의 별칭. 한(漢) 왕찬(王粲)의 〈칠애시(七哀詩)〉에, "거문고 소리가 사람의 정을 울려 나에게 슬픈 소리를 토한다(絲桐感人情 爲我發悲音)."고 하였다.

배[15] 쓸쓸하고

千秋妙墨垂霓虹	천추토록 오묘한 글씨는 고운 무지개가 드리운듯
漢江小試栽花手	한강(漢江)에서 잠간 꽃 심는 현령의 솜씨[16]를 시험해 보았는데
掃盡烽烟仰山斗	봉화 연기[17] 다 사라지자 태산북두(泰山北斗)[18]처럼 우러르네
黃鶴樓空惟白雲	황학루는 텅 비고 흰구름만 남았는데[19]
錦茵玉軸蛟龍守	융단[20] 같은 서화(書畵)[21]를 교룡이 지키

15) 원문의 '익(翼)' : 배[艘]를 상징함.

16) 원문의 '재화(栽花)' : 진(晉) 반악(潘岳)이 하양현령(河陽縣令)을 지낼 때에 현 가운데에 도리(桃李)를 가득 심었던 것이 미담(美談)으로 전한다. 뒤에는 이것을 가지고 현령(縣令)을 칭송하는 말로 사용되었다.

17) 원문의 '봉연(烽煙)' : 봉화 연기. 난리가 일어남. 여기서는 태평천국(太平天國)의 난을 지칭함.

18) 원문의 '산두(山斗)' : 태산(泰山)과 북두(北斗)를 합친 명칭. 세상 사람이 흠모하는 사람을 비유함. 『신당서(新唐書)』「한유전 찬(韓愈傳 贊)」에, "한유가 죽은 뒤로 그의 말이 시행되지 않자 학자들이 그를 우러러보기를 태산과 북두처럼 여겼다고 한다(自愈沒 其言不行 學者仰之 如泰山北斗云)"라고 하였다.

19) 이 구절은 당(唐) 최호(崔顥)의 〈황학루(黃鶴樓)〉에서 의취를 취함. "옛사람은 이미 학 타고 떠나가니 이 땅에 텅 빈 황학루만 남았구나 황학은 가서 돌아오지 않으니 백운만 천년토록 유유히 흐른다(昔人已乘黃鶴去 此地空餘黃鶴樓 黃鶴一去不復返 白雲千載空悠悠)〉고 하였다. 황학루는 장요손이 현령을 지낸 무창(武昌)에 있다.

20) 원문의 '금인(錦茵)' : 비단으로 만든 자리. 융단. 두보(杜甫)의 〈여인행(麗人行)〉에, "집 앞에서 말을 내려 융단 밟고 들어간다(當軒下馬入錦茵)."고 하였다.

21) 원문의 '옥축(玉軸)' : 수레(車), 또는 권축(卷軸)의 미칭. 진귀한 서화(書畵)를 지칭함.

고 있네

我曾海國輕波濤　내가 일찍이 섬나라 출신[22]으로 파도를 가볍게 여겼는데

蛟鯨跋浪銀山高　교룡과 고래가 높은 파도[23]를 헤쳐가네

婆蘭巨艘載鬈髮　300근(斤) 되는[24] 큰 배에 상투머리[25]를 싣고 가니

冠服奇詭聲啾嘈　의관은 괴상하고 소리는 떠들썩해

馭剛轡柔古所云　옛말에 마부가 강하면 고삐가 부드럽다는데[26]

安得妙手常縱擒　어떻게 하면 오묘한 솜씨를 얻어 항상 조종할 수 있을까

知君才氣大如海　자네 재주와 기운은 바다같이 커서

狂瀾砥柱推雄豪　미친 물결에도 버티는 기둥처럼 영웅 호걸로 추대하네

示我此圖百感集　나에게 이 그림을 보여주는데 온갖 감회 모이니

窮荒何地無風騷　궁벽한 어느 땅인들 시문[27]이 없을 손가

---

22) 원문의 '해국(海國)' : 섬나라. 또는 바닷가를 지칭함.

23) 원문의 '은산(銀山)' : 파도가 산 같이 일어남.

24) 원문의 '파란(婆蘭)' : 고대(古代) 중량을 재는 단위. 『송사(宋史)』「식화지(食貨志) 하8(下八)」에 "호인이 300백근을 1파란이라고 하였다(胡人謂三百斤爲一婆蘭)."라고 하였다.

25) 원문의 '권발(鬈髮)' : 상투 머리.

26) 원문의 '비유(轡柔)' :『시경』「패풍(邶風)」〈간혜(簡兮)〉에, "호랑이 같은 힘으로 고삐를 실끈처럼 쥐는구나(有力如虎 執轡如組)."라고 하였다.

得人卽可變蠻俗	사람을 얻으면 오랑캐의 풍속도 변화시킬 수 있으니
群榮要在拔俊髦	많은 영화는 인재[28]를 선발하는 데 달려 있다네
成周王會大一統	성주(成周)[29] 때의 왕회(王會)[30]가 크게 통일을 하였으니
萬年坤紀維神鼇	만년토록 땅의 법도는 신령한 자라에게서 기초가 되네

戊午二月 將赴施南府任 倚裝作此 大興 朱啓仁 雲門 題
무오년[1858] 2월 장차 시남(施南)[31]에 부임하러 가면서 행장(行裝)에 기대어 이것을 짓는다. 대흥(大興) 주계인은 운문(雲門)에서 짓는다.

---

27) 원문의 '풍소(風騷)' : 『시경』「국풍(國風)」과 초사(楚辭)의 〈이소(離騷)〉를 가리키며, 여기서는 시문(詩文)을 일컬음.
28) 원문의 '준모(俊髦)' : 재덕(才德)이 뛰어난 사람.
29) 성주(成周) : 주공(周公)이 성왕(成王)을 도와 다스리던 때의 주(周) 나라.
30) 왕회(王會) : 천자(天子)에게 조공하기 위하여 제후나 번국(藩國)들이 모이는 모임.
31) 시남(施南) : 호북성(湖北省) 내 지역.

팽옥린(彭玉麐)

팽옥린(彭玉麐, 1816~1890) : '彭玉麟'으로도 쓴다. 호남성(湖南省) 형양인(衡陽人). 안휘성(安徽省) 안경(安慶)에서 출생. 호는 설금(雪琴). 정치가, 군사가(軍事家), 서화가(書畵家). 청말(淸末) 수사통수(水師統帥), 상군수령(湘軍首領). 증국번(曾國藩), 좌종당(左宗棠)과 함께 대청삼걸(大淸三杰)이라고 칭한다. 태평군을 진압함. 《참고문헌》 왕염운(王闓運)의 『상기루문집(湘綺樓文集) 8』

17. 팽옥린의 제사

1858년 8월, 악주(鄂州)에서

曾讌京華觴海客 그 전에 해객(海客)과 연경에서 술 마실 때의

風流名士近來無 그런 풍류 명사가 요즘에는 없구나

十年舊夢歸何處 10년 전 옛 꿈을 어느 곳에서 찾을까

都在琴尊雅集圖 모두가 『금준아집도』[1]에 있구려

戊午秋八月 予督戈船進剿皖江因公來鄂 仲遠仁兄 以斯圖出示 卽席口占二十八字 藉留鴻雪 雪琴 彭玉麐記

무오년[1858] 가을 8월 내가 과선(戈船)[2]을 독려하면서 초환강(剿皖江)[3]으로 갔다가 공무(公務)로 악주(鄂州)[4]에 왔을 적에 중원(仲遠) 인형(仁兄)이 이 그림을 내보였다. 즉석에서 28자를 읊어 자취[5]를 남긴다. 설금(雪琴) 팽옥린은 기록한다.

---

1) 금준아집도(琴尊雅集圖) : 『해객금준제이도』를 말함.

2) 과선(戈船) : 전선(戰船).

3) 초환강(剿皖江) : 안휘성(安徽省)에 있다.

4) 악주(鄂州) : 호북성(湖北省) 무창(武昌)에 있다.

5) 원문의 '설홍(雪鴻)' : 설니홍조(雪泥鴻爪)의 약칭. 눈 덮인 진흙에 기러기 발자취. 곧 눈만 녹으면 기러기 자취는 당장 없어진다는 말. 소식(蘇軾)의 〈화자유민지회구시(和子由澠池懷舊詩)〉에 "인생 지나가는 곳은 어떻게 되나, 아마도 기러기가 눈 덮인 진흙을 밟는 것 같으리라. 진흙에 우연히 발자국을 남겼다가, 기러기가 날아가면 누가 동(東)인지 서(西)인지 알쏘냐(人生到處知何事 應似飛鴻踏雪泥 雪上偶然留指爪 鴻飛那復計東西)."라고 하였다.

하원개(何原愷)

하원개(何元愷, 1823~?) : 광서성(廣西省) 평락인(平樂人). 자는 두경(杜卿)·예천(荔泉). 《참고문헌》『청대주권집성(淸代硃卷集成) 5』.

18. 하원개의 제사

1859년 1월

三韓使者騎鯨魚	삼한(三韓)의 사신이 고래 타고 놀러 올 적에[1]
扶桑紅耀珊瑚枝	부상(扶桑)의 붉은 해가 산호(珊瑚)[2] 가지에 비추고
一帆逕渡析津水	배 한 척이 지름길로 석목진(析木津)[3]을 건너
袖中詩卷風披披	소매 속에 시권(詩卷)을 펼치니 바람이 펄럭인다
聖朝中外大一統	중국의 중앙과 지방이 하나로 통일되니
日下交遊集鸞鳳	친구들은 연경(燕京)으로 난새와 봉황처럼 모여드네
海客來尋牛耳盟	바다 밖 친구가 찾아와 소의 귀를 베어 맹서[4]를 하는데

---

1) 원문의 '기경어(騎鯨魚)' : 기경어(騎京魚)로도 쓰인다. 『문선(文選)』 양웅(揚雄)의 〈우렵부(羽獵賦)〉에, "큰 물고기를 타고 고래를 타다(乘巨鱗 騎京魚)."고 하였다. 뒤에는 은둔(隱遁)하거나 혹은 유선(游仙)을 비유하는 말로 사용된다. 또 이백(李白)을 말하는 용어로도 사용한다.

2) 산호(珊瑚) : 산호주(珊瑚珠)로서 준재(俊才)를 비유한다.

3) 원문의 '석진(析津)' : 석목진(析木津)을 말하며, 석목(析木)의 성차(星次)에 있는 은하수. 석목 성차는 미성(尾星) 10도(度)에서 두성(斗星) 11도 사이로, 그 사이에 은하수가 있기 때문에 붙여진 이름.

4) 원문의 '우이맹(牛耳盟)' : 우두머리를 상징함. 고대 제후들이 맹서할 적에, 소

詩人價早鷄林重	그 시인의 명성은 계림(鷄林)에서도 자자했었다지
我公矯矯人中龍	굳센 우리 공(公)은 사람 중에 용(龍)으로[5]
指揮豪俊如旋蓬	풀잎이 바람에 쏠리듯 호걸을 쉽게 지휘한다네[6]
南金東箭歸陶鑄	남금(南金)[7]과 동전(東箭)[8] 같은 인재를 잘 양성하니[9]
陰羽鳧旌寫會同	학(鶴)[10]과 오리 깃발[11]이 회동(會同)하는

의 귀를 잘라 피를 내어 쟁반에 담고 소의 귀는 쟁반에 두고, 주관하는 사람이 쟁반을 잡고 제후에게 나누어 맛보게 하여 맹약하여 신의를 보이게 하는 것(古代諸侯會盟時 割牛耳取血盛敦中 置牛耳于盤 由主盟者執盤分嘗諸侯爲誓 以示信守).

5) 원문의 '인중용(人中龍)' : 탁월한 인물을 칭송하는 말. 『진서(晉書)』「송섬전(宋纖傳)」에, "진 나라 송섬이 은거하여 벼슬을 하지 않자, 태수 마급이 찾아가 방문하였으나 나타나지 않았다. 태수가 탄식하기를 '이름은 들을 수 있으나 몸을 볼 수가 없고, 덕(德)은 우러러 볼 수 있으나 형체를 볼 수가 없구나. 나는 지금부터 선생을 사람 중에 용으로 알겠다'(晉宋纖隱居不仕 太守馬岌造訪不見 嘆曰 名可聞 而身不可見 德可仰 而形不可睹 吾而今而後 知先生人中之龍也)."고 하였다. 뒤에 탁월한 인물을 비유하는 말로 사용한다.

6) 원문의 '선봉(旋蓬)' : 바람 따라 돌아가는 쑥풀. 가볍고 쉬움을 비유함.

7) 남금(南金) : 남방에서 출토되는 구리로서, 귀중한 물건을 지칭함. 뒤에는 남방의 우수한 인재를 비유함.

8) 동전(東箭) : 옛날 남방의 금석(金石)과 동방의 죽전(竹箭)은 화려하고 귀중한 물건이었다. 뒤에는 이것을 우수하고 걸출한 인재(優秀傑出的人才)로 비유한다.

9) 원문의 '도주(陶鑄)' : 금속물을 잘 주조하여 다듬음.

10) 원문의 '음우(陰羽)' : 학(鶴)의 별칭. 또는 학의 깃털.

11) 원문의 '부정(鳧旌)' : 오리 그림을 넣은 깃발. 음우부정(陰羽鳧旌)은 학과 오리

모습에 그려있다네

寥落山川說平壤 고요한 산천에서 평양(平壤)을 말하며

停觴投箸生遐想 술잔 멈추고 수저를 놓으니[12] 먼 생각[13]이 솟는다네

酒面翻吹渤海波 술잔에 발해(渤海) 물결이 출렁이고

氷絃忽作天風響 거문고 줄[14]에서 갑자기 바람 소리 일어나네

出門一別事如髮 문 나서 이별하니 터럭처럼 일은 많고

碣石回瞻塞鴻沒 갈석산[15]을 돌아보니 변방 기러기가 안보이네

愛君憂國未能忘 임금과 나라 근심을 잊을 수 없어

心繞滄溟夢瑤闕 마음은 너른 바다[16]에 있으나 꿈은 도성[17]에 있다네

를 그려 넣은 깃발을 말함.

12) 원문의 '투저(投箸)' : 백성 근심으로 수저를 놓음. 『양서(梁書)』「무제기 하(武帝紀 下)」에, "짐이 마음과 의지가 사그러든지 오래되었다. 매양 밥을 먹을 때면 수저를 놓고 잠을 잘 때엔 잠을 못자게 되어 홀로 앉아 근심에 잠겨 아침까지 이어지는데 한 사람 때문이 아니라 백성들 때문이다(朕寒心消志 爲日久矣 每當食投箸 方眠徹枕 獨坐懷憂 憤慨申旦 非爲一人 百姓故耳)."고 하였다.

13) 원문의 '하상(遐想)' : 유원(悠遠)한 상상 혹은 사색. 현실을 초월한 생각.

14) 원문의 '빙현(氷絃)' : 거문고 줄의 미칭. 빙잠사(氷蠶絲)로 만든 거문고 줄이 있었던 데서 유래하는 말.

15) 갈석(碣石) : 산 이름. 하북성(河北省) 창려현(昌黎縣)에 있음.

16) 원문의 '창명(滄溟)' : 대해(大海). 창천(蒼天), 높고 먼 하늘.

17) 원문의 '요궐(瑤闕)' : 전설 속의 선궁(仙宮). 황궁(皇宮)이나 조정(朝廷)을 상징한다.

我今甓韆走風塵　내가 지금 바쁘게 세속 풍진(風塵)을 따라 가니
一生襟抱誰爲陳　일생 동안 품은 생각을 누구를 위해 펼칠 건가
不知蓬島方壺上　모르겠다! 봉래(蓬萊)와 방장(方丈) 영호(瀛壺)에서
可念江湖落拓人　강호(江湖)의 실의한 사람을 누가 생각이나 해 줄는지

己未孟春 平樂 何元愷荔泉題
기미년[1859] 1월 평락(平樂) 하원개 예천은 짓는다.

서정화(徐廷華)

서정화(徐廷華, ?~?) : 강소성 양호인(陽湖人). 자는 자능(子楞). 제생(諸生) 출신으로 고문사(古文詞)에 능했다. 저서로는 『일규팔릉연재집(一規八棱硯齋集)』이 있다.

19. 서정화의 제사

1859년 여름

1)

手挾兩黃鶴　손에 두 마리 황학(黃鶴)을 끼고[1)]
翩然下漢陽　훌쩍 한양[2)]으로 내려가는데
山川迷赤壁　산천은 적벽(赤壁)[3)]에 막혀 희미하고
風雨闇朱方　비바람[4)]은 남쪽 지방[5)]에 어둡게 비추네
車笠申前約　수레 타고 삿갓 쓰고 만났던[6)] 약속 실천하려고

---

1) 황학루 고사 그림에 있는 황학을 말하는데, 〈해객금준도〉와 〈해객금준제이도〉 두 그림을 말하는 듯하다.

2) 한양(漢陽) : 지명. 호북성(湖北省) 무창(武昌)에 있는데 적벽(赤壁)과 마주보고 있다. 장요손의 근무지.

3) 적벽(赤壁) : 산 이름 호북성(湖北省) 무창(武昌) 서쪽 적기산(赤磯山)에 있다.

4) 원문의 '풍우(風雨)' : 위태로운 경지.

5) 원문의 '주방(朱方)' : 춘추시대 오(吳) 나라에 있었던 지명(地名). 지금의 강소성(江蘇省) 단도현(丹徒縣) 동남(東南)에 있는데, 남방(南方)을 가르킨다. 이 지방이 태평천국의 난을 겪은 곳이며, 장요손이 그 난을 평정하러 참가하였다.

6) 원문의 '거립(車笠)' : 대립승거(戴笠乘車)와 같음. 귀천을 따지지 않는 우정을 말함. 호저(縞紵 : 흰 비단으로 만든 띠(帶)와 마포(麻布)로 만든 옷)와 연관이 있는 고사. 『좌전』「양(襄), 29」 오계찰이 정(鄭)나라에 사신으로 갈 때에 정자산을 보니 옛날에 알았던 것 같았다. 그리하여 호대(縞帶)를 주고 정자산은 저의(紵衣)를 주었다(聘於鄭 見子產如舊相識 與之縞帶 子產獻紵衣焉)." 〈注〉에 '오 나라에는 호(縞)가 귀하고, 정(鄭) 지방에는 저(紵)가 귀했던 고로 각기 자기가 귀하게 여기는 것을 드리는 것이다(吳地貴縞 鄭地貴紵 故各獻己所貴).' 이 때에 한 사람은 삿갓을 쓰고 한 사람은 수레를 타고 만났다.

琴尊憶帝鄉 거문고 뜯고 술잔 드니 제향(帝鄉)[7]이 그리워져

丹靑重省識 그림[8]을 보고 다시 살피니[9]

飛夢挂搏桑 날아가는 꿈이 부상(扶桑)에 걸렸구려

嘉慶己卯庚辰間 客右北平 屢登臨楡城樓 觀海上日出 卽古營州道 爲朝鮮入貢路)

가경 기묘년[1819]과 경진년[1820] 사이에 우북평(右北平)[10]에 여행 가서 여러번 유성루(楡城樓)에 올라 바다의 일출을 보았는데 곧 옛날 영주도(營州道)로서 조선(朝鮮)이 입공(入貢)하던 길이다.

---

7) 제향(帝鄉) : 임금이 있는 도성. 여기서는 영주도(營州島)를 말하는 듯함.
8) 원문의 '단청(丹靑)' : 그림을 말함.
9) 원문의 '성식(省識)' : 인식(認識).
10) 우북평(右北平) : 하북성(河北省) 풍윤현(豐潤縣)에 있는 지명.

2)

昔履盧龍塞　옛날에 노룡새(盧龍塞)[11]에 갔었는데
今披海客圖　지금 〈해객금준도〉를 펼쳐보게 되었구나
波濤趍白馬　파도는 백마가 달리는 듯하고
島嶼辨元菟　섬들은 원토(元菟)[12]에서 구분되네
紀祀書尊範　사(祀)[13]로 기록한 『서경(書經)』의 〈홍범(洪範)〉을 존중했고
傳經易治虞　경전(經典)을 전하기는 우씨(虞氏)의 주역(周易)을 연구했네

朝鮮治易 以仲遠世父 茗柯太史 虞氏義 爲宗 金秋史侍郎 尤重淵源 與仲遠 時通書問 (조선의 주역 연구는 중원의 세부(世父) 명가(茗柯)[14]가 태사인 우씨 주역(虞氏周易) 뜻을 주종으로 삼았는데 추사 김정희 시랑이 더욱 연원(淵源)을 중히 여겨 중원(仲遠)과 때때로 서신으로 문의하였다).

淵源今倍竺　연원(淵源)은 지금 갑절로 돈독하니
得似阮堂無　완당(阮堂)[15] 같은 이를 얻지 못할 것이네

---

11) 노룡새(盧龍塞) : 산해관 근처에 있는 관문(關門). 모양이 백마가 달리는 듯함.
12) 원토(元菟) : 지역 이름. 한(漢)에서 설치한 지역으로 요동(遼東)에 있었다.
13) 사(祀) : 연(年)과 같음. 『서경(書經)』「홍범(洪範)」에, "13년에 왕이 기자(箕子)를 방문하였다(惟十有三祀 王訪于箕子)."고 하였다.
14) 명가(茗柯) : 장혜언(張惠彦)의 호(號). 장요손의 백부(伯父).
15) 완당(阮堂) : 김정희(金正喜)의 호.

3)

昔雨聯今雨	옛 친구와 요즘 친구 어우러지고
客星傍使星	객성(客星)[16]이 사성(使星)[17] 곁에 모였는데
郎官新締構	낭관[18]이 새로 얽어 지은
相國舊園亭	상국(相國)[19]의 옛 원정(園亭)이었다
家學劉中壘	집안 대대로 내려오는 학문은 중루[20] 유향(劉向) 같고
才名宋子京	재능과 명성은 송나라 자경(子京)[21]같네
同文覘世運	같은 문자[22]를 쓰면서 세상 운수를 엿보고
小集亦耆英	조그만 모임이지만 기영회였네[23]

---

16) 객성(客星) : 찾아온 친구들.

17) 사성(使星) : 사신으로 간 이상적(李尙迪)을 말하는 듯하다.

18) 낭관(郎官) : 형부원외랑(刑部員外郎)을 지낸 오찬(吳贊)을 말하는 듯하다.

19) 상국(相國) : 오찬이 섬서(陝西) 형부원외랑(刑部員外郎) 집에 세 들어 살았으므로 여기서 상국은 형부시랑을 지칭하는 듯하다.

20) 중루(中壘) : 한(漢) 나라 유향(劉向)을 말함. 그가 중루교위(中壘校尉) 벼슬을 지냈다.

21) 자경(子京) : 송 나라 안륙인(安陸人). 이름은 송기(宋祁). 자는 자경(子京). 형(兄)인 송상(宋庠)과 함께 진사(進士)에 천거되고 여러번 옮겨 용도각학사(龍圖閣學士)와 사관수찬(史官修撰)을 지냈다.

22) 원문의 '동문(同文)' : 같은 문자를 사용함. 천하가 통일되어 동일한 왕조를 섬김을 말함. 『중용(中庸)』에, "지금 천하의 수레바퀴가 같고 글자가 같고 행의에 차례가 같다(今天下車同軌 書同文 行同倫)."이라고 하였다. 같은 나라 사람을 말함.

23) 원문의 '기영(耆英)' : 기영회(耆英會). 송(宋) 나라 문언박(文彦博)이 서도(西都) 낙양(洛陽) 유수(留守)로 있을 당시 노인 사대부(士大夫) 11인(人)을 모아 풍류를 즐겼다. 당시 이를 '낙양기영회(洛陽耆英會)'라고 하였다. 사마광(司馬光)의 〈낙양기영회서(洛陽耆英會序)〉 참조. 일설에는 13명이라고도 하며 화공(畫工) 정환(鄭奐)에게 명하여 묘각불사(妙覺佛寺)에 그림을 그리라고 하였다고 한다.

4)

兵氣干戈厭　전쟁 분위기에 병기가 싫증나는데
江聲甲馬流　강물 소리 갑옷 입은 전마(戰馬) 소리 전해지네
銅駝悲入洛　구리 낙타[24]가 낙양에 들어가는 것이 슬프고
金狄悵辭劉　누런 구리 사람[25] 말 없는 것이 서글프네

---

24) 원문의 '동타(銅駝)' : 동타형극(銅駝荊棘). 동타는 원래 낙양성 안에 있는 거리의 이름으로 번화가이다. 『진서(晉書)』「삭정전(索靖傳)」에, "삭정이 선견지명이 있어서 장차 천하가 어지러워질 것을 알고는 낙양 궁문에 있는 구리 낙타를 보고 탄식하며 말하기를 '이제 보니 네가 가시밭 속에 묻히게 되었구나'(靖有先識遠量 知天下將亂 指洛陽宮門銅駝 嘆曰 會見汝在荊棘中耳)."라고 하였다. 뒤에는 산천이 파괴되거나 세족(世族)이 망하는 등의 황폐한 상태를 말함.

25) 원문의 '금적(金狄)' : 궁중 문 앞에 황금으로 만든 사람 상(像). 나라가 망하자 황폐한 풀 속에 묻혔다고 한다. 청(淸) 손중악(孫中嶽)의 〈大侄書金陵回即走西安悵然念之〉에, "고궁 환폐한 풀 속에 금적이 묻히고 나그네 가을 바람 부는 길에 돌고래도 움직인다(故宮荒草埋金狄, 客路秋風動石鯨)."고 하였다. 또『수경(水經)』「하수(河水) 4」에, "진시황 26년에 장적(長狄) 12이 임조(臨兆)에 나타났는데 길이가 5길이 넘었다. 좋은 상징이라 하여 금인(金人) 12을 부어 형상을 만들었는데 각각의 무게가 24만근(斤)이 되었다. 궁중 문 앞에 세우고는 '금적(金狄)'이라고 하였다(秦始皇三十六年 長狄十二 見於臨兆 長五丈餘 以爲善祥 鑄金人十二以象之 各重二十四萬斤 坐之宮門之前 謂之金狄)."라고 하였다. 본래는 적족(狄族)의 한 족속인데 그 사람의 키가 커서 후세에 소상(塑像)을 만들어서 전당(殿堂)에 진열하였다. 당(唐) 손화(孫華)의 〈매촌 선생의 〈녹초기문〉을 읽고 느낀 것이 있어 장구를 지었는데 그 6구의 1에(讀梅村先生〈鹿樵紀聞〉有感題長句六句之一)〉에, "구리 낙타는 궁문 풀 속에 묻히고 금적은 바다의 먼지를 쓰다듬는다(銅駝堙沒宮門草, 金狄摩挲海上塵)."고 하였다.

復此朋簪盍	다시 이 친구와 벗이 되어[26]
疑陪貫月遊	아마도 달마다 모시고 다니[27]게 되겠지
爲言武陵叟	무릉의 노인[28]에게 한 마디 하노니
早料橘千頭	일찌감치 천 그루 귤나무[29] 남길 계획이나 하시지

仲遠別十七年矣 己未夏來游武昌 見示此圖 賦此奉教 仲遠官游有年 官至監司 而窮乃過於作秀才時 恐未易辨買山之計 末語蓋規之亦

26) 원문의 '합잠(簪盍)' : 벗이 모임. 『역(易)』「예(豫)」에, "의심하지 않으면 벗이 모이리라(勿疑 朋盍簪)"라고 하였다. 주희(朱熹) 〈본의(本義)〉에, "그러나 또 마땅히 지성으로 의심하지 않으면 벗이 모여 따르리라(然又當至誠不疑 則朋類合而從之矣)."고 하였다.

27) 원문의 '월유(月遊)' : 월출유(月出游)와 같다. 달마다 제왕(帝王)의 의관(衣冠)을 꺼내어 유행(遊行)하던 일. 『사기(史記)』「숙손통(叔孫通)」에, "폐하는 무슨 일로 저런 복도(複道)를 만들게 하셨습니까. 폐하께서는 고조(高祖)의 의관을 매달 한 번 침묘(寢廟)에서 고조의 묘로 나르지 않으면 안됩니다(陛下何自築複道 高寢衣冠月出游高廟)."라고 하였다.

28) 원문의 '무릉수(武陵叟)' : 아마도 무창(武昌) 수령을 지내는 장요손(張曜孫)을 지칭하는 듯하다.

29) 원문의 '귤천두(橘千頭)' : 천 그루 감귤나무. 한말(漢末) 청백리 이형(李衡)이 귤 천 그루를 아들에게 물려주었다는 데서 생긴 말. 천두목노(千頭木奴). 한나라 말기 이형이 청렴한 벼슬을 살았다. 만년에 무릉 용양 사주에 사람을 파견하여 감귤 천 그루를 심었다. 죽음에 다다르자 아이들에게 말하기를, '너는 내가 집안을 잘못 다스렸다고 미워하지 마라 옛날부터 이렇게 궁했었다. 그러나 나는 마음에 천 그루의 귤을 심었으니 너희들은 의식에 책임을 지우지 않아도 되고 매년 한 필의 비단만 올리면 또한 족히 살아갈 수 있을 것이다(漢末李衡爲官清廉 晩年派人於武陵龍陽氾洲種柑橘千株 臨死 對他的兒子說 汝母惡我治家 故窮如是 然吾州里有千頭木奴 不責汝衣食 歲上一匹絹 亦可足用耳)."고 하였다. 《참고문헌》『삼국지(三國志)』「오지(吳志)」〈손휴전(孫休傳)〉.

嘅之也 同里 徐廷華 子楞記

중원과 이별한 지 17년이 되었다. 기미년(1859) 여름에 무창으로 놀러갔는데 이 그림을 보여주어, 이렇게 지어 중원에게 가르침을 받는다. 중원이 벼슬길에 든지 여러 해가 되어 벼슬이 감사에 이르렀지만 곤궁함이 수재(秀才)였을 때보다 지나쳤으니 아마도 매산(買山)[30] 계획을 쉽게 분변하지 못해서일 듯하다. 끝부분의 말은 대체로 경계하는 것이니 역시 탄식스럽다. 같은 마을 출신 서정화(徐廷華) 자릉(子楞)은 기록한다.

---

30) 원문의 '매산(買山)' : 산을 사서 은거할 계획. 현자(賢士)의 은거(隱居)를 말함.

전보청(錢寶靑)

전보청(錢寶靑, ?~1860) : 절강성 가선인(嘉善人). 자는 초순(初純)·평강(萍矼). 도광 21년[1841] 진사에 오르고, 좌부도어사(左副都御史)에 오름.

20. 전보청의 제사

1860년 정월, 악주(鄂州)에서

1)

草堂人日梅如菽	초당에 1월 7일[1] 매화는 콩만한데
慣到仙鳧海上來	익숙하게 신선[2]이 바닷가에서 왔네
萬里車書成主客	만리 밖 수레와 문자[3]가 주인도 되고 객도 되어
一時文物在樽罍	한바탕 문물 이야기가 술자리에서 벌어지네

---

1) 원문의 '인일(人日)' : 정월 7일을 말함.

2) 원문의 '선부(仙鳧)' : 신선이 오리를 타고 다님. 『후한서(後漢書)』「방술열전(方術列傳)」에 "왕교는 하동 사람이다. 현종 때에 섭 땅의 군수가 되었다. 귀신 같은 재주가 있어서 매월 초하루와 15일이면 그 현에서 조정에 와 황제께 알현하곤 했다. 황제는, 그가 자주 오기는 하는데 수레와 말이 보이지 않는 게 이상하여 태사에게 지켜보게 했다. 태사는 말하기를 '그가 올 때면 갑자기 두 마리의 오리가 동남쪽에서 날아옵니다'라고 했다. 그리하여 오리가 올 때쯤 되어 그물을 쳐 놓았더니 다만 한 짝의 신발만이 걸렸는데 … 그것은 곧 현종 4년에 상서(尙書)에서 나누어주었던 것이었다(王喬者河東人也 顯宗時 爲葉令喬 有神術 每月朔望 常自縣 詣臺朝 帝怪其來數 而不見車騎 密令太史 伺望之 言其臨至 輒有雙鳧 從東南飛來 於是 候鳧至 擧羅張之 但得一隻舃 則四年中所賜尙書官屬所賜履也)."고 하였다.

3) 원문의 '거서(車書)' : 천하가 하나로 통일됨을 비유함. 또 국가의 문물제도를 지칭함. 『중용(中庸)』에, "지금 천하의 수레 바퀴축이 같고 책의 문자가 같다(今天下車同軌 書同文)."고 하였다. 곧 수레의 바퀴축의 폭이 같고 책의 문자가 같은 것은 문물제도가 같아서 천하가 하나로 통일된 것임을 이른다.

天風零落扶桑曲	바람은 동해 바다 한 쪽에 쓸쓸히 불고
漢水輕盈竹葉醅	한수(漢水)에는 죽엽배(竹葉醅)가 유쾌하네
官柳江潭今十抱	강담(江潭)에 심은 관청 버드나무는 지금 열 아름이나 되는데
那容把卷不低徊	어찌 그림을 쥐고 옛생각[4]하지 않겠는가

4) 원문의 '저회(抵徊)' : 회상(回想)함.

2)

相思何獨渺蒼溟	어찌 나만 홀로 아득한 바다 먼 친구를 그리워하랴
北斗高高照鳳城	북두성은 높이 떠서 봉성(鳳城)[5]을 비추네
往日亭臺今孰主	지난날 정대(亭臺)[6]는 지금 누가 주인이더냐
當年海宇未知兵	그 당시 온 나라[7]에 전쟁을 몰랐었네
靑氈故物餘烽火	가보로 전해오는 옛물건[8]은 전쟁 중에도 남아있는데
綠鬢諸郞盡老成	젊었던 사람들 모두 다 늙었구려
二十三年幾塵跡	23년 동안 묵은 자취 얼마던가

5) 봉성(鳳城) : 경도(京都)의 미칭(美稱).

6) 정대(亭臺) : 정자(亭子).

7) 원문의 '해우(海宇)' : 해내(海內)로서 국경 안의 지역을 말한다. 곧 온 나라.

8) 원문의 '청전고물(靑氈故物)' : 벼슬살이 한 가문에 대대로 내려오는 물건이나 가업(家業). 『태평어람(太平御覽) 708』에서 인용한 장배계(晉裴啓)의 『어림(語林)』에, "왕자경이 방에 누워있는데 도둑이 들어와 물건을 가져가는데 방안에 있는 것들이 모두 없어졌다. 자경이 누워서 움직이지 않자 도둑이 드디어 탑(榻)에 올라가 보인 것을 가져가려고 하자 자경이 소리 지르며 말하기를, '석염(石染) 청전(靑氈)은 우리집에 전해오는 오랜 물건이니 그냥 두면 안되겠는가'하니 이에 도둑들이 물건을 놓고 도망갔다(王子敬在齋中臥 偸人取物 一室之內略盡 子敬臥而不動 偸遂登榻 欲有所覓 子敬因呼曰 石染靑氈是我家舊物 可特置否 於是群偸置物驚走)."고 하였다. 『진서(晉書)』「왕헌지전(王獻之傳)」에 이것을 기록하고 있는데 뒤에 드디어 청전고물(靑氈故物)을 벼슬을 한 집안에 전해오는 물건 혹은 구업(舊業)이라고 하였다.

都來付與兩吳生　모두 두 오생(吳生)[9]에게 넘긴다오

庚申 正月 鄂州使館 萍矼 錢寶靑 題
경신년[1860] 정월 악주[10] 사관에서 평강 전보청은 짓는다.

---

9) 원문의 '양생(兩生)' : 아마도 〈세한도〉 관람 장소를 제공해준 오찬(吳贊)과, 그 장면을 〈해객금준제이도〉로 그린 오준(吳儁)을 말하는 듯하다.
10) 악주(鄂州) : 호북성(湖北省) 무창(武昌)에 있는 지명. 장요손이 이곳의 현령을 지냈다.

풍예기(馮譽驥)

풍예기(馮譽驥, 1822~?) : 광동성(廣東省) 고요인(高要人). 자는 중량(仲良), 호는 전운(展雲). 도광 24년[1844] 진사에 오르고, 학사(學士), 섬서(陝西) 순무(巡撫)를 지냈다. 팔법(八法)이 정밀하였으며 영남인(嶺南人)이 우두머리로 받들었다. 《참고문헌》 왕종형(王宗衍)의 『영남화인의년록(嶺南畫人疑年錄)』.

21. 풍예기의 제사

1860~1861년 사이

滄溟萬里尺書貽	만리 바다 밖에서 편지가 왔는데
槃敦風流又一時	사신과 교유한 풍류가 또한 한 때였네
自是中朝寬法禁	이로부터 중국에 금지하는 법이 너그러워졌고
久知東國解聲詩	오래 전부터 동국(東國)에 시(詩)를 제대로 이해하는 줄 알았었네
鶯花紫陌傳箋櫝	꽃 피는 봄날[1] 도성[2] 편지를 전하는데
關塞青楓繫夢思	추운 변방 푸른 단풍[3]에 그리움이 얽혔다네
何但海天波浩渺	어찌 바다 멀리 파도만 아득하다고 하랴
京華吟望首低垂	머리 숙이고 시 읊으며 도성[4]을 바라보네

高要 馮譽驥 展雲題

고요 풍예기 전운은 짓는다.

---

1) 원문의 '앵화(鶯花)' : 꾀꼬리 울고 꽃이 핌. 봄의 경치를 지칭함.
2) 원문의 '자맥(紫陌)' : 경사(京師) 교외(郊野)의 길을 지칭함.
3) 원문의 '청풍(青楓)' : 푸른 단풍나무.
4) 원문의 '경화(京華)' : 도성(都城)을 지칭함.

장요손(張曜孫)

장요손(張曜孫)(1808. 06. 09~1863. 06) : 강소성(江蘇省) 양호인(陽湖人). 자는 중원(仲遠)·승보(昇甫), 호는 복생(復生). 가계(家系)는 장금제(張金第)→장섬빈(張蟾賓)→장혜언(張惠言)·장기(張琦) 형제→(장기(張琦)의 자녀)장각손(張珏孫)·장요손(張曜孫)·장첩영(張縚英, 맹제(孟緹)·담국헌부인(澹鞠軒夫人), 적(適) 오찬(吳贊)·장책영(張綵英), 위천(緯靑), 적(適) 장정(章政))·장윤영(張綸英, 원순(琬紃), 적(適) 손할(孫劼))·장환영(張紈英, 약기(若綺)), 적(適) 왕희(王曦)) 형제→장진례(張晋禮, 장요손의 자(子)). 부인(夫人)은 포세신(包世臣)의 녀(女). 1836년 입경(入京)하여 자서(姊壻)인 오찬(吳贊)에게 배워, 1843년 향시(鄕試)에 오르고, 1844년 다시 연경(燕京)에 들어갔다. 1845년에 호북(湖北) 무창(武昌) 지현(知縣), 한양(漢陽) 동지(同知), 관찰(觀察)을 지냈다. 태평천국 난(太平天國 亂) 당시 정부군에 참여하여(1850~1859) 공로를 인정받고 태수(太守)로 승진했으나 군량(軍糧)을 횡령했다는 모함을 받고 화병(火病)으로 죽었다. 문(文)·서(書)·의술(醫術)에 신통하였으며, 시사(詩詞)와 병문(騈文)에 능했다. 저서로는 『속홍루몽(續紅樓夢)』·『근언신호지거시집(謹言愼好之居詩集)』이 있다.

22. 장요손의 제사

1861년 12월

1)

八載離愁入杳冥[1] 8년 동안 이별의 생각 어렴풋했는데
相逢意外眼逾青 뜻밖에 만나보니 더욱 반갑구나
中朝裙屐增新雨[2] 중국의 명문 집안[3] 새 친구들 더 많아지고
百里弧躔聚客星 백리의 호성(弧星)[4] 궤도에 객성(客星)들이 모였다네
東閣淸尊開雅宴 동각(東閣)에서 맑은 술로 우아한 잔치 마련하고
西山爽氣落孤亭 서산(西山)의 상쾌한 아침 기운[5]은 외론 정

---

1) '八載離愁入杳冥' : 『중외창수집』 p.13에는 '八載離懷入杳冥'로 되어 있다.
2) '中朝裙屐聯新雨' : 『중외창수집』 p.13에는 中朝裙屐增新雨으로 되어 있다.
3) 원문의 '군극(裙屐)' : 군(裙)은 아래 치마, 극(屐)은 나막신(木底鞋). 원래는 육조시대(六朝時代) 귀족 자제들의 복장을 의미했으나, 뒤에는 명문 부자집 자제를 지칭한다.
4) 호성(弧星) : 별 이름. 천궁(天弓)이라고도 한다. 정(井) 자리에 속하는 별로서 간략하게 호(弧)라고 칭한다. 구성(九星)과 함께 낭성(狼星) 동남쪽에 있는데 팔성(八星)이 활 모양으로 되어 있으며 밖의 한 별은 화살 모양으로 큰개자리에 속한다.
5) 원문의 '서산상기(西山爽氣)' : 한가한 정(情)과 우아한 흥취, 또 유연자득(悠然自得)한 모습. 『세설신어(世說新語)』「간오(簡傲)」에, "왕자유(王子猷)가 환거기(桓車騎)의 참군(參軍)이 되었다. 완거기가 왕자유에게 말하기를, '경은 부(府)에 있은 지 오래되었으니 마땅히 요리를 해야 할 것이다.' 처음에 아무 대답도 하지 않고 다만 높이 올려다보면서 수판(手版 ; 笏)을 쥐고 턱을 고이고 말하기

자에 깃드네

舊遊回首升沈感　옛날 놀던 이런 저런일 생각하면서

喜見搏扶起北溟[6]　북녘 바다에서 붕새가 높이 나는 걸 즐겁게 보겠구려[7]

를, '서산(西山)에 아침이 되면 상쾌한 기운이 올 것이다'고 하였다(王子猷作桓車騎參軍 桓謂王曰 卿在府久 比當相料理 初不答 直高視 以手版拄頰云 西山朝來 致有爽氣)."고 하였다. 또는 사람의 성격이 소원(疏遠)하고 오만해서 남을 받들지 못하는 것을 비유함.

6) '喜見搏搖起北溟' : 『중외창수집』 p.13에는 '喜見搏扶起北溟'로 되어 있다.

7) 원문의 '북명(北溟)' : 『장자(莊子)』에 나오는 북쪽에 있는 바다. 원대한 포부를 펼침을 비유함. 『장자(莊子)』 「소요유(逍遙遊)」에, "북쪽 바다에 물고기가 있는데 그 이름은 곤(鯤)이다. 곤의 크기는 몇천리나 되는지 알 수 없다. 그 곤이 변해서 새가 되는데 그 이름을 붕(鵬)이라 한다(北冥有魚 其名爲鯤 鯤之大 不知其幾千里也 化而爲鳥 其名爲鵬)."고 하였다.

2)

孤雲絶島晝冥冥 외로운 구름 뜬 절해고도는 낮에도 어두워
獨客沈憂鬓不靑 홀로 귀양살이 하는 나그네 깊은 근심에 구렛나루 다 세었네
奇石喬柯何磊落 기이한 돌과 큰 나뭇가지 어이 그리 우뚝한가
山榛隰草總零星 산의 잡목 습지의 잡초 모두가 시들었구나
傳經消息虞翻易[8] 변화무쌍한[9] 『우번역(虞翻易)』[10]을 연구했으니
問字蒼凉揚子亭 우아하고 소박한[11] 양웅의 정자를 찾아가 글자를 물어야겠지[12]

---

8) '傳經消息虞翻易' : 『중외창수집』 p.13에는 '傳經消息虞翻業'로 되어 있다.

9) 원문의 '소식(消息)' : 천지의 변화를 지칭함. 건(乾)의 6효(六爻)가 식(息), 곤(坤)의 6효(六爻)가 소(消)이다. 『역(易)』에, "건괘는 양(陽)을 주장하고, 곤괘는 음(陰)을 주장한다. 양의 기운이 올라가면 만물이 자라나므로 식(息)이라 하고, 음의 기운이 내려오면 만물이 멸하므로 소(消)라고 한다(乾卦主陽 坤卦主陰 陽升則萬物滋長 故稱息 陰降則萬物滅 故稱消)."고 하였다.

10) 우번(虞翻) : 삼국시대 오(吳) 나라 여요인(餘姚人). 자는 중상(仲翔). 어려서부터 학문을 좋아했으며, 특히 『주역』에 정통했다.

11) 원문의 '창량(蒼凉)' : 고아(高雅)하고 소박(素朴)함.

12) 원문의 '양자(揚子)' : 한(漢) 나라 양웅(揚雄)을 지칭함. 그가 현정(玄亭)을 짓고 조용히 살고 있을 때에 유분(劉棻)이 술을 가지고 찾아가 기이한 글자를 물었다고 한다. 여기서 '문기자(問奇字)'라는 고사(故事)가 생겼다. 현정은 사천성(四川省) 성도(成都)에 있었다. 세한도에 있는 집을 양자정(楊子亭)에 비유한 것이다.

一卷丹靑千古意　한 권의 〈세한도〉에 천년토록 변치말자는 뜻이 담겼으니
後凋高節著滄溟[13]　뒤늦게 시드는 높은 절개가 하늘에 드러난다

余識藕船尙未通藉 今已秩居三品矣 秋史治易 通先世父 皐文先生周易虞氏義(내가 우선이 아직도 큰 벼슬을 못한 줄 알았는데, 이제 이미 품계가 3품에 올랐다. 추사의 『주역』 연구는 선세부(先世父) 고문(皐文) 선생의 『주역우씨의』를 통달하였다).

乙巳春卽席贈藕船 兼懷秋史侍郎 時秋史謫居海嶠 席中出所作歲寒圖冊見示 幷題冊 後次藕船辛丑人日 瀋陽道中見懷詩韻 海客琴尊第二圖裝成卽書卷中 曜孫記

을사년[1845] 봄 즉석에서 우선에게 주며 겸하여 추사 김시랑을 생각한다. 그 당시 추사는 바다 멀리 귀양을 갔다. 그 좌석에서 〈세한도〉를 꺼내어 보여주어 책에 제찬을 지었다. 뒤에 우선의 신축년[1841] 1월 7일(人日)에 지은 〈심양도중 견회〉 시운(詩韻)에 차운하고, 〈해객금준제이도〉의 장정(裝幀)이 완성되자 즉시 두루마리 가운데 쓴다. 요손은 기록한다.

余與藕船訂交京師 時道光丙申丁酉間也 越八年復與藕船 遇於京師 乃有海客琴尊第二圖之作 自是余以薄官 浮沈楚中 不復至京師

13) '後凋高節著滄溟' : 『중외창수집』 p.13에는 '後凋高節著蒼溟'으로 되어 있다.

藕船又以奉使來 亦不得相見已 丁未以後 粵寇竄楚 從事於兵戈戰鬪間 烽火彌天 鱗鴻斷絶 不通消息者 又十五年矣 戊午 藕船復來朝 詢余蹤迹 京師友人 馳書相告 乃復通書 今年 藕船書來言 琴尊第二圖中 同人題詠 多半遺忘 屬錄爲小冊見寄 乃爲書 此卷中同人梅伯言 張石洲 姚湘坡 黃子幹 葉潤臣 錢萍矼 徐子楞 均已物故 趙伯厚 曹艮甫 馮小亭 李鶴人 皆死於寇難 其存者 潘順之 補之 玉泉 馮景亭 汪感齋 在吳中 潘星齋侍郞 引疾 居京師 何子貞太史 去官居長沙 莊衛生以湖北布政使 改浙江布政使 引疾僑居彝陵 章仲甘 一第未成困於畿輔 吳冠英尙遊京師 陳頌南歸晉江 周席山 久不得消息 不知尙存否也 阮賜卿 朱筱園 李香雪 何荔泉 皆官楚北 彭雪芹督水師楚中今爲安嶽巡撫 馮展雲 督學楚北今督學江西 朱雲門爲施南守 昨歲歸直隸 王子壽則湖北詩人 譚荔仙則湖南詩人也 顧子山爲湖北鹽道以憂僑居上海恐皆藕船所欲知 因附着其大概 咸豊十一年辛酉十二月曜孫記

내가 우선(藕船)과 경사(京師)에서 친구가 되었는데, 그 당시는 도광 병신년[1837]과 정유년[1838] 사이였다. 그로부터 8년이 지난 뒤 다시 우선과 경사에서 만났는데 이 때 『해객금준제이도』를 제작하게 되었다. 이 때부터 나는 벼슬길에 얽매여 초(楚) 지역에서 살아가노라고 다시 경사(京師)에 가지 못했고, 우선도 사신으로 왔었지만 역시 서로 만날 수 없었다. 정미년[1847] 이후 월(粵) 지역 반란군이 초(楚) 지역을 찬탈하자 전쟁터에서 전투에 종사하는 사이에 봉화연기는 하늘에 가득하고 연락이 끊어져 소식이 통하지 않은 지 또 15년이나 되었다. 무오년[1858]에 우선이 다시 조회(朝會)하러 와서는 나의 자취를 묻는다고 경사(京師)에 있는 친구들이 편지를 보내 다시 서신이 통하게 되었다. 금년에 우선이 편지를 보내왔는데, '『해객금준제이도』 그림 속에 들어있는 동인(同人)들의 제영(題詠)을 거의 다 잃어버렸으니 자그마한 책자로 기록해서 보내달라'고 하였다. 이리하여 이 책자를 쓰게 된 것이다. 권중(卷中)의 동인(同人)들은 매백언(梅伯言)·장석주(張石洲)·요상파(姚湘坡)·황자간(黃子幹)·섭윤신(葉潤臣)·전평강(錢萍矼)·서자릉(徐子楞)은 모두 이미 고인이 되었고, 조백후(趙伯厚)·조간보(曹艮甫)·풍소정(馮小亭)·이학인(李鶴人)은 모두 반란군들과의 전투에서 죽었다. 그리고 살아있는 사람 중 반순지(潘順之)·반보지(潘補之)·반옥천(潘玉泉)·풍경정(馮景亭)·왕감재(汪感齋)는 오(吳) 지방에 남아있고, 반성재(潘星齋) 시랑(侍郎)은 병이 들었다고 벼슬을 사직하고 경사(京師)에 살고 있으며, 하자정(何子貞) 태사(太史)는 벼슬을 버리고 장사(長沙)에 살고 있으며, 장위생(莊衛生)은 호북(湖北) 포정사(布政使)로 있다가 다시 절강(浙江) 포정사(布政使)로 갔는데 병이 들어 이릉(彝陵)에 살고 있으며, 장중감(章仲甘)은 한 번도 과거에 급제하지 못하고 경도(京都) 부근에서 곤궁하게 지내고 있으며, 오관영(吳冠英)

은 아직도 경사(京師)에 있으며, 진송남(陳頌南)은 진강(晉江)으로 돌아갔고, 주석산(周席山)은 오래도록 소식이 없으니 아직도 살았는지 죽었는지 알 수가 없다. 완사경(阮賜卿)·주소원(朱筱園)·이향설(李香雪)·하예천(何荔泉)은 모두 초(楚) 지역 북쪽에서 벼슬을 하고 있으며, 팽설근(彭雪芹)은 초중(楚中)에서 수사(水師)를 감독하고 있다가 지금은 안악(安嶽) 순무(巡撫)가 되었고, 풍전운(馮展雲)은 초북(楚北)에서 독학(督學)으로 있다가 지금은 강서(江西)지역 독학(督學)으로 있으며, 주운문(朱雲門)은 시남(施南) 수령(守令)을 지내고 있었는데 지난해에 직예(直隸)로 돌아갔으며, 왕자수(王子壽)는 호북(湖北) 시인(詩人)이다. 고자산(顧子山)은 호북(湖北) 염도(鹽道)로 상해(上海)에 살고 있는데 모두 우선이 알고 싶어하는 것들이다. 그리하여 당시 대략을 덧붙여 적는다. 함풍 11년[1861] 신유 12월 장요손은 기록한다.

제3편 資料編

1. 편지류

1) 이상적(1844. ?. ?.)

“세한도 한 폭을 엎드려 읽으매 눈물이 저절로 흘러내리는 것을 깨닫지 못했습니다. 어이 그다지도 분수에 넘치게 추켜올리셨습니까. 감개가 진실로 절실합니다. 아, 제가 어떤 사람이기에 권세와 이익을 좇지 않고 도도한 세상 풍조 속에서 스스로 초연히 벗어났겠습니까. 다만 변변치 못한 작은 정성으로 스스로 그만둘 수 없어서 그랬던 것일 뿐입니다. 더구나 이러한 종류의 책은 바유하자면 문신(文身)을 새긴 야만인이 공자(孔子)의 장보관(章甫冠)을 쓴 것과 같아서 권세와 이익으로 불타는 세속과는 맞지 않는 것이기 때문에 저절로 맑고 시원한 곳으로 돌아간 것일 뿐입니다. 어찌 다른 뜻이 있겠습니까. 이번 사행(使行) 길에 이 그림을 가지고 북경(北京)에 가서 표구하여 한 번 옛 지기(知己)들에게 두루 보이고 제발(題跋)과 시문(詩文)을 청하려고 합니다. 그러나 오직 두려운 것은 그림을 보는 사람들이 제가 진실로 세속을 초월해서 초연히 세상의 권세와 이익 밖으로 벗어났다고 여기지 않을까 하는 것입니다. 어찌 스스로 부끄럽지 않겠습니까. 참으로 과분한 일입니다. -- 운대(芸臺) 완원(阮元) 상국(相國)의 『중용설(中庸說)』은 일찍이 『연경실집(揅經室集)』에서 본 바이나 올 여름에 역하(歷下)의 시인(詩人) 자매(子梅) 왕홍(王鴻)이 남방으로 돌아갈 때 궐리(闕里)를 지나가다 공자묘(孔子廟)의 벽에 새긴 그 글의 탁본(拓本)을 부쳐왔는데 -- 손수 표구해서 올리는 바이나 풀이 세고 주름이 져서 보잘것 없어 마치 부처의 머리에 똥칠을 한 것 과 다름 없으니 한스럽습니다.(김정희에게 『문학사상』50호)

2) 장요손(1845. 01. 07.)

十三日耑候　早臨畵士冠英是日亦與斯會擬令細寫　尊貌遍圖坐客爲　皇都話舊圖亦是他日一番佳迹也

13일에는 일찍 오시기만을 오로지 기다립니다. 화가 관영(冠英 : 吳儁)도 그날 또한 여기에 참여할 것인데 그에게 당신의 모습을 자세히 그리고, 앉아있는 손님들을 두루 그려 『황도화구도(皇都話舊圖)』를 만들게 할 것이니 또한 이것은 뒷날의 한 번 멋진 자취가 될 것입니다.(『해린척소』 p.2)

3) 장요손(1845. 01. ?.)

廿六日 當在艮甫處奉陪 偉卿亦在坐也 此請藕船仁兄大安 曜孫頓

閣下大集中 所作凡涉及曜孫者 乞於 暇時 手書一橫紙以便裝 入海客琴尊圖 以後志千秋交誼之疋 是所至懇至懇 [其橫幅縱一尺二寸五分 橫不拘長短也]

26일에는 간보의 처소에서 모실 것인데, 위경(偉卿 : 吳贊)도 또한 그 자리에 있을 것입니다. 우선(藕船) 인형(仁兄)의 평안을 바랍니다. 요손은 머리 숙입니다.

각하의 대집(大集) 가운데 지으신 장요손과 관련이 있는 부분은, 한가하실 때에 손수 횡지(橫紙)에 써 주시면, 당장에 장식하여『해객금준도』에 넣겠습니다. 그리하여 이 다음 천년 동안 교제의 아름다운 일을 기억할 수 있게 해주시기를 간절하고 간절하게 바랍니다. [그 횡폭은 종(縱) 1척 2촌 5푼인데 횡폭은 길고 짧음에 구애되지 않습니다.](『해린척소』 p.7)

4) 장목(1846. 05. 10.)

仲遠授武昌令 大有山水之樂 時有書來 治狀甚善也 海客琴尊圖入書者 幾二十人 當仍催 大作首倡也 --

丙午五月初十日 弟張穆頓

중원(仲遠 : 張曜孫)은 무창 현령으로 임명되어 산수(山水)의 낙을 즐기고 있는데 간혹 편지에 그곳을 다스리는 상황이 매우 좋다고 합니다. 〈해객금준도〉 들어 있는 사람은 거의 20명인데 마땅히 각하의 대작(大作)이 맨 앞에 실려야 할 것입니다. --

병오년[1846] 5월 초10일 아우 장목은 머리 숙입니다(『해린척소』 p.65).

5) 반증위(1848. 01. 28.)

仲遠 升漢陽同知 琴尊圖在渠處 容屬其錄寄 金雩香已出都 小印三方 已託程穉蘅 奏刀奉去 草復卽請 道安不盡 (曾瑋)頓 正月二十八日

중원(仲遠 : 張曜孫)은 한양(漢陽) 지방 동지(同知)로 승진했는데, 『해객금준도』는 그곳에 있으므로 아마도 그 기록에 넣을 수 있을 것입니다. 김우향(金雩香)은 이미 도성을 나갔습니다. 소인(小印) 3방(方)은 이미 정치형(程穉衡 : 程祖慶)에게 부탁해 놓았으니 칼로 새기는 대로 올려 보낼 것이라 아룁니다. 대강 답장합니다. 가시는 길 평안하시기를 빕니다. 다하지 못합니다.

반증위는 머리 조아립니다. 정월 28일(『해린척소』 p.231).

6) 장요손(1859. 11. 17.)

藕船仁兄大人閣下 自道光乙巳 與 閣下 重晤於京師 作海客琴尊第二圖 其明年 曜孫授武昌令出都 戊申 得吳偉卿書 知復與 閣下相晤 --

生平所蓄 書籍 碑版書畫 及家刻各書刊板 並燬於漢陽 僅先人箸作手澤 爲家人携出 而海客琴尊前後二圖 居然尙存無恙 閣下手書詩札 亦尙有在存者 吾兩人交 殆有不可冥滅者存 或亦他日重逢之兆耳

己未十一月 冬至前五日曜孫頓

우선 인형 대인 각하. 도광 을사년[1845]에 각하와 경사에서 거듭 만나 『해객금준제이도』를 만들었고, 그 다음해에 저 요손은 무창 지방 수령으로 제수되어 도성을 떠나가게 되었습니다. 무신년[1848]에 오위경(吳偉卿 : 吳贊)의 편지를 받고 나서 다시 각하와 만났다는 것을 알았습니다. --

평생 쌓아둔 서적(書籍)·비판(碑版)·서화(書畵) 및 집안에서 새긴 여러 가지 글씨와 간판(刊板)들이 모두 한양에서 불에 타버렸는데 겨우 선인(先人)의 저작 수택(手澤)만은 집사람이 가지고 나왔으며, 『해객금준전후이도(海客琴尊前後二圖)』는 그대로 보존되어 아무 탈이 없습니다. 우선(藕船) 각하의 편지와 시찰(詩札)도 또한 아직 그대로 보존되어 있으니 우리 두 사람의 교유가 조금도 없어져서는 안되는 것이고, 아니면 이 다음에 다시 만나게 될 조짐인가 봅니다. --

기미년[1859] 11월 동지(冬至) 전(前) 5일 요손은 머리 숙입니다(『해린척소』 p.33).

7) 장요손(1861. 12. 19.)

琴尊第二圖 同人題詠 已寫一小冊 附上 幷呈湖筆十管 舊藏佳墨四匣 圖書四方 楹帖一付 書屛八幀 畵屛四幀 荊錦二端 食桌二事

手書詩橫幅 已裝入琴尊第二圖中 大照已裝池 懸之齋壁 以相晤對 前後見寄各書 及坦齋遊生閣老詩書 均爲一卷 名曰海外蘭言 兵燹中之寶勿失也 辛酉涂月 曜孫坿記

『해객금준제이도』에 동인들의 제영(題詠)을 이미 작은 책 한 권으로 베껴서 만들었으므로 부쳐 보내드립니다. 아울러 호필(湖筆) 10관(十管)·구장(舊藏) 가묵(家墨) 4갑(四匣)·도서(圖書) 4방(四方)·영첩(楹帖) 1부(一付)·서병(書屛) 8정(八幀)·화병(畵屛) 4정(四幀)·형금(荊錦) 2단(二端)·식탁(食桌) 2사(二事)를 올립니다.

각하의 편지와 시(詩) 횡폭(橫幅)은 이미 표구를 하여 『금준제이도』에 넣었고, 선생의 초상은 이미 표구하여 방안 벽에 걸어놓고 서로 만나 이야기하는 듯 대합니다. 전후로 보여주신 각 편지와 탄재(坦齋 : 朴綺壽)와 유생(遊生 : 金興根) 각로(閣老)의 시와 글씨도 골고루 한 권으로 만들어 『해외난언(海外蘭言)』이라고 하였는데 전쟁 중에도 보배처럼 여기며 잃어버리지 않았습니다.

신유년[1861] 도월(涂月 : 12월) 요손은 덧붙여 기록합니다(『해린척소』 p.19).

8) 왕홍(1862. 07. 08)

玉河聽蟬圖 畫工妙之甚 弟擬將春明六客圖 將六客象 摹刻 題紀詩文 合刻一部 吾 兄將玉河聽蟬圖 可以兩人像摹刻 工前照冠英原本 臨摹入木 詩詞又刻爲一冊 或與海客琴樽圖合作一集 以志一時名流之雅 可爲一朝嵩也 宜卽爲之

『옥하청선도(玉河聽蟬圖)』는 매우 훌륭합니다. 저는『춘명육객도(春明六客圖)』를 가지고 육객상(六客象)을 모각(摹刻)하고 시문(詩文)을 지어서 기록하여 합쳐서 1부(一部)로 각(刻)하려고 합니다. 우리 우선 형의 모습은『옥하청선도(玉河聽蟬圖)』에 양인상(兩人象)으로 앞에 모각(摹刻)하려 합니다. 관영(冠英 : 吳儁)의 원본(原本)은 임모(臨摹)하여 목수(木手)에게 들어갔습니다. 시사(詩詞)는 또 각(刻)을 하여 한 책(冊)으로 만들거나, 혹은『해객금준도』와 합하여 한 집(一集)으로 만들어서 당대 명류(名流)의 아름다운 운치를 기록한다면 온 나라에서 숭상 받는 고사(故事)가 될 수 있을 것이므로 당장 그렇게 하겠습니다(『해린척소』 p.154).

2. 시문류

1) 이상적, 『은송당집』 권9(1846년 작)

〈追題海客琴尊第二圖 二十韻 (入畫者 比部吳偉卿 明府張仲遠 中翰潘順之 補之 及玉泉三昆仲 宮贊趙伯厚 編修馮景亭 莊衛生 吏部姚湘坡 工部汪鑑齋 明經張石州 孝廉周席山 黃子幹 侍御陳頌南 曹艮甫 上舍章仲甘 吳冠英 冠英畫之 共余爲十八人也)〉
『나중에 〈해객금준제이도〉에 화제를 쓴다. 20운(그림 속에 있는 사람은 비부 오위경·명부 장중원·중한 반순지·반보지와 옥천의 삼형제·궁찬 조백후·편수 풍경정·편수 장위생·이부 요상파·공부 왕담재·명경 장석주·효렴 주석산·효렴 황자간·시어 진송남·시어 조간보·상사 장중감·상사 오관영인데, 관영이 그림을 그렸으며 모두 나와 함께 18명이었다)』.

十載重揩眼　10년 동안 눈 비비며 기다렸는데
西山一桁青　서산이 말끔하게 개었구나[1)]
題襟追漢上　『한상제금집』[2)]을 모방해 회포를 읊고

1) '桁'은 '抹'로 써야 옳다.

修禊續蘭亭 난정(蘭亭)의 곡수놀이[3]를 계속했던
顔髮俱無恙 그 얼굴 그 모습은 아무 탈 없는지
莊諧輒忘形 장자와 제해처럼 허물 없는 친구들[4]
今來團一席 오늘의 둥그런 한 자리가
昔別隔層溟 옛날 이별할 적엔 층층이 바다에 막혔었지
記否懷人日 기억하는가. 1월 7일 그날

自註 : 嘗於癸卯 燕館 人日 得張中遠王子梅書 有詩記其事 일찍이 계묘년(1843)에 연관(燕館)[5]에서 1월 7일날 장중원과

---

2) 한상(漢上) : 『한상제금집(漢上題襟集)』을 말함. 당(唐)의 온정균(溫庭筠)·단성식(段成式)·여지길(余知吉) 등이 창화(唱和)한 작품집. 보충할 것.

3) 난정(蘭亭) : 왕희지의 유상곡수(流觴曲水)를 말함. 진(晉)나라 왕희지(王羲之)가 목제(穆帝) 영화(永和) 9년 3월 3일에 산음(山陰) 난정(蘭亭)에서 41명과 함께 흐르는 물에 술잔을 띄워 연회를 하면서 놀던 일.

4) 원문의 '장해(莊諧)' : 막역한 친구를 상징. 『장자(莊子)』「소요유(逍遙遊)」에 나오는 장자(莊子)와 제해(齊諧). 모두 대붕(大鵬)을 타고 바다를 훌쩍 날아가는 이야기를 했다. "북녘 바다에 물고기가 있는데 이름을 곤이라고 한다. 곤의 크기는 몇 천리나 되는 지 알 수 없다 이 물고기가 변해서 새가 되면 그 이름을 붕이라 한다. 붕의 등 넓이는 몇 천리나 되는 지 알 수 없다. 힘차게 날아오르면 그 날개는 하늘 가득 드리운 구름과 같다. 이 새는 바다 기운이 움직여 대풍이 일 때 그것을 타고 남쪽 바다로 날아가려 한다. 남쪽 바다란 곧 천지(天池)를 말한다. 제해라는 자는 기이한 일을 아는 자이다. 그 제해의 말에 의하면 '붕이 남쪽 바다로 날아갈 때는 파도를 일으키기를 3천리, 회오리바람을 타고 하늘 높이 오르기를 9만리, 그런 뒤에야 6월의 대풍을 타고 남쪽으로 날아간다'고 한다(北冥有魚 其名爲鯤 鯤之大 不知其幾千里也 化而爲鳥 其名爲鵬 鵬之背 不知其幾千里也 怒而飛 其翼若垂天之雲 是鳥也 海運則將徙於南冥 南冥者 天池也 齊諧者 志怪者也 諧之言曰 鵬之徙於南冥也 水擊三千里 摶扶搖而上者九萬里去以六月息者也)."라고 하였다.

5) 연관(燕館) : 조선 사신들이 머물던 북경의 숙소.

왕자매의 편지를 받았는데 시를 지어 그 일을 기록한 적 이 있다).[6)]

依然逐使星　여전히 사신[7)]을 따라갔을 때
馬諳燕市路　타고 간 말은 연경 거리를 잘 알고
槎泊析津汀　타고 간 뗏목은 석진[8)] 물가에 정박했었지
往跡尋泥雪　지난 자취를 진흙과 눈 속에서 찾자[9)]

---

6) 을사년(乙巳年, 1845)에 지은 작품으로 제목은 다음과 같다. 『은송당집(恩誦堂集)』 권8, 〈계묘[1843]년 봄 정월 초 7일 연관에서 왕자매와 장중원의 편지를 받았다. 나중 어느 날 율시 1수를 지어 중원에게 보여주고 겸하여 자매에게 부쳤다(癸卯春正月初七日 燕舘得王子梅 張仲遠書 追賦一律 示中遠 兼寄子梅)〉.

7) 원문의 '사성(使星)' : 사신(使臣)을 지칭. 『후한서(後漢書)』「이합전(李郃傳)」에, "화제(和帝)가 즉위하여 사신을 나누어 파견하는데 모두 복장을 변장하고 혼자 가게 했다. 각각 주현(州縣)에 가서 풍요(風謠)를 살피면서 갔다. 사자 두 사람이 익주(益州)에 당도해서 합(郃)의 객사에서 머무는데 때는 여름이라 바깥에 앉아 있었다. 그 때 합(郃)이 하늘을 보고 묻기를 '두 분이 경사(京師)를 떠날 당시 조정에서 두 분의 사신을 파견한 것을 알았습니까?' 하였다. 두 사람은 잠자코 있다가 놀라서 서로 보면서 말하기를 '어떻게 알았습니까?' 하니 합이 별을 가르키며 말하기를 '사성(使星)이 각각 길을 나누어 익주로 향하기 때문에 알았습니다'고 하였다(和帝卽位 分遣使者 皆微服單行 各至州縣 觀采風謠 使者二人當到益部 投郃候舍 時夏夕露坐 郃因仰觀 問曰 二君發京師時 寧知朝廷遣二使耶 二人默然 驚相視 問曰 何以知之 郃指星示云 有二使星向益州分野)."고 하였다.

8) 석진(析津) : 중국 북평시(北平市) 서남(西南) 계북현(薊北縣)에 있는 나루.

9) 원문의 '설니(雪泥)' : 설니홍조(雪泥鴻爪)의 약칭. 눈 덮인 진흙에 기러기 발자취. 곧 눈만 녹으면 기러기 자취는 당장 없어진다는 말. 〈소식(蘇軾), 자유가 민지에서 옛날을 생각하는 시에 화답하다(和子由澠池懷舊詩)〉에 "인생 지나가는 곳은 어떻게 되나, 아마도 기러기가 눈 덮인 진흙을 밟는 것 같으리라. 진흙에 우연히 발자국을 남겼다가, 기러기가 날아가면 누가 동(東)인지 서(西)인지 알쏘냐(人生到處知何事 應似飛鴻踏雪泥 雪上偶然留指爪 鴻飛那復計東西)."라고 하였다.

良緣聚水萍　좋은 친구들 물 위 마름풀처럼 모여들었지
延陵佳邸第　오(吳) 나라 연릉[10]의 아름다운 그 집은
平子舊居停　그 옛날 장평자[11]가 살던 곳이었고

自註：讌集於吳偉卿比部 留客納涼之館 時中遠寓此(위경 오찬 비부[12]의 유객납량지관에서 모여 잔치를 차렸는데 그 때 중원 장요손이 이 집에 임시로 살고 있었다).

凍解千竿竹　대나무 밭에 얼음이 풀리고
春生五葉蓂　봄이 찾아든 정월 초 닷새[13]였다.

自註：時乙巳新正五日也(그 때가 을사년(1845) 신정 5일이었다).

勝流皆國士　명사[14]들은 모두가 나라의 큰 선비[15]

---

10) 연릉(延陵)：춘추 시대 오(吳) 나라의 고을. 공자(公子) 계찰(季札)이 나라를 사양하고 이곳으로 피해 와서 살던 곳. 지금의 강소성(江蘇省) 상주시(常州市). 후대에는 계찰(季札)을 말하기도 함.

11) 평자(平子)：후한(後漢) 장형(張衡)의 자(字). 서악인(西鄂人). 속문(屬文)을 잘 했다. 그 당시 천하가 태평스러워 세속에서는 모두 사치를 숭상했는데 장형이 이 때 〈이경부(二京賦)〉를 지어 풍자하는데 구상한 것이 무려 10년 만에 완성되어 세상에 유명해졌다. 천문(天文)과 역산(曆算)에 뛰어났으며 혼천의(渾天儀)와 후풍지동기(候風地動機)를 만들기도 했다. 후세에 그의 기교(機巧)를 받아들였다. 안제(安帝) 때에 낭중(郎中)에서 태사령(太史令)으로 옮겼다가 상서(尙書)로 죽었다.

12) 비부(比部)：관명(官名). 형부(刑部) 소속 사사(四司)의 하나.

13) 원문의 '오엽명(五葉蓂)'：그 달 초 5일을 상징함. 『죽서기년(竹書紀年)』「제요도당씨(帝堯陶唐氏)」에, "섬돌을 끼고 나온 풀이 있는데, 매월 초하루에 잎이 매일 하나씩 나서 반달이 되면 15일이 되고, 16일 뒤에는 한 잎씩 떨어져 30일이 되면 다 떨어진다. 작은달에는 한 잎이 말라붙고 떨어지지 않는데 이름을 명협이라고 한다(有草夾階而生 月朔 始生一莢 月半而生十五莢 十六日以後 落一葉 及晦而盡 月則 一葉 焦而不落 名曰蓂莢)."고 하였다. 다섯잎이 나왔으므로 5일이 되었다는 말.

幽趣似山扃　그윽한 흥취는 산골 마을에 사는 듯하다[16)]
投轄從君飮　수레 빗장 벗겨 던지고[17)] 그대 따라 술 마시며
焦桐與我聽　불타던 오동 거문고[18)] 소리를 나와 함께 듣는데
杯深香灩灩　술잔은 깊고 향기는 자욱하며
調古韻泠泠　곡조는 옛스럽고 운치는 맑다
此日傳淸散　오늘까지 맑은 소리가 전해오니

---

14) 원문의 '승류(勝流)' : 명망이 있는 인사. 진(晉) 고개지(顧愷之)가 『위진승류화찬(魏晉勝流畫贊)』을 지어 위(魏)와 진(晉)의 명사(名士)들을 칭송한데서 유래를 찾을 수 있다.

15) 원문의 '국사(國士)' : 한 나라에서 재능이 가장 우수한 인물을 말함.

16) 원문의 '산경(山扃)' : 산문(山門)과 같음. 벼슬살이를 하지만 산경(山扃)의 흥취를 간혹 즐김. 공치규(孔稚珪)의 〈북산이문(北山移文)〉에, "비록 위 나라 대궐에 정이 던져졌지만 혹 한가하면 산경에 거닐기도 한다(雖情投於魏闕 或暇步於山扃)."라고 하였다.

17) '투할(投轄)' : 객(客)을 가지 못하게 붙잡아 둠을 말함. 한(漢) 나라 진준(陳遵)이 손님 오는 것을 좋아하여 매양 연회(宴會) 때면 손님이 타고 온 수레에서 바퀴 빗장을 떼어 우물 안으로 던져 넣었다. 『한서(漢書)』 「유협전(游俠傳) 〈진준(陳遵)〉에, "진준이 술을 좋아하여 매양 많이 마신다. 손님들이 마루에 가득차면 문득 문을 닫고 손님들이 타고 온 수레의 바퀴빗장을 빼서 우물 안으로 던진다. 비록 아무리 급해도 결국 갈 수가 없었다(遵耆酒 每大飮 賓客滿堂 輒關門 取客車轄投井中 雖有急 終不得去)."고 하였다.

18) '초동(焦桐)' : 초미금(焦尾琴). 불에 타다 남은 오동나무로 만든 거문고로서 소리가 매우 아름답다. 훌륭한 거문고를 일컬음. 『후한서(後漢書)』 「채옹전(蔡邕傳)」에 "오(吳) 나라 사람 중에 오동나무로 불을 때는 자가 있었다. 채옹이 불타는 소리를 듣고 그것이 좋은 재목이라는 것을 알았다. 그리하여 그에게 청하여 그 오동나무로 거문고를 만드니 과연 아름다운 소리가 났는데 꼬리 부분에 타다 남은 흔적이 있었으므로 이를 당시 사람들이 초미금이라고 불렀다(吳人有燒桐以爨者 邕聞火烈之聲 知其良木 因請而裁爲琴 果有美音 而其尾猶焦 故時人名曰焦尾琴焉)."고 한다.

何人賦罄甁　어느 사람이 항아리가 비었다고[19] 읊겠는가[20]
願言鍾子賞　여보시오. 종자기[21]처럼 감상하고
休慕屈原醒　굴원처럼 너무 술 깨는 일일[22]랑 사모하지 마시오
北海存風味　북해의 술[23] 같이 풍미가 남아 있고
西園見典型　서원[24]의 모임같은 모습을 볼 수 있는데
古歡等觀樂　옛사람이 모두들 풍류를 보고
中聖劇談經　술에 취해[25] 경서를 최고로 이야기 했었지

---

19) 원문의 '경병(罄甁)' : 항아리가 빈 것이 부끄럽다는 말. 『시경』「소아(小雅)」〈육아(蓼莪)〉에, "쭉쭉 뻗은 쑥이라 했더니 쑥이 아니라 잡초덤불이었구나. 아아 슬퍼라 부모여 나를 낳아 기르느라 수고하셨구나. 쭉쭉 뻗은 쑥이라 했더니 쑥이 아니라 제비쑥이었구나. 아 슬퍼라 부모여 나를 낳아 기르느라 병드셨구나. 작은 병이 빈 것은 큰 병의 부끄러움 인간의 곤궁한 삶은 차라리 죽느니만 못하구나.
(蓼蓼者莪 匪莪伊蒿 哀哀父母 生我劬勞 蓼蓼者我 匪莪伊蔚 哀哀父母 生我勞瘁 甁之罄矣 維罍之恥 鮮民之生 不如死之久矣"라고 하였다.

20) 먹을 게 있다.

21) 종자기(種子期) : 백아(伯牙)가 거문고를 탈 때 가장 감상을 잘했던 친구.

22) 원문의 '굴원성(屈原醒)' : 굴원(屈原)은 어지러운 세상에 술에서 깨어 있듯이 항상 맑게 살아가야 한다는 의미. 굴원의 〈어부사(漁父辭)〉 참조.

23) 북해(北海) : 북해주준(北海酒罇). 주인이 객(客)을 좋아함을 말함. 『후한서(後漢書)』「공융전(孔融傳)」에, "(공융이 북해(北海) 태수(太守)) 한직으로 물러나자 빈객이 날마다 문에 가득하였다. 항상 탄식하기를 '좌상에 손님이 항상 가득하여도 술통에 술이 빌 때가 없으니 나는 걱정하지 않는다((北海太守) 及退閒職 賓客日盈門 常歎曰 坐上客恒滿 樽中酒不空 吾無憂矣)."라고 하였다.

24) 서원(西園) : 시인 묵객들이 모여 즐기던 곳을 지칭. 송(宋) 나라 소식(蘇軾)·황정견(黃庭堅)·진관(秦觀)·조무구(晁无咎) 등이 서원(西園)에 모였는데, 당시 사람들이 서원아집도(西園雅集圖)를 그렸다. 미불(米芾)과 양사기(楊士奇)에게 모두 『서원아집도기(西園雅集圖記)』가 있다.

文藻思焚筆　문장을 태워 없애려[26] 생각하는 것은
詞鋒怯發硎　날카로운 글 솜씨가 나타날까[27] 두려워해서다
已知交有道　아아 알았다. 사귐에도 도가 있다는 데
矧感德惟馨　하물며 향기로운 덕에 감동하였으니[28]
海內留圖畫　천하에 이 그림이 남아 있어
天涯託性靈　하늘 멀리 있으면서 내 마음을 의탁한다
百年幾相見　백 년 동안 몇 번이나 서로 만나랴
萬里卽門庭　만리 밖에 떨어져 있어도 바로 우리집 대문과 마당이란다.

---

25) 원문의 '중성(中聖)' : 청주(淸酒). 『삼국지(三國志)』「위지(魏志)」〈서막전(徐邈傳)〉에, "그 때 금주령이 내렸는데 서막이 술을 마시고 심하게 취했다. 교서 조달이 관청에 알리자 서막이 말하기를 '성인에게 걸려들었다(中聖人)'이라고 하였다. 조달이 태조에게 알리자 태조가 심하게 노여워하였다. 탁료장군 선우도가 진술하기를 '평일 술에 취한 사람이 말하기를 청주를 성인(聖人)이라 하고 탁주를 현인(賢人)이라고 한다(時科禁酒 而邈私飮至於沈醉 校事趙達問以曹事 邈曰中聖人 達白之太祖 太祖甚怒 度遼將軍鮮于輔 進曰平日醉客謂酒淸者爲聖人 濁者爲賢人)."라고 하였다.

26) 원문의 '분필(焚筆)' : 분초(焚草). 시문(詩文)의 원고를 불에 태움.

27) 원문의 '발형(發硎)' : 처음으로 포부를 펼침. 혹은 자신의 재간(才干)을 강력하게 노출시킴. 『장자(莊子)』「양생주(養生注)」에, "이 소 잡는 칼은 이미 19년을 사용했는데도 칼날이 마치 새로 간 듯하다(此牛刀 雖已用了十九年 而其鋒利仍 若新發於硎)."라고 하였다.

28) 원문의 '감덕유형(感德惟馨)' : 덕에 향기가 있음을 감동함. 정성으로 기대함을 나타냄. 『서경(書經)』「진군(陳君)」에, 곡식에 향기가 있는 게 아니라 명덕(明德)에 향기가 있다(黍稷非馨 明德惟馨)."고 하였다.

〈乙巳春 張中遠 屬吳冠英 爲我寫照見貽 追題二截 謝中遠 兼寄子梅(을사년[1845] 봄에 장중원이 오관영에게 부탁해서 나를 위해 내 초상화를 그려서 보내라고 했다. 나중에 절구 두 수를 지어서 장중원에게 사례하고 겸하여 자매에게 부쳤다)〉.

1)

硯背曾供坡老像　벼루 등에 일찍이 동파 노인의 초상화를 그려주었는데

自註 : 中遠前贈硯刻像于背(중원이 그 전에 벼루를 주었는데 등에 소동파 초상화가 새겨있다)

扇頭今見放翁眞　부채 머리에 지금 보니 육방옹의 얼굴이 있구나

與君同訂三生約　그대와 더불어 함께 삼생[29]의 약속을 증명할 수 있는데

海內襟期海外身　해내에 있는 사람의 마음이 해외에 있는 몸까지 통하는구나

『은송당집』 권9(1846년)

29) 삼생(三生) : 불가어(佛家語). 전생(前生), 현세(現世), 미래(未來).

2)

卄載春明幾賞音	20년 동안 춘명[30)]에서 몇 번이나 친구 목소리 들었나
琴心酒趣補苔岑	거문고 타는 마음과 술 마시는 운치로 우정[31)]을 보충했다
停雲萬里神游遍	머문 구름[32)]은 만리 밖에 있는데 정신은 널리 돌아다니고
越水吳山又孔林	월 나라 강물과 오 나라 산에 또 공자의 숲이 보이는구나

自註 : 辛卯秋 番禺儀墨農 爲作苔岑雅契圖 近有中遠 春明話舊海客琴尊二圖 及子梅 春明六子圖 子梅 時寓曲阜(신묘년[1831] 가을 번우 의묵농[33)]이 나를 위해 〈태잠아계도〉

30) 춘명(春明) : 북경성 중문(中門)의 별칭.

31) 원문의 '태잠(苔岑)' : 이태동잠(異苔同岑)을 말하는 것으로서, 동지(同志)를 비유함. 이태(異苔)는 각기 다른 이끼를 말하고, 동잠(同岑)은 같은 모양으로 펴져 있는 이끼를 말하는 것이다. 비록 다른 이끼가 흩어져 있으나 결국은 비슷한 모양으로 보인다는 데서 나온 말.

32) 원문의 '정운(停雲)' : 사모하는 마음을 상징함. 도잠(陶潛)의 〈정운시서(停雲詩序)〉에, "머문 구름을 보면 친구가 생각난다(停雲思親友也)."고 하였다.

33) 의극중(儀克中, 1796~1837 ??) : 절강성 평양인(平陽人). 선조(先祖)는 산서성(山西省) 태평인(太平人). 부(父)가 광동(廣東) 염운사사지사(鹽運使司知事)를 지냈으므로 번우인(番禺人: 廣州人)이 되었다. 자는 번우(番禺)·나부초(羅浮樵)·고역산초(姑射山樵)·묵농(墨農), 서실명(書室名)은 반경초당(半耕草堂 : 廣東 仙城)·소운려(遡雲廬)·무량선실(無量禪室 : 保安寺인 듯). 완복(阮福)과 친했고 한운해(韓韻海)·오식분(吳式芬)·유희해(劉喜海)·주화(周華)·뇌문휘(雷文輝)와 학문을 연마했다. 도광 12년[1832] 거인(擧人), 도광 13년[1833] 진사(進士)에 올랐고, 저서로는 『광동통지(廣東通志)』·『검광루집(劍光樓集)』이 있다. 《 참고문헌》

를 그렸는데 근래에는 중원이 그린 〈춘명화구〉와 〈해객금준이도〉가 있으며 자매가 그린 〈춘명육자도〉가 있다. 자매는 그 당시 곡부에 붙어살고 있었다).
『은송당집』 권 9(1846년)

왕종연(王宗衍)의 『영남화인의년록(嶺南畫人疑年錄)』.

〈潘玉泉太常 招同吳偉卿比部 曹艮甫給諫 吳淸如中翰 翁祖庚編修 周(學源)上舍 王蓉洲比部 邊袖石編修 蔣心薌孝廉 吳冠英上舍讌集松筠庵共賦 次偉卿韻(반옥천 태상 동인(同人) 오위경 비부와 조간보 급간·오청여 중한·옹조경 편수·주학원 상사·왕용주 비부·변수석 편수·장심향 효렴·오관영 상사를 초대하여 송균암[34]에서 잔치를 벌이고 글을 지었는데, 나는 오위경의 운자에 차운하였다)〉.

風流楊柳憶當年　버들가지 꺽고 놀던[35] 그 당시를 기억하는가

歷歷前游畫裏傳　전에 지나간 놀이가 그림 속에 전한다

自註 : 乙巳正月 張仲遠 倩吳冠英繪海客琴尊第二圖(을사년(1845) 정월 장중원이 오관영에게 부탁하여『해객금준제이도』를 그리게 했다).

---

34) 송균암(松筠庵) : 명 나라 양계성(楊繼盛, 1516~1555)을 모신 사당(祠堂). 북경 선무문(宣武門) 맞은편 남쪽 달지교호동(達之橋胡同) 12호에 있는데 북경(北京) 문물단위(文物單位)로 지정되었다. 2010년 봄에 찾아갔을 적에는 채소가게로 변해있었다. 조선 사신들이 이곳에서 모였던 기록이 많다.

35) 원문의 '양류풍류(楊柳風流)' : 곧 양류지(楊柳枝). 한(漢) 나라 횡취곡에 절양류가 있는데 수(隋) 나라에 이르러 궁사(宮詞)가 되었다. 당(唐) 나라에서 변하여 새로운 소리가 나왔고, 뒤에 또 변하여 사(詞)가 되었으니 대개 이는 본래 당인(唐人)의 7언 절구(絶句)로서 백거이와 유우석이 불러 화창한 이후에 이 사(詞)가 매우 많아졌다. 모두 양지(楊枝)의 본뜻을 읊은 것이다.『사보(詞譜)』에 "당(唐) 나라 교방(敎坊)에서 부르는 곡조 이름이다. 조사해 보면 백거이시(白居易詩)의 주(注)에 양류지 낙하신성이 그 시(詩)라고 한다."『전당시화(全唐詩話)』에 "백거이, 유우석이 모두 양류지사가 있다(白居易 劉禹錫 皆有楊柳枝詞)."고 하였다.

四海苔岑追勝事	천하에 정다운 친구[36]는 멋진 일을 뒤따라 그렸고

自註 : 冠英 又作松筠雅集圖(오관영이 또 『송균아집도』를 그렸다).

千秋俎豆拜先賢	천년의 제기 그릇을 가지고 사당에서 선현들에게 절을 하였다

自註 : 庵有楊椒山祠 余燒香禮拜(송균암에는 양초산[37]의 사당이 있는데 내가 향을 사르고 예배하였다).

歡悰旣醉屠蘇酒	이미 즐겁게 정월 초하루 술[38]에 취했고
慧業同聽妙法蓮	깨달은 업[39]은 함께 묘법연화경[40]을 들었다
紀夢他時東海上	이 다음 어느날 동해 바닷 가 꿈을 기억하겠지
天風環珮下群仙	바람 불 때 많은 신선이 양 허리에 둥근 패옥[41]을 차고 내려왔던 일을

『은송당속집』 권1(1847년)

---

36) 원문의 '태잠(苔岑)' : 동지(同志)를 비유.

37) 초산(椒山) : 양계성(楊繼盛)의 호(號). 명(明) 하북성(河北省) 용성인(容城人). 자는 중방(仲芳), 호는 초산(椒山), 가정 26년[1547] 진사에 오르고, 이부원외랑(吏部員外郞)을 지냈다. 명(明) 나라 남경(南京) 정부의 병부우시랑(兵部右侍郞)으로, 간신(奸臣) 엄숭(嚴崇) 등의 전횡을 탄핵하다가 오히려 무함을 받고 처형되었다. 죽을 때 '살아서 다 못 갚은 임금의 은혜를 죽어서 충혼(忠魂)으로 갚겠다'고 하였다. 시호는 충민(忠愍).

38) 원문의 '도소주(屠蘇酒)' : 정월 초하루날 먹는 술.

39) 원문의 '혜업(慧業)' : 불가어(佛教語). 지혜의 업보.

40) 원문의 '묘법연(妙法蓮)' : 『묘법연화경』.

41) 원문의 '환패(環佩)' : 신선이 차는 패옥(佩玉).

〈題朴淸珊韓齋贈別詩冊(박 청산[42])이 한재[43])에서 이별할 적에 준 시책에 쓴다)〉.

1)

去年今日日遲遲　지난 해 오늘 날은 더디고 더딜 때인데
苦憶春明話雨時　춘명[44])에서 친구와 이야기하던 때가 미치도록 생각난다
久要幾人勞遠訊　오래도록 몇 사람이나 멀리 소식을 힘들게 전해왔던가
繡山書與魯川詩　수산[45])은 편지로 노천[46])은 시를 보내왔지

---

42) 박청산(朴淸刪, ?~?) : 조선인. 박성선(朴性善)의 족제(族弟)이며, 이상적(李尙迪)의 스승. 중인(中人) 출신.

43) 한재(韓齋) : 공헌이(孔憲彝)의 집으로, 북경 연성공저(衍聖公邸) 안에 있다.

44) 춘명(春明) : 북경성 중문(中門)의 별칭.

45) 수산(繡山) : 공헌이(孔憲彝, 1808~1863)의 호. 산동성(山東省) 곡부인(曲阜人). 자는 숙중(叔仲), 호는 수산(繡山)·수산(秀珊). 서실명은 치경당(致經堂)인데, 한유(韓愈)가 공자(孔子)를 높인 것으로 인하여 한재(韓齋)로 바꾸었다(기준조(祁寯藻)의 『만구정집(㵎觔亭集)』 권8). 연경(燕京) 연성공저(衍聖公府)에 머물렀다. 공자(孔子)의 73세 손(孫)으로, 공헌경(孔憲庚)의 형. 부인(夫人)은 주보영(朱葆瑛 : 홍은(虹殷)의 딸, 『궐리공씨시초(闕里孔氏詩鈔)』, 권10). 도광 17년[1837] 거인(擧人)으로 섭명례(葉名澧)와 동년(同年)이며, 각독(閣讀), 시독(侍讀)을 지냈다. 이종전(李宗傳)을 스승으로 삼고, 동성고문(桐城古文)을 배웠다. 완원(阮元)과 친밀하게 지냈고, 위원(魏源)·증국번(曾國藩)·하소기(何紹基)·소정괴(蘇廷魁)·엄양훈(嚴良訓)·팽온장(彭蘊章)과 시문(詩文)을 논하였다. 부인(夫人)과 함께 난초(蘭草) 그림에 뛰어났다. 저서로는 『선접도(仙蝶圖)』·『전춘창화시(餞春唱和詩)』 1권·『대악루시집(岱嶽樓詩集)』·『궐리공씨시초(闕里孔氏詩抄)』·『한재문집(韓齋文集)』이 있다. 이상적(李尙迪)의 『은송당집(恩誦堂集)』에 〈찬

2)

海上孤吟老矣吾	바다 위[47] 조선에서 외롭게 읊자니 내가 늙었나보다
琴尊難補第三圖	거문고와 술 즐기는 세 번째 그림을 보충하기 어렵구나
何郎舊句增惆悵	하랑[48]의 옛구절이 서글픔을 더 보태는데
酒醒空亭月一觚	술 깬 텅빈 정자에 달이 한 모퉁이만 보였다

自註 : 何子貞太史 曾題海客琴尊第二圖 結句云 無端離合傷懷抱 酒醒空亭月一觚 頃晤清珊 詢余近狀甚悉(하자정 태사가 일찍이 「해객금준제이도」 마지막 구절에 화제로 쓰기를, "이유없이 헤어졌다 만났다 그리움에 마음 아픈데 술 깬 텅 빈 정자에 달이 한 모퉁이만 비춘다"라고 하였다. 지난 번에 청산을 만나 나에게 근황을 자세히 묻고 다 안다고 말했다).

(贊)〉을 썼다. 이상적에게 모두 23통의 편지를 보내왔다.

46) 노천(魯川) : 풍지기(馮志沂, 1811~1867)의 자(字). 산서성(山西省) 대주인(代州人). 자는 노천(魯川)·술중(述仲), 호는 미상재(微尙齋)·적적재(適適齋). 풍청주(馮青主)의 후손(後孫). 도광 16년[1836] 진사에 오르고, 비부(比部), 형부주사(刑部主事)를 지냈고, 20년 동안 중앙 관직을 버리고 안휘(安徽)·여주(廬州) 지부(知府)를 지냈다. 시(詩)에 능했으며, 문(文)은 매증량(梅曾亮)을 따랐다. 장목(張穆)·주기(朱琦)·증국번(曾國藩)·양상문(楊尙文)·동문찬(董文燦)·소의진(邵懿辰) 등과 창화(倡和)하면서 지냈다. 저서로는 『미상재시문집(微尙齋詩文集)』·『서유산방전집(西喩山房全集)』이 있다. 《참고문헌》 상찬춘(常贊春)의 『산서헌증(山西獻證)』.

47) 원문의 '해상(海上)' : 우리 나라.

48) 하랑(何郎) : 하소기(何紹基)

3)

多慚呼我謫仙人	부끄럽게도 나를 귀양 온 신선[49]이라고 부르니
賀監風流出世塵	하지장 영감[50]의 풍류가 세상 티끌을 벗어났다
何日金龜同換酒	어느날이나 금거북[51] 주고 술과 바꾸어 먹으면서
長安市上話前因	장안 저자거리에서 전의 인연을 이야기할까

自註 : 馮展雲學士譽驥 廣東人 贈淸珊詩 有近者謫仙人 錦袍映華髮之句 自注云 曩爲張仲遠題海客琴尊圖 見李藕船樞府小像 近又從繡山 借讀恩誦堂集 益深傾慕(풍전운[52] 학사 예기는 광동 사람이다. 청산에게 준 시가 있는데 거

---

49) 원문의 '적선인(謫仙人)' : 귀양 온 신선. 곧 이백을 말하는데 여기서는 이상적이 같은 이씨이므로 그렇게 사용한 것이다.

50) 원문의 '하감(賀監)' : 하지장(賀知章, 659~744) : 중국 당나라의 시인. 자는 계진(季眞)·유마(維摩). 호는 사명광객(四明狂客). 태상박사를 거쳐 비서감 등을 지냈고, 시인 이백의 발견자로 알려졌으며 풍류인으로 유명하다.

51) 원문의 '금구(金龜)' : 환금구(換金龜)와 같은 고사. 벼슬아치가 인장을 팔아서 술을 사 먹었다는 고사. 이백(李白)의 〈술을 마주하고 하감을 추억한다(對酒憶賀監) 2〉에 "사명에 미치광이 객이 있는데 멋쟁이 하지장이다. 장안에서 한 번 만났는데 나를 보고 귀양온 신선이란다. 옛날에 술을 좋아했던 이, 지금은 소나무 아래에 티끌이 되었구나. 벼슬아치 인장을 술과 바꾼 곳에 문득 눈물이 수건을 적신다(四明有狂客 風流賀季眞 長安一相見 呼我謫仙人 昔好盃中物 今爲松下塵 金龜換酒處 却憶淚沾巾)."고 하였다.

52) 전운(展雲) : 풍예기(馮譽驥, 1822~?) : 광동성(廣東省) 고요인(高要人). 자는 중양(仲良), 호는 전운(展雲).

기에 말하기를, "요즘 귀양 온 신선이 있는데 비단 도포가 허연 머리털에 비친다"는 구절이 있다. 스스로 낸 주석에 말하기를, '지난 번에 장중원을 위해 『해객금준도』를 그렸는데 이우선(李藕船) 중추부사의 작은 초상화를 보았다. 요즘 또 공수산을 따라 다니다가 『은송당집』을 빌려서 읽어보았는데 더욱 깊이 사모하는 마음이 기울었다."고 하였다).

『은송당속집』 권7(1860년)

〈中秋望後二日 得張仲遠觀察客冬至月 自湖北督糧使署寄書乃十餘年寇亂以來 初有之信也 喜而有作 率成四律 右三首 略綴仲遠兵間經歷之狀 末一首 卽自述近況爾(8월 보름 이틀 후 장중원 관찰사가 지난 겨울 동지달 호북 독량사의 관사에서 보낸 편지를 받았다. 이것은 10여 년 동안 난리가 난 이래로 처음 있는 소식이었다. 기뻐서 시를 지었는데 대개 4수가 되었다. 오른쪽 세 수는 대강 장중원이 군대에서 겪은 일이고 끝 1수는 곧 나의 근황을 서술했다)〉.

1)

誓將殺賊報君恩 장수로서 맹서하며 적을 죽여 임금에게 보답하겠다고
漢水方城浴血痕 한수와 방성에서 피 흔적이 넘쳤다
烽火連天千里警 봉화불은 하늘에 이어져 먼 천리에 경고했고
蟲沙滿地一身存 벌레 모래로 변한 병사[53]들은 땅에 가득하여도 한 몸은 남아있다
留侯家世紆籌策 장량[54]의 자손으로 좋은 계책이 넉넉하고

---

53) 원문의 '충사(蟲沙)' : 벌레와 모래. 전란(戰亂)에 죽은 자를 비유함. 갈홍(葛洪)의 『포박자(抱朴子)』에, "주나라 목왕이 남쪽으로 정벌하러 갔을 때 일군이 다 죽었다. 군자는 원숭이나 학이 되고 소인은 벌레와 모래가 되었다(周穆王南征 一軍盡化 君子爲猿爲鶴 小人爲蟲爲沙)."고 하였다.

杜牧文章有罪言	두목[55]처럼 문장을 잘했어도 죄를 받기도 했다
痛惜江公終殉難	애통하다 강공[56]이 결국은 난에 죽었으니
澧蘭沅芷爲招魂	풍강의 난초, 완수의 지초처럼 혼을 불러오고 싶다

---

54) 원문의 ‘유후(留侯)’ : 한 고조(高祖)를 도와 한 나라를 설립한 장량(張良)을 말함.

55) 두목(杜牧) : 자는 목지(牧之). 828년 진사(進士)에 급제했다. 후에 황주(黃州)·지주(池州)·목주(睦州)·호주(湖州) 등에서 자사(刺史)를 지냈고 중서사인(中書舍人)이 되었다. 시(詩)에서 이상은(李商隱)과 나란히 이름을 날려 ‘소이두(小李杜 : 작은 李白·杜甫)‘라고 불렸다. 고시(古詩)는 두보·한유(韓愈)의 영향을 받아 사회·정치에 관한 내용이 많다.

56) 강공(江公) : 강충원(江忠源, 1812~1854) : 호남성(湖南省) 신령인(新寧人). 자는 민초(民樵)·상유(常孺). 도광 연간에 거인(擧人)에 올랐고, 태평천국 란 때 증국번(曾國藩)을 도와 전공(戰功)을 세웠다. 안휘성(安徽省) 순무(巡撫)를 지냈으며, 여주(廬州) 삼하진(三河鎭)에서 포위당해 순국하였다. 시호는 충렬(忠烈). 《참고문헌》『양지서옥문집(養知書屋文集)』·곽숭도(郭嵩燾)의 『행장(行狀)』.

2)

臨機誰與共憂勤	어려운 시기를 맞아 누구와 함께 근심하고 힘들였던가
唾手猶堪靖楚氛	손에 침 뱉는 모습[57]은 아직도 초 지방의 분위기를 잠재운다네
未見投醪酬士卒	술을 강물에 타서 군사들에게 먹여주었다는[58] 것을 보지 못했으나
可憐棄甲走將軍	가련하다 갑옷을 버리고 달아난 장군들 모습이었다
胸羅星宿才如海	가슴 속에 펼쳐진 별들처럼 재주가 바다와 같고
指畫山川辯似雲	산천을 지적하며 말하는 것은 마치 구름처럼 넉넉하다
弱冠請纓能有幾	약관 나이에 벼슬을 요청함[59]이 능히 몇

57) 원문의 '타수(唾手)' : 싸움을 하려고 할 적에 손에 침을 탁 뱉고 기운을 돋는 모습.

58) 원문의 '투료(投醪)' : 막걸리를 백성들과 같이 마심. 『여씨춘추(呂氏春秋)』 「순민(順民)」에, "월왕이 회계의 싸움에서 일어난 치욕을 괴롭게 여기며--- 백성들을 잘 다스리는데 단 것이 있어서 부족하면 감히 먹지를 못하고 술이 있으면 강물에 띄워서 백성들과 함께 마셨다(越王苦會稽之恥……下養百姓以來其心, 有甘脆, 不足分, 弗敢食, 有酒, 流之江, 與民同之)."고 하였다. 뒤에는 이것을 군민(軍民)과 함께 즐거움과 괴로움을 함께 함을 비유함.

59) 원문의 '청영(請纓)' : 적을 죽이겠다고 자청함. 『한서(漢書)』 「종군전(終軍傳)」에, "남월이 한 나라와 화친을 하는데 종군을 파견하여 남월로 하여 그 왕을 달래서 그에게 조정에 들어와 조회하게 하여 이웃 제후들도 그렇게 하도록 하려고 하였다. 종군이 자청하여 말하기를, '원컨대 영을 받아 반드시 남월왕

	사람이 있었던가
令郎敵愾類夫君	어진 아들도 국가를 위한 적개심이 아버지와 같구나

을 데리고 대궐 아래에 데리고 오겠습니다'(南越與漢和親 乃遣軍 使南越 說其王欲令入朝 比內諸侯 軍自請 願受長纓 必羈南越王而致之闕下)."라고 하였다.

3)

爲君十載幾沾襟	그대 위해 10년 동안 몇 번이나 눈물이 옷깃을 적셨는가
亂後音書抵萬金	난리 뒤에 소식 편지가 일만 황금 값이다
好在琴尊經百劫	『해객금준도』만이 백겁을 무사히 지났는데

自註 : 君所藏書籍碑版書畫 悉燬於兵燹 惟海客琴尊圖 尙無恙云耳(그대가 소장하고 있는 서적 비문 서판 글씨 그림 등이 모두 병란에 불에 타 없어졌는데 오직 『해객금준도』만이 아직도 아무 탈이 없다고 하였다).

還從戎馬惜分陰	도리어 난리통에 군대를 따라다니는 짧은 시간이 아깝기만 하다

自註 : 寄示近作惜分陰齋稿卷 首有印文 曰戎馬分陰(보여준 근작에 분음재원고라고 했다. 머리에 도장을 새긴 글이 있는데 "융마분음"[60]이라고 하였다).

滿頭蕭瑟霜華冷	머리 가득 쓸쓸한 모습은 서릿발처럼 찬데
落筆淋漓劒氣深	붓을 댈 때에는 칼 기운이 깊어졌구나
暇日女嬃聯唱地	한가한 날 누이[61]와 계속해서 땅을 노래하니
一般憂國見丹心	나라를 근심하는 일반적인 것은 붉은 마음에 보인다

『은송당속집』 권7(1860년)

60) 원문의 '융마분음(戎馬分陰)' : 난리통에 시간을 쪼개다.
61) 원문의 '여수(女嬃)' : 굴원의 누이.

2) 장요손

〈讀恩誦堂集 次尊題海客琴尊第二圖詩韻(『은송당집』을 읽고, 지어주신 〈해객금준제이도시〉에 차운함)〉.

天外傳詩冊 하늘 멀리서 보내온 시책(詩冊)을
披吟眼倍靑 펼쳐들고 읊노라니 반가움이 넘친다
壯懷千萬里 장한 생각 지닌 천 만리 먼 길
遊跡短長亭 장정과 단정62)을 지나왔구나
醞釀蜂含蜜 꿀 먹은 벌처럼 온화한 기품63)에
淸癯鶴錬形 맑고 깨끗한 모습64)은 단련된 학 같다
氷心凌貝闕 청렴한 마음65)은 화려한 궁전도 우습게 여기고
雲翼扇鯤溟 구름같은 날개 달고 너른 바다66) 부채질하며

---

62) 원문의 '장정단정(長亭短亭)' : 장정은 10리, 단정은 5리 마다 둔다.

63) 원문의 '온양(醞釀)' : 성숙(成熟)한 준비과정(准備過程).

64) 원문의 '청구(淸癯)' : 청수(淸瘦)와 같음. 소나무의 형상에 학의 뼈를 지닌 모습. 행동거지와 용모가 맑고 깨끗함.

65) 원문의 '패궐(貝闕)' : 자패(紫貝)로 장식한 궁전(宮殿). 자패는 물 속에 있는 조개. 『초사(楚辭)』「송옥(宋玉)」〈구탄 봉분(九歎 逢紛)〉에, "문은 자주빛 조개로 꾸미고 대청은 구슬로 꾸몄도다(紫貝闕而玉堂)"라고 하였다.

66) 원문의 '곤명(鯤溟)' : 『장자(莊子)』에 나오는 북쪽에 있는 바다. 원대한 포부를 펼침을 비유함. 『장자(莊子)』「소요유(逍遙遊)」에, "북쪽 바다에 물고기가 있는데 그 이름은 곤(鯤)이다. 곤의 크기는 몇천리나 되는지 알 수 없다. 그 곤이 변해서 새가 되는데 그 이름을 붕(鵬)이라 한다(北冥有魚 其名爲鯤 鯤之大

다닌다

猶記春明道　아직도 연경[67]의 길을 기억하겠지
初瞻處士星　이제야 처사의 별[68]이 우러러 보인다
筆譚傾客館　객관에서 자주 필담을 나눌 적에
蘭臭擷湘汀　상수 물가에서 친구들 찾아오는데[69]
雅宴聯簪屐　멋진 잔치 자리에 선비들 줄 지어 오고
烟波聚梗萍　천하[70]의 나그네들[71] 모여들어
披懷明月共　흉금을 털어놓고[72] 함께 달을 마주하다가
賦別暮雲停　이별을 노래하노라니 저녁 구름 서산에 머문다[73]

不知其幾千里也 化而爲鳥 其名爲鵬).”고 하였다.

67) 원문의 '춘명(春明)' : 당(唐) 나라 도성(都城)인 장안(長安)에 있는 춘명문(春明門). 이를 인하여 도성(都城)을 춘명이라고 한다.

68) 원문의 '처사성(處士星)' : 처사(處士)나 사대부(士大夫)를 상징하는 별 이름. 소미성(少微星)을 말함. 별자리 이름으로 모두 4개의 별이 있다. 태미성(太微星) 서남(西南)에 있으며, 처사(處士)를 상징한다. 『진서(晉書)』「천문지(天文志)」에, "태미성 서쪽에 있는데 사대부의 자리이다. 일명 처사라고도 한다(在太微西 士大夫之位也 一名 處士)."고 하였다.

69) 원문의 '난취(蘭臭)' : 마음이 꼭 맞는 사람. 『역(易)』「계사 상(系辭上)」에, "마음이 같은 사람의 말은, 그 체취가 난초와 같다(同心之言 其臭如蘭)"라고 하였다." 공영달(孔穎達)의 소(疏)에서 말하기를, '두 사람이 똑같은 마음으로 말을 하면 온화한 체취와 기운이 나는데 향기가 마치 난초와 같다(謂二人同齊其心 吐發言語 氤氳臭氣 香馥如蘭也)'고 하였다. 뒤에 이것을 인하여 정의(情意)가 꼭 맞는 사람을 상징한다.

70) 원문의 '연파(烟波)' : 강호(江湖)를 지칭하는 말.

71) 원문의 '경평(梗萍)' : 이리저리 떠돌이 생활하는 사람을 비유함. 경범평표(梗泛萍漂)의 준말. 유리표박(遊離漂迫).

72) 원문의 '피회(披懷)' : 흉금(胸襟)을 열고 성심(誠心)으로 상대방을 맞이함.

旅恨牽垂柳　서글픈 나그네 늘어진 버들을 끌어당기는데
流年積落蓂　세월이 흘러 떨어진 잎[74]이 쌓인다
郵筒遲驛使　우체통에 배달부[75]도 더디 오는
蓬戶臥岩扃　누추한 집[76] 산 속[77]에 살아왔는데
六載重逢樂　6년 만에 반가운 소식 만나
千編靜夜聽　천편의 시문을 고요한 밤에 듣고 있노라니
春風歌宛轉　봄바람에 흘러가는 노래 소리 같이[78]
法曲韻淸泠　법곡[79]의 운치는 맑고도 시원하구나[80]
卽席揮銀管　즉석에서 은붓[81]을 휘둘러

---

73) 원문의 '정운(停雲)' : 친구 생각. 머문 구름을 보면 친구 생각이 난다고 하는 데서 유래함.

74) 원문의 '낙명(落蓂)' : 세월이 지남을 상징. 낙명은 명협엽락(蓂莢葉落)의 준말로 책력을 상징하는 풀이다. 『죽서기년(竹書紀年)』「제요도당씨(帝堯陶唐氏)」에, "섬돌을 끼고 나온 풀이 있는데, 매월 초하루에 잎이 매일 하나씩 나서 반달이 되면 15잎이 되고, 16일 뒤에는 한 잎씩 떨어져 30일이 되면 다 떨어진다. 작은달에는 한 잎이 말라붙고 떨어지지 않는데 이름을 명협이라고 한다(有草夾階而生 月朔 始生一莢 月半而生十五莢 十六日以後 落一葉 及晦而盡 月則一葉 焦而不落 名曰蓂莢)."이라고 하였다. 월말(月末)을 말한다.

75) 원문의 '역사(驛使)' : 공문이나 편지를 전달하는 사람.

76) 원문의 '봉호(蓬戶)' : 쑥대풀로 엮어 만든 문호(門戶). 궁한 사람이 사는 누추한 집을 상징함.

77) 원문의 '암경(岩扃)' : 산골짝의 문. 숨어사는 곳을 비유함.

78) 원문의 '완전(宛轉)' : 인정이 많음. 천으로 싸맨 듯한 인정이 많음을 비유함(纏綿多情)

79) 원문의 '법곡(法曲)' : 일종의 고대 악곡(樂曲)을 말함.

80) 원문의 '청영(淸泠)' : 형용한 소리가 매우 맑음.

81) 원문의 '은관(銀管)' : 은(銀)을 장식한 모필관(毛筆管) 혹은 백색(白色) 필관(筆管).

深杯倒玉瓶　술에 취해 옥술병을 기울이며
書圖人各肖　글씨와 그림에 제각각 자기를 넣고
滿座醉難醒　온 자리가 취해서 깨질 못했다
勳業膺高爵　커다란 업적으로 큰 벼슬을 받았으며

自註：初識藕船 猶未通籍 甲辰奉使來都 秩三品(처음 우선을 알았을 땐 큰 벼슬을 못했는데[82] 갑진년[1844]에 경사에 왔을 때는 3품이나 올랐다).

皇華式古型　사신[83]의 법도를 옛 그대로 잘 알고 따랐다
中朝文體近　중국의 문체와도 가까워
前席品評經　지난번 자리에서 본받을 만하다는 품평도 있었다
列國風誰好　열국의 풍요를 누가 좋아했던지
他山石作硎　타산지석을 몹시도 잘 갈았구나
賞音邀特達　소리에 대해서는 특별히 통달했고[84]
染翰播餘馨　먹을 적셔 붓을 대면 향기가 퍼진다
蟲鳥吾增或　외국 문자[85]를 보고 내 미혹이 더 늘어나
風塵性不靈　비바람[86] 맞은 듯 마음이 어지러워

---

82) 원문의 '통적(通籍)' : 궁정(宮廷)에서 관직을 받음.

83) 원문의 '황화(皇華)' : 고대의 악곡(樂曲) 이름. 『시(詩)』「소아(小雅)」〈황황자화(皇皇者華)〉에서 임금이 신하를 사신으로 보낼 때 송별하면서 보내는 예악(禮樂). 뒤에는 사신을 지칭하는 말로도 사용됨.

84) 원문의 '특달(特達)' : 매우 통달함(極其通達)을 말함.

85) 원문의 '충조(蟲鳥)' : 원래는 뱀과 새를 지칭한다. 곧 벌레같이 쓴 글자로서, 널리 문자(文字)를 지칭한다. 혹은 충서조전(蟲書鳥篆)으로서 외국문자(外國文字)를 비유하기도 한다.

86) 원문의 '풍진(風塵)' : 바람을 맞아 일어나는 티끌.

調絃賡一曲　거문고 한 곡조 화답하려니
斜日過中庭　지는 해는 마당을 지난다
『중외창수집』(1848년)

〈奉懷再次前韻(앞의 운자를 차운하여 회포를 보낸다)〉.

三載東瀛夢	3년 동안 조선 친구를 생각했는데
滄波萬里靑	푸른 파도 머나먼 만리길에서 반가운 소식이 왔다
舊歡留畫劵	옛날에 만났을 때 남긴 그림을 보니
別思戀旗亭	깃발 꽂은 그 집[87]이 그리워진다
渺渺懷人恨	아득아득 그리운 님 생각나는데
勞勞下吏形	힘든 모습은 고통 받는 아전같구나
轉蓬飄宦海	벼슬 살이 떠돌아 다니며
若木望淸溟	약목[88]에서 맑은 바다 바라본다
故侶離群鳥	옛친구들은 무리를 떠나고
新交向曙星	새로 사귄 친구들은 걸출한 인물[89]들이다
索居依楚澤	외롭게[90] 초택[91]에 의지해

87) 원문의 '기정(旗亭)' : 술집.

88) 원문의 '약목(若木)' : 나무 이름. 옛날에 해가 지는 곳에 있다고 한다. 『명의고(名義考)』에 "산해경에 회야(灰野)의 산에 푸른 잎에 붉은 꽃의 나무가 있는데 이름을 약목이라고 한다. 그곳은 해가 들어가는 곳이다. 대저 해가 나오고 들어가는 곳에 가장 거칠고 큰 나무를 약(若)이라고 하는데 그것은 또한 그런가 하는 의심하는 말이기도 하다(山海經 灰野之山 有樹靑葉赤華 名曰 若木 日所入處 夫日所出入處 最爲荒遠木曰若 亦以疑似言之耳)." 이백(李白)의 〈상운락(上雲樂)〉에, "서쪽 바다에 약목을 심고, 동해 바다에 부상을 심는다(西海裁若木 東溟植扶桑)."이라고 하였다.

89) 원문의 '서성(曙星)' : 효성(曉星) 곧 계명성(啓明星)과 같음. 걸출한 인물을 비유함.

90) 원문의 '색거(索居)' : 고독한 곳 한 쪽에 사는 것.

彈邑傍寒汀　맑고 차가운 물가[92]에 붙어 사는데
洚水頻年侵　홍수가 해마다 쳐들어 오니
扁舟一葉萍　조각배처럼 떠돌아 다닌다
監門圖忍繪　낮은 벼슬[93] 하면서 차마 그 모습 그리려 하니
杜老淚難停　두보 노인도 눈물을 금하기 어려웠을 것이다
未獲連阡麥　밭두렁이라도 얻지 못하면
剛生閏月蓂　단명은 윤달의 명엽[94]처럼 짧게[95] 죽어가겠지
萬家沈釜底　온 집안은 식량이 바닥 났고[96]
百里蕩柴扃　백리에 걸쳐 담장이[97] 다 쓸려갔다[98]

91) 원문의 '초택(楚澤)' : 초(楚) 나라의 연못. 옛날 초 나라에 운몽택(雲夢澤) 등 7곳의 연못이 있었다. 이후에 초택은 초나라 지역 혹은 초나라의 연못을 지칭하게 되었다. 호남성(湖南省) 동정호(洞庭湖) 남쪽에 있다.

92) 원문의 '한정(寒汀)' : 맑고 차가운 조그만 물가.

93) 원문의 '감문(監門)' : 낮은 벼슬.

94) 원문의 '명(蓂)' : 풀 이름. 세월이 지남을 상징. 낙명은 명협엽락(蓂莢葉落)의 준말로 책력을 상징하는 풀이다.

95) 원문의 '강생(剛生)' : 아침에 태어났다가 저녁에 죽음. 사물의 짧은 생명을 형용함(形容事物生命短暫).

96) 원문의 '부저(釜底)' : 식량이 바닥남을 비유함. 『사기(史記)』「초 원왕세가(楚元王世家)」에, "한 나라 고조가 어렸을 적에 항상 빈객들과 함께 형수에게 가서 먹었다. 형수는 시동생이 빈객과 함께 와서 먹는 것을 싫어해서 솥 밑바닥을 긁어대며 거짓으로 국이 다 떨어진 척 하니 빈객들이 그 때문에 떠나갔다. 이윽고 솥을 들여다보니 국이 남아 있었다.. 고조가 이 때문에 형수를 미워하게 되었다. 고조가 황제로 등극하자 그의 아들을 갈갱후(頡羹侯)로 삼아 옛날의 원망을 잊지 않았음을 보여주었다(漢高祖微時 常與賓客過巨嫂食 嫂厭叔與客來 刮釜底 佯爲羹盡 賓客以故去 已而視釜中有羹 高祖由此怨其嫂 及稱帝 乃封其子爲頡羹侯 以示不忘舊怨)."

97) 원문의 '시경(柴扃)' : 사립문을 지칭하는데, 가난한 집안을 비유한다.

驅鰐文難繼　악어를 몰아내는 문장[99]도 잇기 어려워
哀鴻夜獨聽　서글픈 기러기 소리[100]를 밤에 홀로 듣는다
簿書猶擾擾　공문서[101]가 바쁘게 날아오자
琴韻息泠泠　띵띵[102] 거리는 거문고 소리는 멈춰
勸貸憑空券　날조된 문서[103]로 빚 갚으라고 해서
分財慨罄甁　재물을 나누려해도 항아리가 비었구나[104]
切身膚共剝　차츰차츰 몸뚱아리를 파먹어 들어오지만[105]
繼日目常醒　날마다 눈은 깨어있으며

---

98) 장요손이 당시 무창(武昌) 지방에 현령으로 나갔는데, 한창 홍수로 피해를 보았다. 이 구절은 이를 말하는 듯하다.

99) 구악문(驅鰐文) : 악어를 몰아내는 문장. 한유(韓愈)의 〈악어문(鰐魚文)〉 참조.

100) 원문의 '애홍(哀鴻)' : 슬피 울며 날아가는 기러기. 백성의 재해가 극심함을 비유함. 『시(詩)』 「소아(小雅)」 〈홍안(鴻雁)〉에, "날아가는 기러기 끼륵끼륵 슬피 운다(鴻雁于飛 哀鳴嗷嗷)."라고 하였다.

101) 원문의 '부서(簿書)' : 공문서(公文書).

102) 원문의 '령령(泠泠)' : 〈초은시(招隱詩)〉에, "산골 물은 어찌 그리도 시원하며, 나는 샘물은 맑은 옥구슬 소리(山溜何泠泠, 飛泉漱鳴玉)."라고 하였다.

103) 원문의 '빙공(憑空)' : 근거가 없이 날조(捏造)된 문서를 말함.

104) 원문의 '경병(罄甁)' : 항아리가 빈 것이 부끄럽다는 말. 『시경(詩經)』 〈蓼莪〉에, "쭉쭉 뻗은 쑥이라 했더니 쑥이 아니라 잡초덤불이었구나. 아아 슬퍼라 부모여 나를 낳아 기르느라 수고하셨구나. 쭉쭉 뻗은 쑥이라 했더니 쑥이 아니라 제비쑥이었구나. 아 슬퍼라 부모여 나를 낳아 기르느라 병드셨구나. 작은 병이 빈 것은 큰 병의 부끄러움 인간의 곤궁한 삶은 차라리 죽느니만 못하구나. (蓼蓼者莪 匪莪伊蒿 哀哀父母 生我劬勞 蓼蓼者莪 匪莪伊蔚 哀哀父母 生我勞瘁 甁之罄矣 維罍之恥 鮮民之生 不如死之久矣)."라고 하였다.

105) 원문의 '박(剝)' : 참소(讒訴)가 차츰차츰 파들어 오는 모습. 『역(易)』 「박(剝)」에, "차츰차츰 피부를 파고드는 참소가 심하게 재앙에 가깝게 되었다(剝床以膚 切近災者)."라고 하였다.

霸業吳宮蹟　패업을 이룬 오 나라 유적이 남아 있어

自註 : 邑爲吳主建都地故宮遺蹟尙存(이 고을은 오나라 임금이 건국한 도읍지인데 고궁 유적이 아직도 남아있다).

循良往哲型　관리[106]들은 선현[107]들을 본받고 있다

江山無恙在　강산은 아무 탈 없고

陶庾昔遊經　도유가 옛날 놀던 곳이다

駑駕遲前躅　노둔한 재주[108]로 선현[109]들을 따르기 더디니

牛刀愧發硎　소 잡는 칼[110]을 갖고 재간[111]을 부린게 부끄럽구나

風塵同草澤　어지러운 세상에 백성[112]들과 함께 사는데

蕭艾閟蘭馨　시원찮은 사람[113]이 난초 향기를 머금었다고 한다

有道文章合　도(道)는 문장과 합하고

---

106) 원문의 '순량(循良)' : 관리들이 관직을 수행하며 법도를 지킴. 국법을 잘 지키는 관리를 말함.

107) 원문의 '왕철(往哲)' : 선철(先哲), 전현(前賢).

108) 원문의 '노가(駑駕)' : 노둔한 말이 끄는 수레.

109) 원문의 '전촉(前躅)' : 앞 사람이 남긴 규범(遺範).

110) 원문의 '우도(牛刀)' : 소 잡는 칼. 격에 맞지 않음을 비유함. 『논어(論語)』「양화(陽貨)」에, "닭을 잡는데 소 잡는 칼을 어디에 쓰겠는가(割鷄 焉用牛刀)." 라고 하였다.

111) 원문의 '발형(發硎)' : 칼이 숫돌위에서 갈아 나오는 날카로운 모습. 처음 전개하는 포부(初展抱負), 혹은 강하게 드러내는 재가(剛顯露出才干). 비유하자면 발굴하여 정리함을 말함(發掘整理).

112) 원문의 '초택(草澤)' : 물이 나며 풀이 거칠게 자라는 낮은 지역. 민간이나 평민을 비유함.

113) 원문의 '소애(蕭艾)' : 덤불쑥. 질이 낮은 사람을 비유함.

通神翰墨靈　정신은 한묵(翰墨)과 통한다는데
何時傳雁帛　어느 때에 편지[114]가 전해질런지
翹首佇閒庭　머리 들어 우두커니 마당을 바라본다

自註 : 七言近體及前首皆前歲之作 冗雜未能奉寄 頃以振災 居村寺者 半月 稍得餘暇 因寫前詩 并綴此編 夜寒呵凍不復成字 己酉冬至後 十日 曜孫并記(칠언 근체시와 앞의 시 한 수는 모두 지난해의 작품인데, 그동안 바빠서 미처 부치지 못했다. 지난 번에 홍수 피해를 구제하느냐고 시골 절간에 머문 지 반 달이 지나 겨우 여가를 얻게 되었다. 인하여 앞의 시를 붓으로 베끼고 이 편과 합쳐서 엮는데 한 밤 중 추위에 손이 얼어 글자가 잘 되지 않았다. 기유년[1849] 동지(冬至)가 지난 10일 후 장요손은 아울러 기록한다).

『중외창수집』(1849년)

114) 원문의 '안백(雁帛)' : 편지를 말함.

3) 섭명례

〈海客朝鮮李藕船琴尊圖 爲張仲遠大令曜孫題 幷序(海客者 朝鮮使臣李尙迪藕船也 圖作於道光二十五年乙巳正月二十日 會者凡十有八人 仲遠時將之官武昌 閱二年 寄圖索詩(해객 조선 이상적의 금준도에 장중원 대령 요손을 위해 짓는다. 서문을 함께.(해객은 조선 사신 이상적 우선이다. 그림은 도광 25년 을사[1845] 정월 20일로서 모인 사람은 모두 18명이었다. 중원은 그 당시 무창으로 관직을 맡으러 가는 길이었으므로 2년이 지나서야 그림을 보내 시를 지으라고 하였다))〉.

卿雲麗曦曜　오색 구름[115]은 태양[116]에 걸려
糺縵荒陬同　멀고먼 벽촌[117]에도 두루두루 퍼져있는데[118]
故人海上至　바다 멀리 친구가 찾아와
邂逅欣相從　뜻밖에 반갑게 만나
擧觴復援軫　술잔을 들고 수레를 붙잡으며
聊慰飢渴衷　보고파 목말랐던 마음을 달랜다
日月不恒處　해와 달[119]이 한 곳에 머물 수 없듯이

---

115) 원문의 '경운(卿雲)' : 상서로운 구름. 서운(瑞雲).
116) 원문의 '희요(曦曜)' : 태양(太陽)을 말함.
117) 원문의 '황추(荒陬)' : 거칠고 먼 구석(荒遠的角落). 각락(角落)은 구석진 네 구퉁이(隅).
118) 원문의 '규만(糺縵)' : 규만(糾縵). 빙 둘러 싼 모양.

歡愛難久蹤 그리워하면서도 오래도록 만날 수 없겠지
明晨隔川嶽 내일 아침이면 산과 바다 멀리 떨어지리니
岐路多悲風 갈림길에 서글픈 바람이 거세게 분다
成言信難渝 약속[120]은 참으로 져버리기 어렵고
令德無異崇 훌륭한 덕[121]은 달리 숭상할 수 없다
楊柳覆賓館 버들가지[122]는 숙소를 덮었는데
星紀將云終 세월[123]은 잘도 간다
眷言列坐侶 돌아보니 그 자리에 앉았던 친구
寥廓猶萍蓬 텅 빈 하늘[124]은 부평초[125]와도 같구나
掩卷憶江漢 책 덮고 가로막힌 강물[126]만 바라보다가
翹首歸飛鴻 머리를 들어보니 기러기만 날아간다
『한객시존』(1847년)

---

119) 원문의 '일월(日月)' : 해와 달. 여기서는 세월로 봐도 무방하다.
120) 원문의 '성언(成言)' : 정약(訂約), 곧 약속.
121) 원문의 '영덕(令德)' : 미덕(美德). 고상(高尙)한 도덕적인 사람을 지칭함.
122) 원문의 '양류(楊柳)' : 조선 사신들이 머무는 이곳 뿐만 아니라 이 근처는 특히 버드나무가 많다.
123) 원문의 '성기(星紀)' : 세월(歲月)을 지칭함.
124) 원문의 '요곽(廖郭)' : 높고 멀리 허공이 빈 모습. 허공을 지칭함.
125) 원문의 '평봉(萍蓬)' : 부평초나 쑥대처럼 흩날림. 행적에 정해진 곳이 없음을 비유함.
126) 원문의 '강한(江漢)' : 양자강(揚子江)과 한수(漢水). 곧 멀리 떨어져 서로 볼 수 없음을 비유함. 『시경(詩經)』「주남(周南)」〈한광(漢廣)〉에, "남쪽에 무지렁 나무가 있으나 쉴 수가 없고, 한수(漢水)에 헤엄치는 여자가 있으나 꼬일 수가 없도다. 한수는 넓어서 자맥질할 수 없으며, 강수는 길어서 뗏목으로 건널 수 없도다(南有喬木 不可休息 漢有游女 不可求思 漢之廣矣 不可泳思 江之永矣 不可方思)."라고 하였다.

제4편 海客琴尊第二圖 題辭 영인

- 55 -

- 54 -

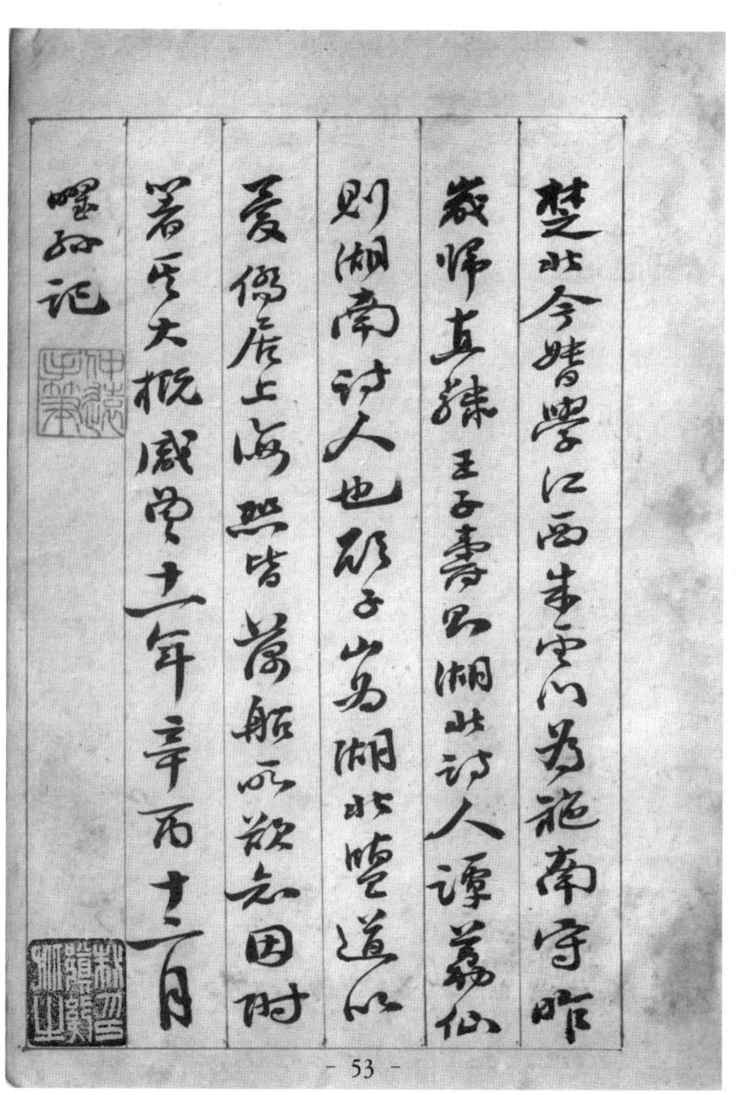
楚北今皆學江西宋以爲施南守昨
歲歸直隸 壬子壽昌湘北詩人譚慕似
則湘南詩人也 邵子山爲湘北嗜道似
夏僑居上海 與皆蓬船所欲忘因附
著于大概 歲貞十二年辛酉十二月
曜如記

- 53 -

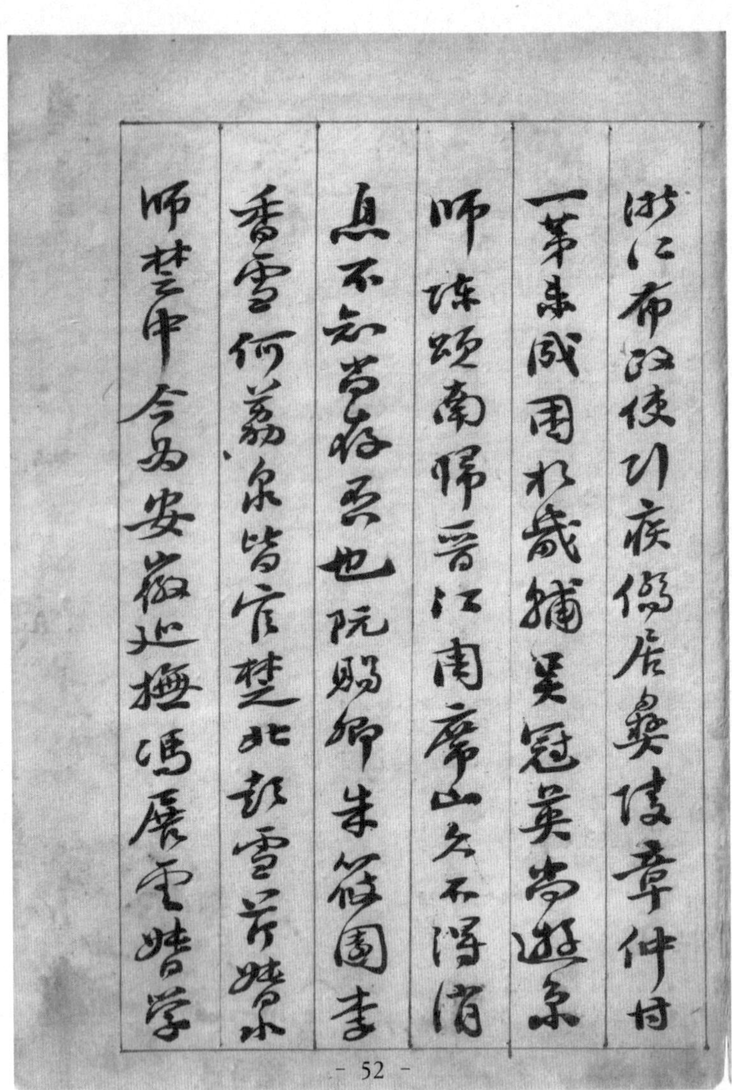
浙江布政使以疾僑居吳陵章仲村
一第未成因於歲補吳冠英常遊京
師陳頌南歸晉江閩廬山久不得消
息不知尚存否也阮賜卿朱筱園李
香雪何蘅泉皆官楚北郭雪芹督粵
師楚中今為安徽巡撫馮展雲督學

- 52 -

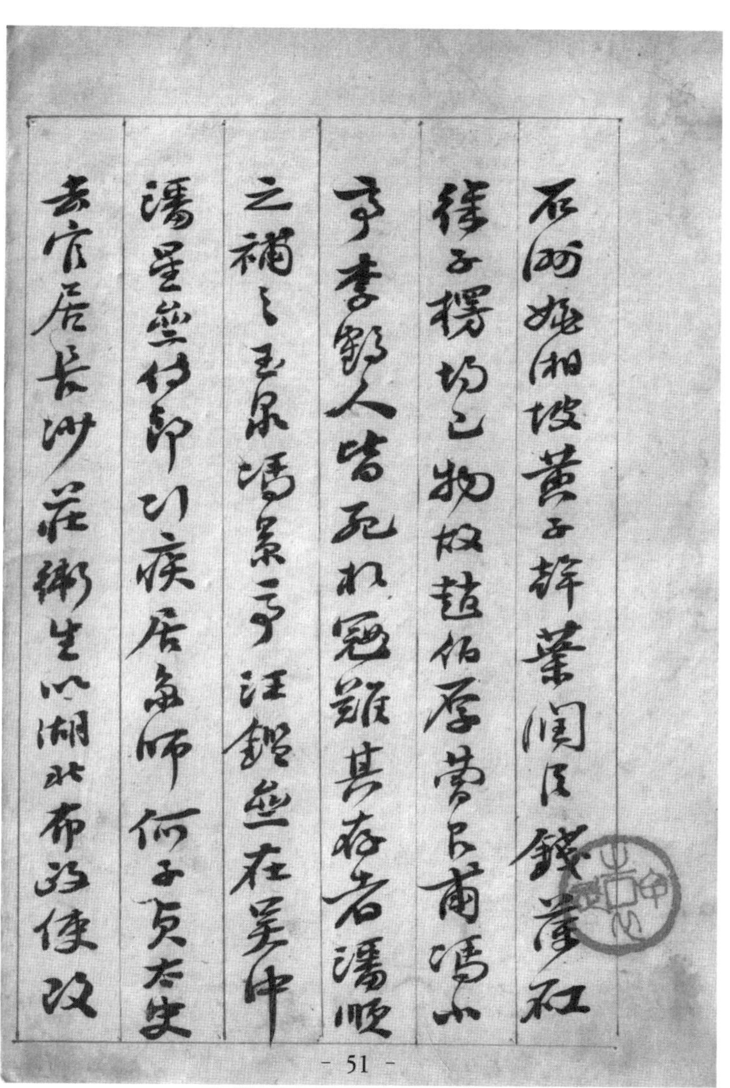

石州姚湘坡黃子辞葉潤臣錢[illegible]江
律子撰均已物故趙伯厚黃良甫馮
亭李鄉人皆死亂離其存者潘順
之補之玉泉馮景亭汪鉛並在吳中
潘星齋侍郎以疾居京師何子貞太史
去官居長沙莊衛生以湖北布政使改

- 51 -

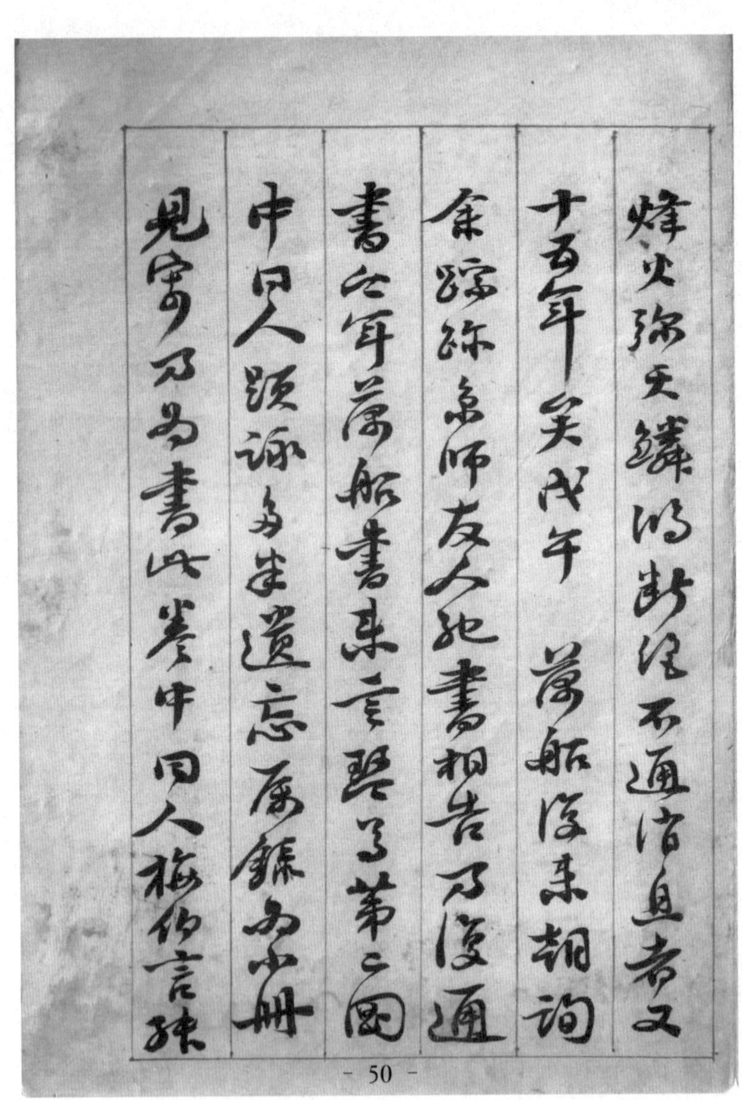
烽火彌天鐵路斷絶不通消息者又
十五年矣戊午 英船復來胡詢
余蹤跡[illegible]師友人紀書相告乃復通
書今年英船書來言[illegible][illegible]第二圖
中見人題詠多半遺忘屢錄爲冊
見寄乃爲書此卷中同人[illegible][illegible]言[illegible]

- 50 -

272
세한도 따라 조선에 온 해객금준제이도 제사

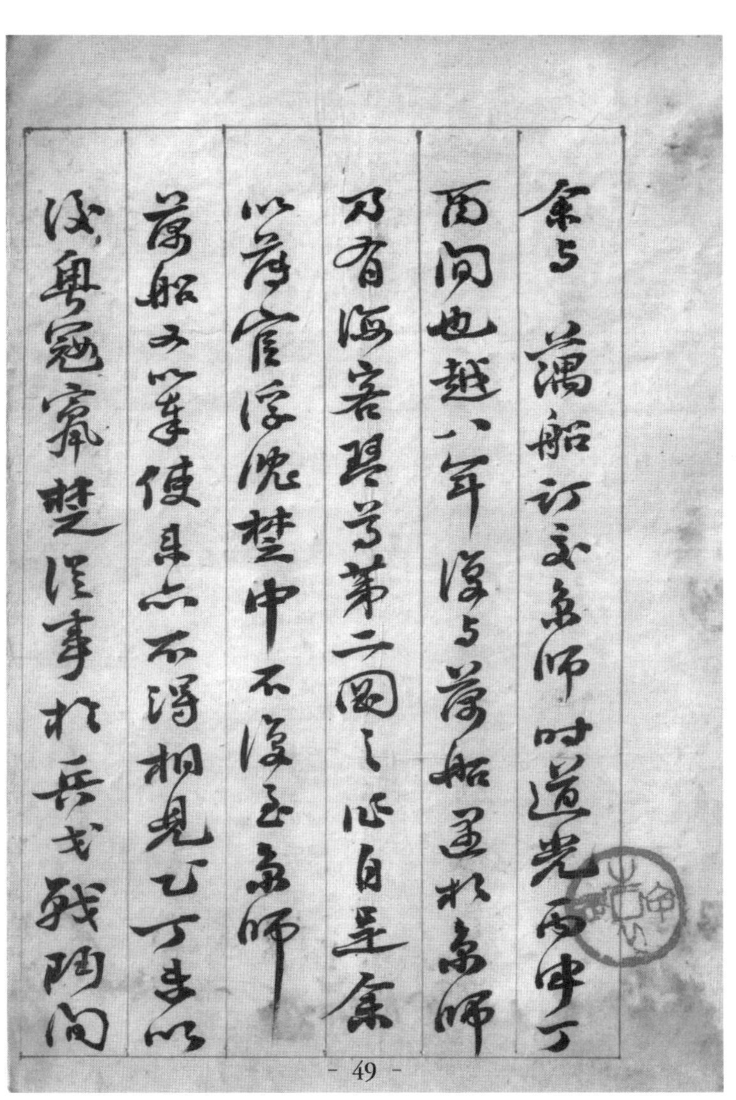

余與藹船訂交於京師時道光丙申丁
酉間也越八年復與藹船遇於京師
乃有海客琴尊第二圖之作自是余
以薄宦浮沈楚中不復至京師
藹船又以奉使來亦不得相見已丁未以
從粵寇竄楚從事於兵戈殘陷間

- 49 -

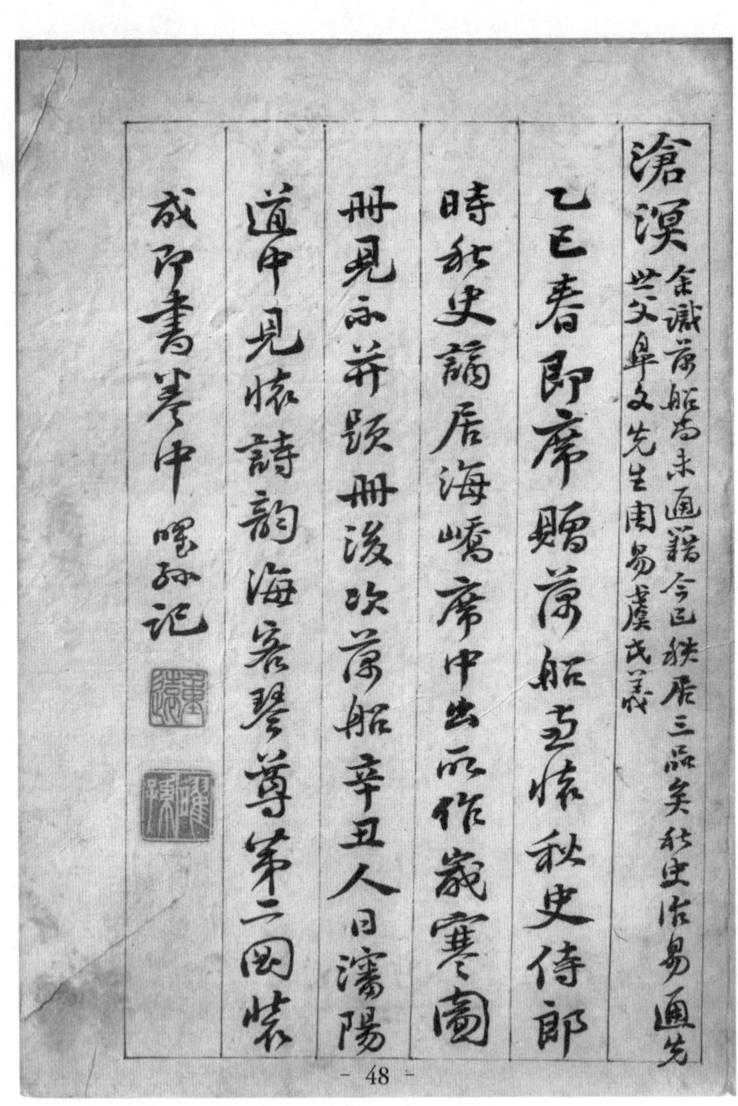
滄溟 余識蘋船尚未通籍今已秩居三品矣秋史治易通先世父阜文先生周易虞氏義

乙巳春即席贈蘋船並懷秋史侍郎

時秋史謫居海嶠席中出所作歲寒圖

冊見示并題冊後次蘋船辛丑人日瀋陽

道中見懷詩韻海客琴尊第二圖裝

成即書其中 曜孫記

- 48 -

274

세한도 따라 조선에 온 해객금준제이도 제사

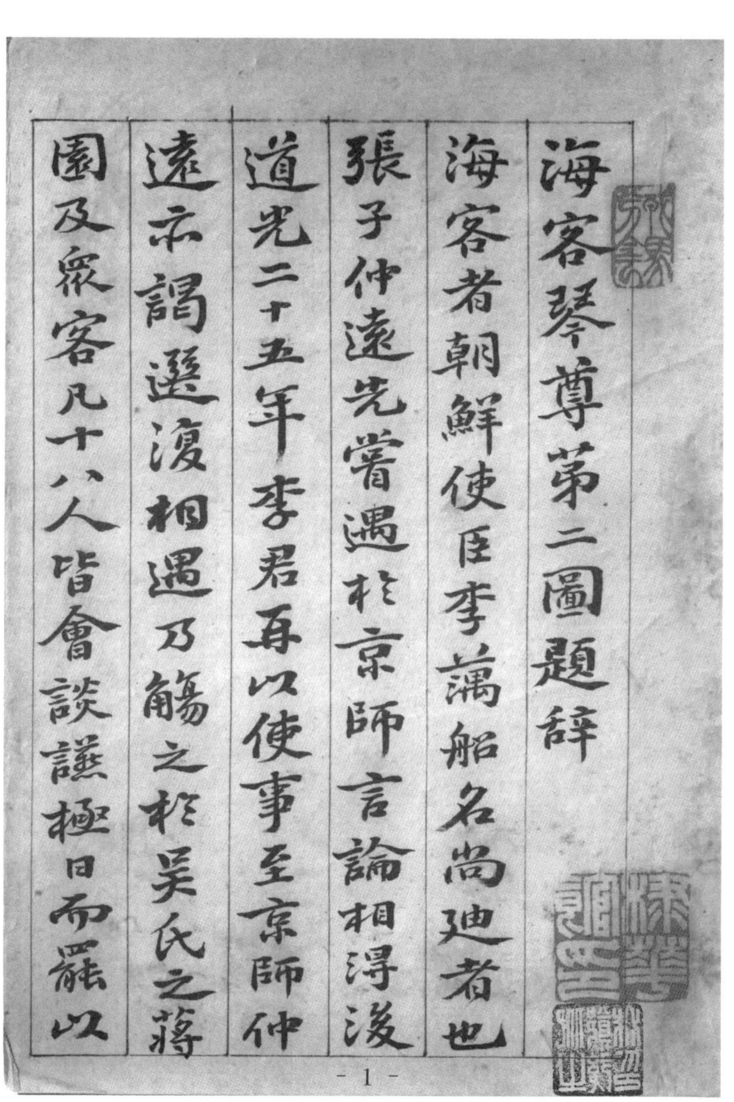

海客琴尊第二圖題辭

海客者朝鮮使臣李藕船名尚迪者也
張子仲遠先嘗遇於京師言論相得後
道光二十五年李君再以使事至京師仲
遠亦謁選復相遇乃觴之於吳氏之蔣
園及衆客凡十八人皆會談讌極日而罷以

- 1 -

海國異域之人離別之久得聚而以一尊
相樂不可謂非快事矣而仲遠旋得縣
令赴武昌於京師之游處戀、不能忘也
乃屬善畫者圖之而曾亮為之記夫人世
會合之不可測或萬里而接膝或朝夕可
相守者而去如飄風固事理之常無足怪

- 2 -

세한도 따라 조선에 온 해객금준제이도 제사

者雖知其常然而卒然值之不能無俯仰
今昔之嘆亦人情也昔蘇文忠以高麗使
臣求書議不可與援漢東平王求太史公
書以爲鑒蓋其近契丹而懸隔於中國
接之者不能無戒心禁防深堅亦其勢然也
我 國家混同華夷罔有中外於朝鮮

使雖定其去來之期而除譏禁便出入得
造請賢士大夫稽考文獻辨析道術士
大夫亦喜其地之幽遠而樂其來者多賢
且材也皆歡然相接無主客輕重尊卑
之疑疆域尔我之見故其人皆榮於來
而悵然於其去若遠州下邑之士辭鄉里

- 4 -

세한도 따라 조선에 온 해객금준제이도 제사

而樂皇都也傳曰束修之肉不行於竟
中聘弓鍭矢不出竟場古一時此一時也豈
可同哉然則是圖也非徒誌游讌會合
之感亦以見我　國家浩蕩無外之規
獨異於往古者矣道光二十六年上元梅
曾亮記

歲戊戌仲遠大令招余宴於都門城西
蔣園一時彈琴賦詩足暢所叙越後契
濶多年乙巳仲遠復以謁選寓都再續
前歡而座中新舊知交泰半今仲遠已
選武昌縣令出都余亦將賦歸歟風萍
離合俯仰陳跡感慨何如爰誌此以質

仲遠道光二十六年正月下澣晉江陳慶
鏞識
乙巳正月仲遠大令吳偉卿前輩宴朝鮮
李鷁船尚迪於城西邸並為賦長歌一
篇以紀其事即送鷁船東歸同集
者張石洲明經瀛暹潘順之太史遵祁潘

補之中翰 希甫 潘玉泉上舍 曾瑋 趙伯厚
贊善 振祚 莊衛生編修 受祺 馮景亭
編修 桂芬 姚湘坡吏部 福增 汪鑑丝工
部 藻 黄子幹孝廉 秩林 周席山孝廉
翼墀 章仲甘上舍 岳鎮 寫真者吴冠英
上舍 儁 後至者陳頌南侍御 慶鏞 也

- 8 -

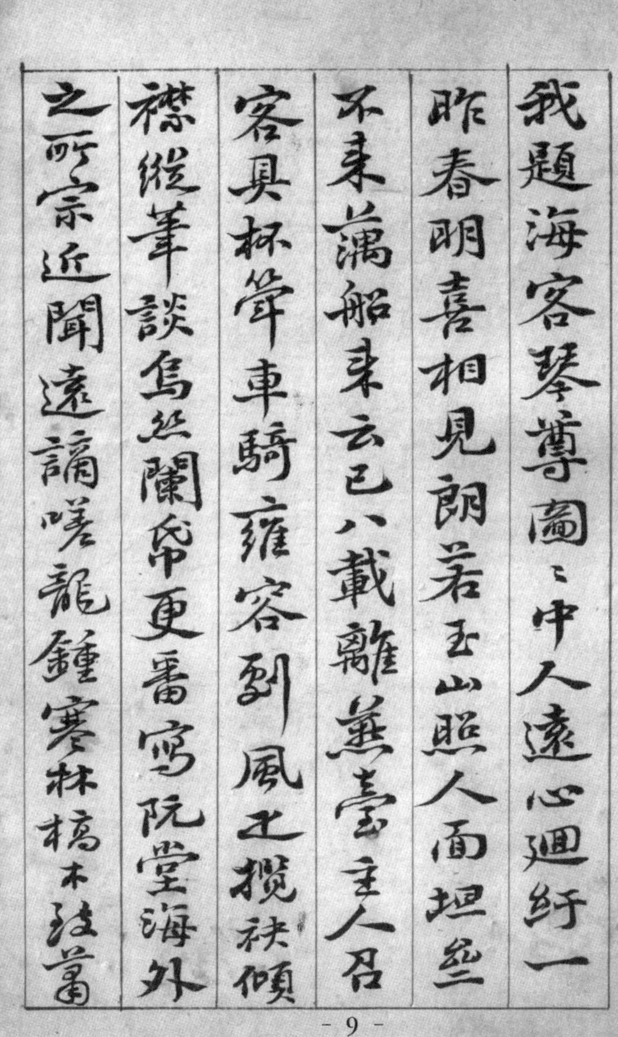
我題海客琴尊圖〻中人遠心迴紆一
昨春明喜相見朗若玉山照人面坦然
不來滿船來云已八載離燕臺主人召
客具杯斝車騎雍容到鳳池攬袂傾
襟縱筆談烏絲闌帋更番寫阮堂海外
之所宗近聞遠謫嗟龍鍾寒林槁木枝葉

- 9 -

髣髴見孤直人雖容　本朝詩人遠唐宗新城秀水相伯仲隨園一生弄狡獪流傳價亦雞林重兩當傑出真奇才可惜壯歲埋蒿萊與蔡船論本朝詩人酒酣敲折青珊瑚離錘出枝愧壯夫胸中鬱鬱有經濟眼底書生不得意謂石洲吳生畫與今

佛頭先貌中朝第一流方今海宇告清
宴如砥河流安竹箭春晴嵐翠撲人
衣諸公好作山亭筵幾度尋思翰墨
因東風十丈輭紅塵流連不到花生日
楊柳依〻又送人
是集之後越十三日余邀藕船及仲遠偉

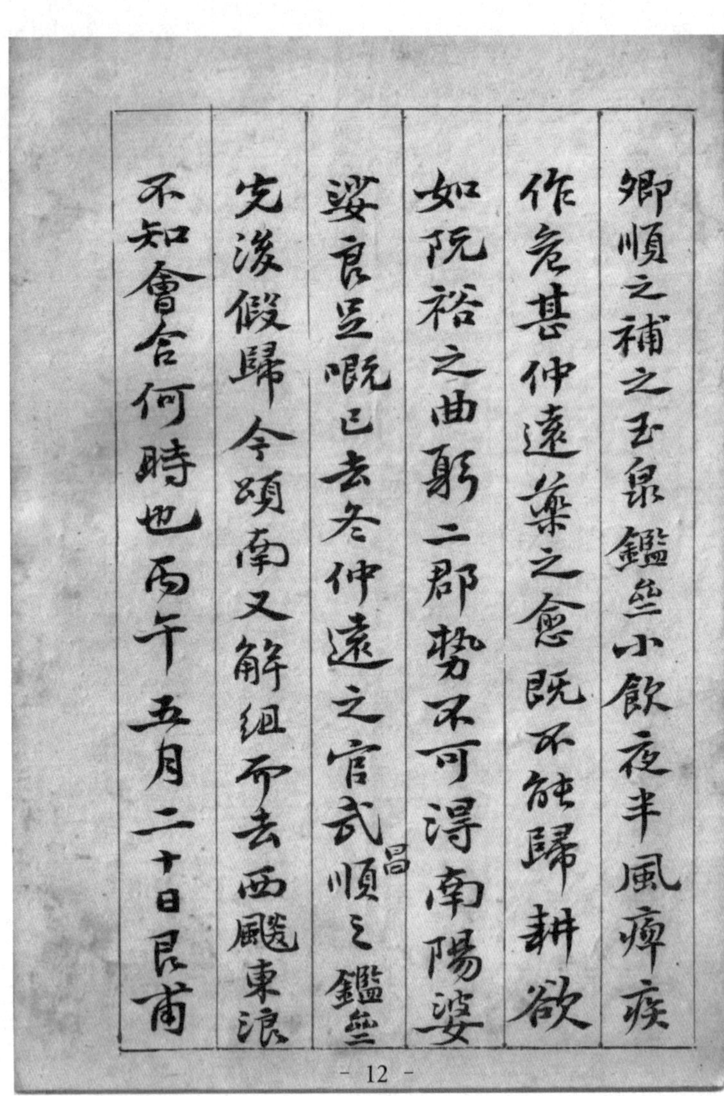

卿順之補之玉泉鑑絲小飲夜半風痺疾作危甚仲遠藥之愈既不能歸耕欲如阮裕之曲謝二郡勢不可得南陽婆娑良臣既已去冬仲遠之官武昌順〻鑑絲先後假歸今頭南又解組而去西飈東浪不知會合何時也丙午五月二十日艮甫

- 12 -

曹楙堅識於都門庽[illegible]即寄仲遠

仲遠不羈才豪氣那可及詩名播雞
林琳琅富篇什良會我來逢西園傳
雅集指點畫圖中猶帶海雲濕

星齋潘曾瑩題

慶雲無私被糺縵業諏同故人海上至邂逅

欣相從擧觴復援軫聊慰飢渴裒日月

不恒處歡愛難久蹤明晨陽川岳歧路多

悲風成言信不渝令德無異崇楊柳

覆賓館星紀屢云終眷言列坐侶寥廓

如萍蓬掩卷憶江漢翹首歸飛鴻 葉名灃

繞屋梅花一夕開平泉此集記追陪泥

鴻留印新圖在海並逢春去思催客
座如雲憐別易仙查貫月報詩來武
昌賢宰彈琴暇夢向滄波跨鯉回
丁未仲春補之潘希甫寄題
萬樹春煙綠漸鋪題襟投轄萃閣
儒要知中外同文意看到琴尊第二

- 15 -

圖海國陰蹤幾鴻雪蕩船比浚東京江天別思
滿菰蒲無端離合傷懷抱酒醒空亭
月一舸圖中諸君若陳頌南姚湘坡趙伯厚莊衛生汪鑑齋馮景亭潘順之補之及仲遠俱不在都
戊申初春道州何紹基題於京邸
見說張京兆詩名海外知琴尊消永晝
雲樹寄相思陳迹留鴻爪緇塵感鬢絲

烟波渺無際望遠倒吟危
雅集傳圖畫開尊屬詠歌浮名淸興
少宦海舊交多落日燕臺影西風鄂
渚波昔游一回首幽夢陽烟蘿
詩價雞林播鬢眉想像中萍蹤懷舊
雨花縣生春風赤際催科拙紅閨屬句

- 17 -

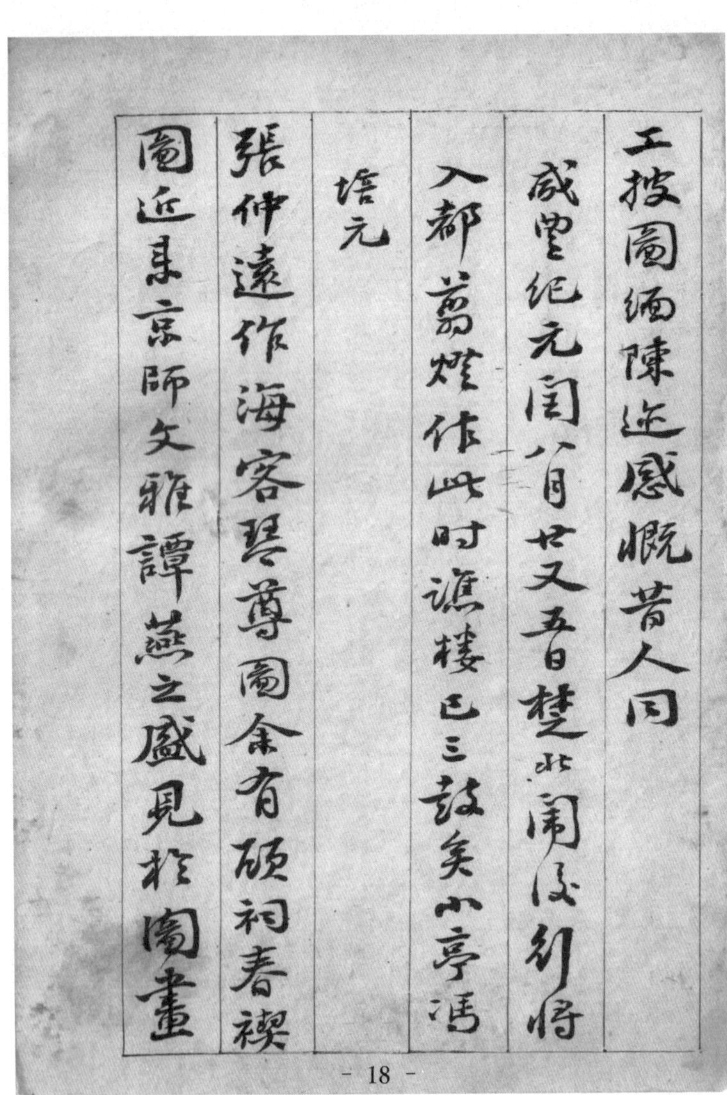

工按圖細陳述感慨昔人同
咸豐紀元閏八月廿又五日楚北闈後銷假
入都剪燈作此時譙樓已三鼓矣小亭馮
培元
張仲遠作海客琴尊圖余有顧祠春禊
圖述來京師文雅譚燕之盛見於圖畫

- 18 -

304
세한도 따라 조선에 온 해객금준제이도 제사

未有能三之者也圖中諸君子若曹良
甫陳頌南趙伯厚張石洲潘季玉莊衛
生馮景亭皆春禊圖中所有余曾為
仲遠作詩而未與琴尊之集余作春禊
圖時仲遠亦未與偶不相值遂成間闊今
日郎官湖上一劇吏一散人素心晨夕相

視而笑蕭然物外之契又豈在畫圖題詠
之末邪乎因獲重觀漫記數語咸豐壬子
季春望前二日何紹基時將東行為匡
廬之游伴遠李於宦職不得相從也
在昔漢使尋河源乘槎直至牛斗垣歸
來識得支機石方悟神仙与晤言茫有傳

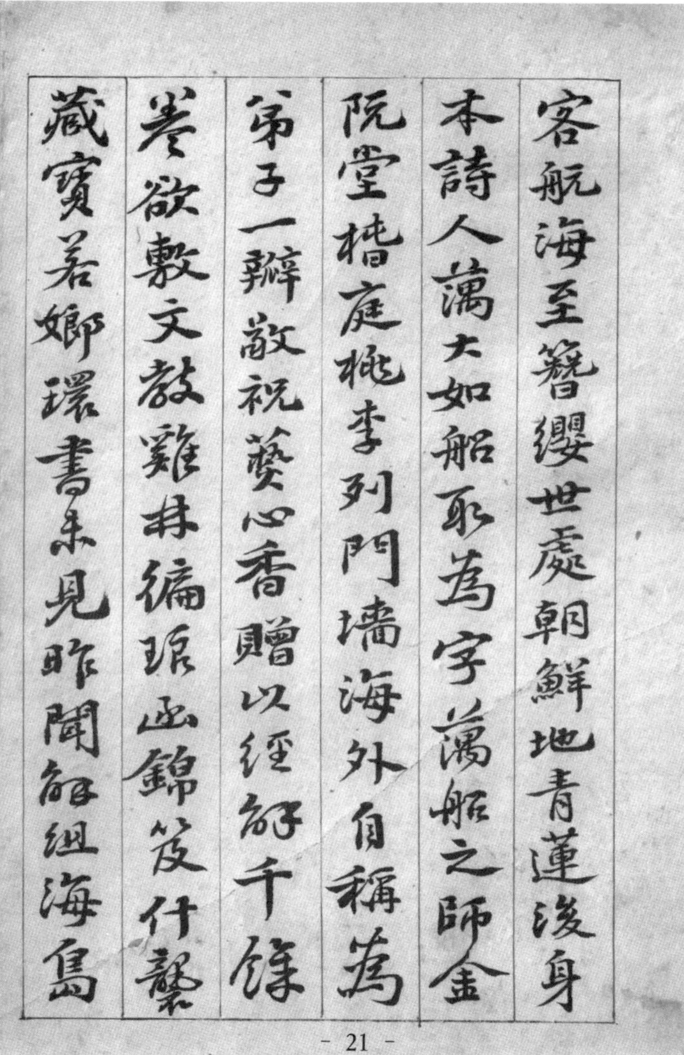

客航海至簪纓世處朝鮮地青蓮後身
本詩人蕩大如船取爲字蕩船之師金
阮堂梧庭桃李列門墻海外自稱爲
弟子一瓣敬祝爇心香贈以經解千餘
卷欲敷文教難耕徧琅函錦笈什襲
藏寶若嫏環書來見昨聞解組海島

- 21 -

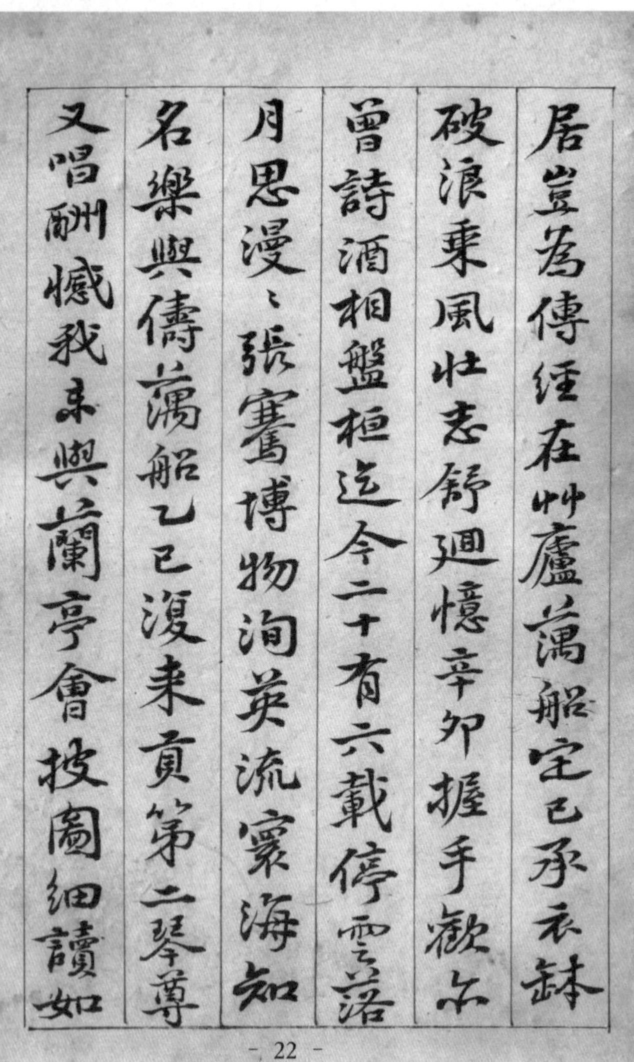

居豈爲傳經在艸廬萬船定已承衣鉢
破浪乘風壯志舒迴憶辛卯握手歡尒
曾詩酒相盤桓迄今二十有六載停雲落
月思漫漫張騫博物洵英流寰海知
名樂與儔萬船乙巳復来貢第二琴尊
又唱酬憾我未與蘭亭會披圖細讀如

- 22 -

300
세한도 따라 조선에 온 해객금준제이도 제사

傾蓋紫芝眉宇似當年更羨奇才皆
萃薈名作林立鸞鳳倚(停)誦之三日口留
馨曩時殷勤多舊雨今日寥落若
晨星我今幸識韓荊州公與荊州共楚
舟爲屛爲翰爲保障定見麟閣圖勳
猷蕩船知人能取友飲醇誼洽耽卮酒芳

里青雲名益彰海內斯圖垂不朽

丙辰仲冬上澣儀徵阮福賜卿題

海上萍[蓬]一昔緣當時愧未列尊前艸堂

御憶披圖日風雨天涯又十年 道光丁未主榮陽於京師玉淦

生養閔艸堂中曾見是圖今十稔矣

蘭亭觴詠重開日品石評茶興不孤 癸丑春藏船來京數

与文蕉蔭船以左
石餠茶相餉
贐有華山詞客在不堪重補

第三圖 星巖帷玉徐為蔭船篇兩篇中人
星散且盡往雅蔭相徐第三圖未果

年〻袍笏拜生辰 觀籍自刻象於研陰以貽蔭船
蔭船題詩有此句
石

壽千齡海嶠春四萬里中須問遍鑄金厚

誼更何人

滄桑酒海幾經秋 蔭船見贈櫻帖云討城
無畛域酒海有滄桑
薄宦浮

沈悔壯遊剔有酸辛知己淚祗應灑向畫
中收
丙辰冬仲題奉恬齋船季玉弇山朱錫綬
星槎兩度駐平津日下名流意氣傾中
外一家招王會江山如此幾詩人新編自長
雞林價舊兩同懷鳳闕春秋分交南結

- 26 -

吟侶靚君圖畫悵音塵 余於癸巳守潯陽與安南使臣倡和詩甚夥

古夢鏡漁李孟羣題

殊方舊雨隔重溟重向都門倒玉瓶槎

客相逢還欲笑兩回天上舊識張星

仙鳧飛下楚雲端平壤歸帆路渺漫

答憶題襟舊遊地回頭紅日近長安

畫中座客多吾友落月梁間若可招
存沒杳然如夢裏離懷何但海天遙
丙辰冬仲監利王柏心子壽題
輭紅十丈塵難浣長安才人冠蓋滿海內
知交算幾人又從海外論肝膽海客蟠
根仙李枝當年京兆在曾識之鯨窟

- 28 -

論翻坡老志雞林名播白家詩八年華
島分襟久第一圖開時在手摶桑花指高
句驪添得懷人詩數首使星航海忽重
來賓館相逢笑口開春明門外平津邸
一時名士爭追陪舊雨今雨無次序域中
域外何同異洗盞眞成文字交揮絃都

帶滄洲氣琴歌酒賦各有神拈毫有容
重寫真敦盤日下聯新會袍笏天邊認
故人風華聚散嗟誰主海客還鄉公
入楚戎馬奔馳年復年獨流此卷傳千
古此卷憑公愛護加舊游回首憶京華
卻從漢上題襟館同話瀛壺奉使槎

- 30 -

恨我平生交不廣殊方何處非吾黨讀
書公琴尊第二閣海天風雨夢來往
丁巳首夏蜀南李映棻香雪題

草草天涯鶯聲門徑匆匆便倒離尊
勞燈留語細雨濕黃昏謾客請傳芳名
聯題在劍水星紋欲留護影留人去一鏡

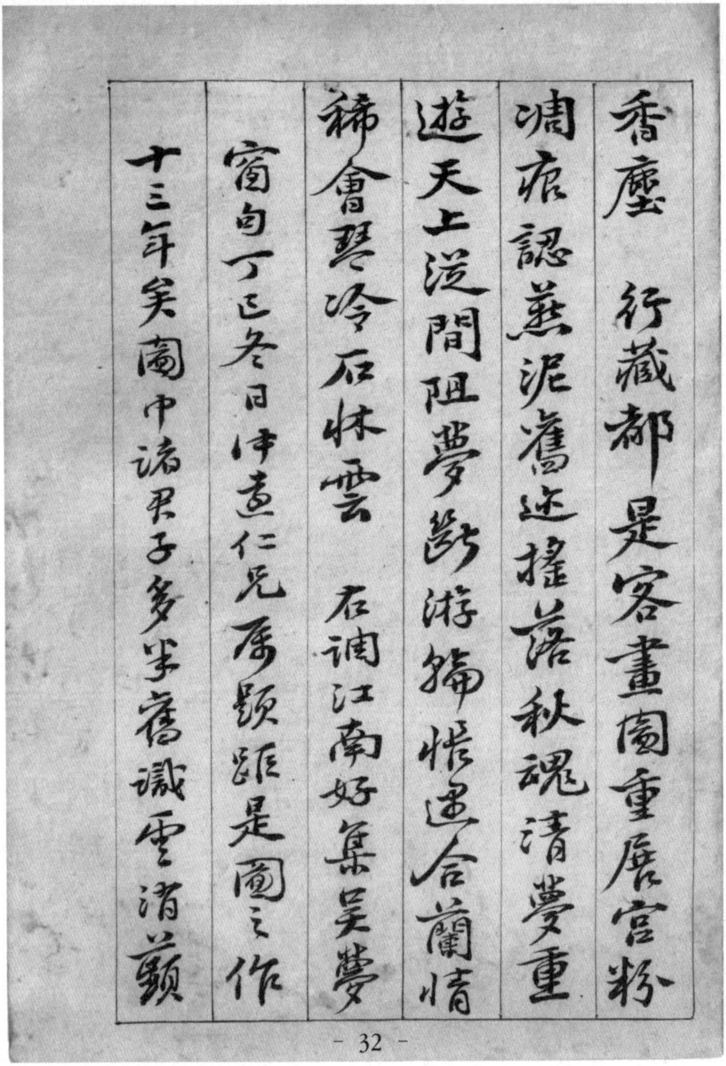

香塵 行藏都是客 畫圖重展宮粉
凋痕 認燕泥舊迹 捲落秋魂 清夢重
遊天上 從閒阻夢 斷游繙 悵遇合蘭情
稀會 琴冷石林雲 右調江南好集吳夢
窗句 丁巳冬日 伊逵仁兄屬題 距是圖之作
十三年矣 圖中諸君子多半舊識 雲清顥

세한도 따라 조선에 온 해객금준제이도 제사

畫中座客多吾友落月梁間若可招
存沒杳然如夢裏離懷何但海天遙
丙辰冬仲監利王柏心子壽題
輭紅十丈塵難浣長安才人冠蓋滿海內
知交算幾人又從海外論肝膽海客蟠
根仙李枝當年京兆在曾識之鯨處

論翻坡老志雞林名播白家詩八年華
島分襟久第一圖開時在手搏桑花指高
句驪添得懷人詩數首使星航海忽重
來賓館相逢笑口開春明門外平津郎
一時名士爭追陪舊雨今雨無次序域中
域外何同異洗盡真成文字交揮絃都

- 34 -

세한도 따라 조선에 온 해객금준제이도 제사

戊午春二月湘南譚溥荔仙題

雞林詩價南金重萬里烟波續清夢琴
尊重結翰墨緣玉煥崑山集鸞鳳曲江風
度文章家詞臣再泛銀河槎春明鴻雪
繼良會名園水木真清華畫圖鄭重
開生面十八登瀛同此選蘭亭桃李感古今

吳柳堂深倡懽讌　皇圖文軫普海
同光豈萬丈精神通然相再鼓帆歸翼
千秋妙墨垂霓虹漢江山試栽花手掃
畫烽烟仰山斗黃鶴樓空惟白雲錦茵
玉軸蜒龍守我曾海國輕波濤蛟鯨躍
浪銀山高婆蘭巨艘載鬈髮冠能奇

- 36 -

詭聲啾嘈馭剛齊柔古所云安得妙手

常縱操知君才氣大如海狂瀾砥柱推

雄豪示我此圖百感集窮蒼何地無風

騷得人即可變靈俗羣策要在扶俊髦

咸周王會大一統萬年坤紀維神鼇

戊午六月將赴施南存任倚裝作此大興朱

程仁雲門題

曾識京華觴海客風流名士近來無
十年舊夢歸何處都在琴尊雅
集圖

戊午秋八月予偕弋船進劉皖江國公來鄂
仲遠仁兄以斯圖出示即席口占二十八字藉留

- 38 -

鴻雪

雪琴彭玉麐記

三韓使者騎鯨魚擣森紅耀珊瑚枝一帆

逕渡析津水袖中詩卷風披披 聖朝

中外大一統日下文游集鸞鳳海客來

尋牛耳盟詩人價早雞林重我公鴻鴻人

中龍指揮豪俊如椽筆南金東箭歸

- 39 -

陶鑄信羽鳧旌宮會同寥落山川說手壤
停觴捉箸生涯想酒面翻吹渤海波詠
弦忽作天風響出門一別事如髮碣石
回瞻塞鴻沒愛君憂國未能忘心繞滄
漠夢瑤闕我今蹤跡去風塵一生襟抱
誰為陳不知蓬島方壺上可念江湖落

- 40 -

拓人

臣來壺春平樂何元愷葝泉題

手挾兩黃鶴翩然下漢陽山川迷赤壁風

雨闇朱方車笠申前約琴尊憶

帝鄉丹青童省識飛夢掛搏桑 嘉慶己卯

庚辰間客右北平屬登臨榆城樓

觀海上日出即占紫州是為朝鮮入貢路

昔履盧龍塞今披海客圖波濤趁白馬
島嶼辨元菟紀祀書尊範傳經易治
虞朝鮮治易以仲翔世父若柯太史虞氏義為宗金秋史侍郎尤重洲源与仲翔時通書問洲源今
倍覺得阮堂無
昔雨聽今雨客星傍使星郎官新締搆
相國舊園亭家學劉仲墨才名宋子

京同文硯世運山集示耆英
兵氣干戈厭江聲甲馬涼銅駝悲入洛
金狄惜辭斷復此朋簪盡照陰貫月
遊為言武陵雲早料橘千頭
仲遠別十七年矣近來夏果將武島見示此圖
賦此來故仲遠官將有年官至監司而家乃

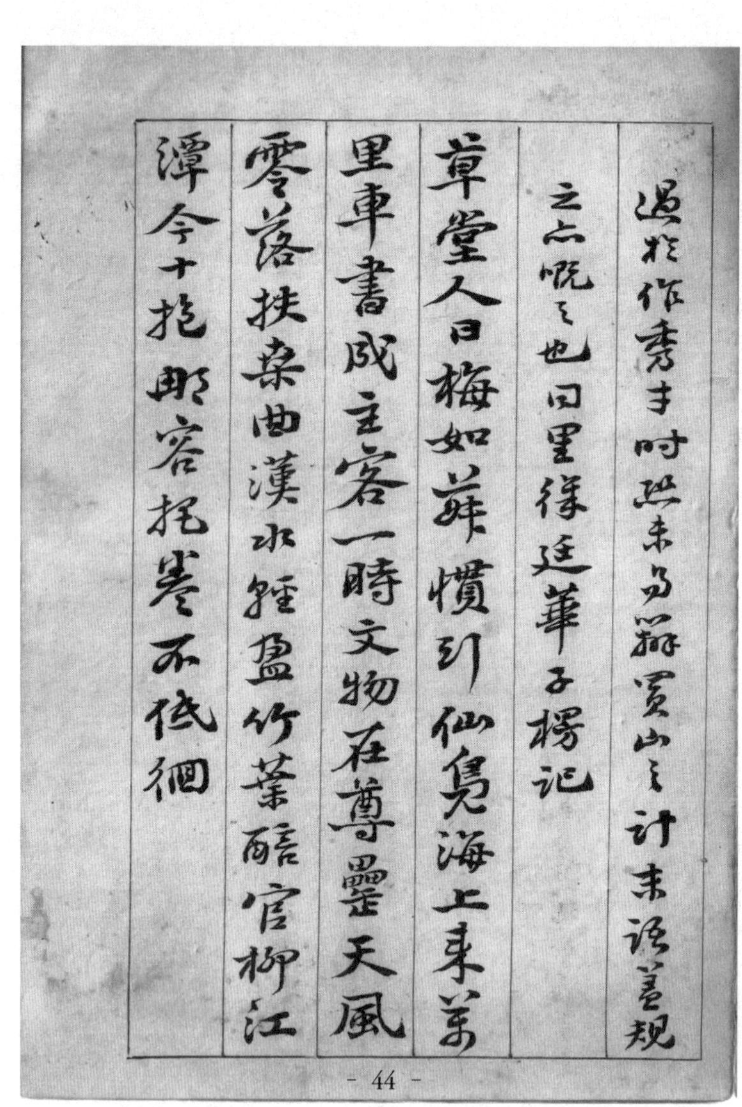
過於作秀手時與朱爲羅買山々計未諳舊規
之亦慨々也同里徐廷華子楊記
草堂人日梅如舜慣到仙島海上來萬
里東書成主客一時文物在尊罍天風
零落扶桑曲漢水經盤竹葉醅官柳江
潭今十抱那容把卷不低徊

- 44 -

相思何獨渺蒼溟北斗高高照鳳城
往日亭臺今孰主當年海宇未知
兵青鐔故物餘烽火綠鬢諸郎盡老
成二十三年幾塵跡都來付與兩吳生
庚申正月鄧州使館岸矼錢寶青題
滄溟萬里尺書貽槃敦風流又一時白

是中朝寬法禁久知東國解歌詩鶯

荻裳陌傳箋積閣臺青楓鬢夢思何

但海天波浩渺京華吟望首低垂

高要馮譽驥展雲題

八載離愁入杳冥相逢意外眼逾青中朝

裙屐增新雨萬里孤蹤聚客星東閣

清尊開雅宴西山爽氣落孤亭舊游
回首卅沈感喜見搏扶起北溪
孤雲絕島畫冥冥獨客沈憂鬢不青
奇石爲柯何磊落山榛隱艸總零星
傳經消息虞翻易問字蒼涼揚子
亭一卷丹青千古意後凋高節著

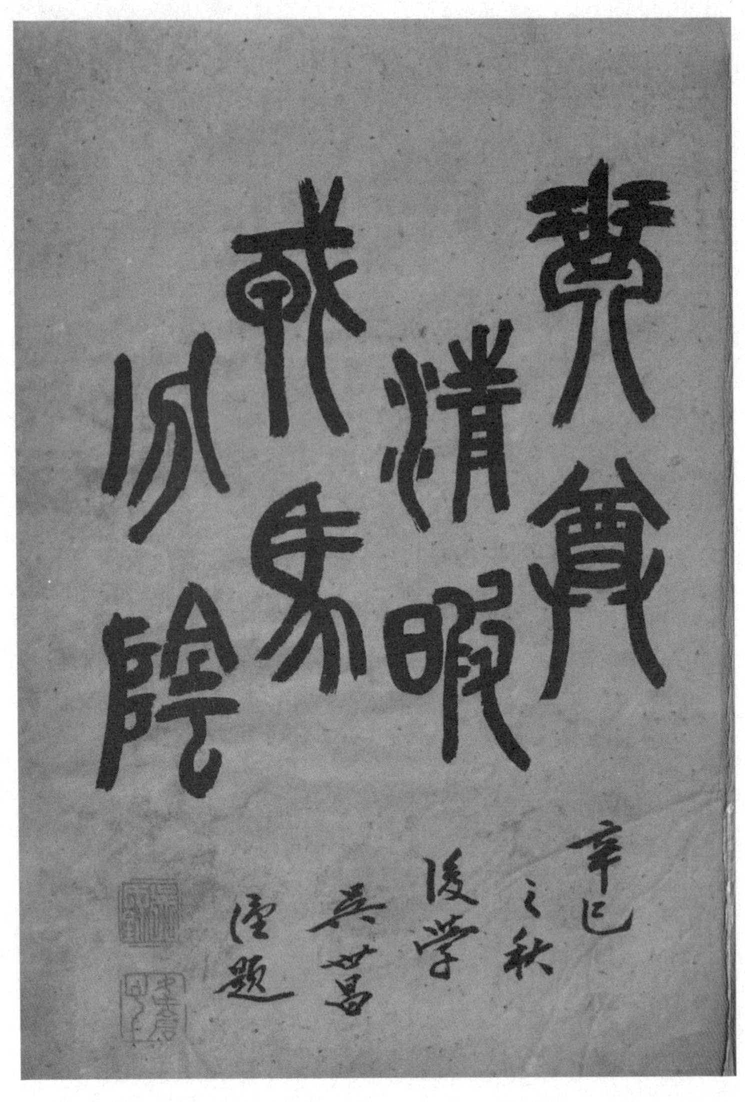

322
세한도 따라 조선에 온 해객금준제이도 제사

324
세한도 따라 조선에 온 해객금준제이도 제사

저자 | 정후수

한성대학교 한국어문학부 교수

저서 : 「이상적 시문학 연구」를 비롯해 『추사 김정희 시전집(역)』, 『중인 문학 연구』, 『추사 김정희 논고』, 『영인본 해린척소(편)』 등 다수.

논저 : 「秋史 金正喜에 대한 清朝 學人의 短評」, 「『恩誦堂集』 출판경위」, 「李尚迪과 〈歲寒圖〉 觀覽 清朝 人士와의 交流」, 「北京 인삼국 공간 활용」, 「海客琴尊第二圖 제작과정」, 「晚清 人士들이 李尚迪에게 전해 온 無聲의 메시지」 등 다수.

세한도 따라 조선에 온 해객금준제이도 제사

인 쇄 2013년 2월 25일 초판 1쇄
발 행 2013년 2월 28일 초판 1쇄
저 자 정후수
발행인 정주택
발행처 한성대학교 출판부
서울특별시 성북구 삼선동 3가 389
TEL.02-760-4174 FAX.02-760-5969

편집제작: 대자커뮤니케이션(02-2269-6724)

ISBN : 978-89-6820-001-4 93900

값 20,000원

This research was financially supported by Hansung University.